Direito Ponto a Ponto

Direito Civil - Lei de Introdução ao Código Civil, Parte Geral e Direito das Coisas
Luís Paulo Cotrim Guimarães

Direito Civil - Obrigações
André Ricardo Cruz Fontes

Direito Civil - Responsabilidade Civil
André Ricardo Cruz Fontes

Direito Civil - Família
José Luiz Gavião de Almeida

Direito Civil - Sucessões
José Luiz Gavião de Almeida

Direito Civil – Contratos
Maria Ligia Mathias
Maria Helena Daneluzzi

Direito Imobiliário
Washington Carlos de Almeida

Direito Processual Civil - Processo de Conhecimento – Tomo I
Márcia Conceição Alves Dinamarco

Direito Processual Civil – Execução – Tomo II
Márcia Conceição Alves Dinamarco
Fabio Montanini Ferrari

Direito Processual Civil - Processo Cautelar
Nelton Agnaldo Moraes dos Santos

Direito Processual Civil - Procedimentos Especiais
Alexandre David Malfatti

Direito de Empresa
Armando Luiz Rovai

Direito do Consumidor
Maria Eugênia Reis Finkelstein
Paulo Sérgio Feuz

Direito Constitucional
Tomos I e II
Luis Carlos Hiroki Muta

Direito Eleitoral
Ricardo Cunha Chimenti

Direito Administrativo
Márcia Walquiria Batista dos Santos
João Eduardo Lopes Queiroz

Direito da Seguridade Social - Direito Previdenciário, Infortunística, Assistência Social e Saúde
Jediael Galvão Miranda

Direito do Trabalho
Rodrigo Garcia Schwarz

Direito Processual do Trabalho - Processo de Conhecimento e Tutelas de Urgência (antecipada e cautelar) - Tomo I
Thereza C. Nahas

Direito Processual do Trabalho - Execução e Procedimentos Especiais - Tomo II
Yone Frediani

Direito Penal - Parte Geral
Christiano Jorge Santos

Direito Penal - Parte Especial
José Américo Penteado de Carvalho

Legislação Penal Especial
Dagmar Nunes Gaio

Direito Processual Penal
Tomos I e II
Gustavo Henrique Badaró

Direito Econômico
Fabiano Del Masso

Direito Tributário
Guilherme de Carvalho Jr.

Direito Internacional
Friedmann Wendpap
Rosane Kolotelo

Ética
Viviane Séllos Gondim

Filosofia do Direito
Vicente Bagnoli
Suzana Mesquita Barbosa
Cristina Godoy

História do Direito
Vicente Bagnoli
Suzana Mesquita Barbosa
Cristina Godoy

Direito Processual Civil

Procedimentos Especiais

Alexandre David Malfatti

Direito Processual Civil

Procedimentos Especiais

ELSEVIER

CAMPUS JURÍDICO

Projeto Gráfico
Interface Designers

Copidesque
Vânia Coutinho Santiago

Editoração Eletrônica
SBNIGRI Artes e Textos Ltda.

Revisão Gráfica
Roberto Mauro dos Santos Facce

Coordenação Acadêmica
Thereza Nahas e Márcia Conceição Alves Dinamarco

Projeto Gráfico
Elsevier Editora Ltda.
A Qualidade da Informação
Rua Sete de Setembro, 111 — 16º andar
20050-006 — Rio de Janeiro — RJ — Brasil
Telefone: (21) 3970-9300 Fax: (21) 2507-1991
E-mail: info@elsevier.com.br
Escritório São Paulo
Rua Quintana, 753 – 8º andar
04569-011 – Brooklin – São Paulo – SP
Telefone: (11) 5105-8555

ISBN: 978-85-352-2663-8

Central de Atendimento
Tel.: 0800-265340
Rua Sete de Setembro, 111, 16º andar – Centro – Rio de Janeiro
E-mail: info@elsevier.com.br
Site: www.campus.com.br

Dados Internacionais de Catalogação na Publicação (CIP)
(Câmara Brasileira do Livro, SP, Brasil)

Malfatti, Alexandre
Direito processual civil: procedimentos especiais / Alexandre Malfatti. –
Rio de Janeiro: Elsevier, 2008.
256p. (Direito ponto a ponto)

Inclui bibliografia
ISBN: 978-85-352-2663-8

1. Processo civil 2. Processo civil – Brasil I. Título. II. Série.

07-6945 CDU-347.9

Dedicatória

Dedico o presente trabalho aos meus familiares. Minha esposa *Dina*, amor e amizade que duram mais de vinte anos. Meus filhos, *Mariana* e *Victor*, motivos para uma vida feliz. Meus pais *Francisco* e *Marilda* e irmãos, amor e compreensão por toda uma vida.

Ao irmão *Carlos Eugênio Malfatti* e ao amigo *Plínio Tadeu do Amaral Malheiros*, ambos *in memorian*, também dedico esse trabalho como sinal de um sentimento de amizade que ultrapassa os limites da vida.

Agradecimentos

Ao professor Sérgio Shimura, cuja atenção e amizade servem de estímulo à carreira acadêmica.

Aos amigos de todos os dias, sempre aliados numa tarefa árdua de estudo, dentre outros, *Anselmo Prieto, Carlos Eduardo Costa e Paulo Feitoza.*

E, por fim, *José Tarciso Beraldo, Marisa Harms, Nelton Agnaldo Moares dos Santos*, que tornaram possível esse trabalho.

O Autor

Alexandre David Malfatti

Formado pela Faculdade de Direito da USP em 1987, especializou-se em Processo Civil, em 1989, pela mesma instituição. Obteve o título de Mestre em Direitos Difusos e Coletivos pela PUC/SP, onde cursa o doutorado na mesma área, com ênfase em Processo Coletivo. Trabalhou como advogado de empresas até 1991, quando ingressou na Magistratura do Estado de São Paulo. Atualmente, exerce a judicatura na 7ª Vara Cível de São Paulo e atua como membro do 3º Colégio Recursal do Sistema dos Juizados Especiais Cíveis de São Paulo. No magistério, é professor da Unip, da PUC/SP e da Escola Paulista da Magistratura, nas áreas de Processo Civil e Direito do Consumidor. É também palestrante em diversos cursos de especialização.

A crescente competitividade no mercado profissional e a demanda de um público cada vez mais exigente motivaram a Editora Campus/ Elsevier a conceber a série *Direito Ponto a Ponto*.

O Direito, em essência, desafia para uma trajetória profissional que se inicia em um complexo curso de graduação e segue pelo exame da OAB, a advocacia, a preparação para concursos públicos e, ainda, as constantes alterações legislativas, que mudam sistemas, conceitos e procedimentos.

Os personagens do Direito precisam, portanto, absorver diariamente cada vez mais informações em um curto período de tempo. O desafio é aprender e compreender, pensar e raciocinar, crescer e amadurecer intelectualmente.

A necessidade premente de livros que atinjam o ponto de equilíbrio necessário para obter conhecimento direto sem prejuízo do aprofundamento doutrinário, da interpretação jurisprudencial, da discussão atual de assuntos polêmicos é o fundamento da série *Direito Ponto a Ponto*.

A série é escrita por autores de intensa atuação profissional e acadêmica, imbuídos do espírito de renovação e do compromisso de manter excelência do conteúdo doutrinário e aprimoramento contínuo das novas edições. Os autores são advogados, juízes, promotores, especialistas, mestres, doutores e professores, todos comprometidos com o ensino jurídico.

Pontos polêmicos e de interesses profissionais, pontos de concursos e pontos de graduação são tratados em cada um dos volumes. É o Direito *ponto a ponto* que oferecemos a nossos leitores.

Editora Campus/Elsevier

Prefácio

Fiquei surpreso, todavia extremamente honrado, com o convite feito pelo Dr. Alexandre David Malfatti para prefaciar a presente obra, intitulada *Direito Processual Civil – Procedimentos Especiais*. É preciso registrar alguns fatos que explicam o seu conteúdo e a sua estrutura.

O Dr. Malfatti é Juiz de Direito na Capital de São Paulo, de longa e sólida experiência, de invejável capacidade intelectual e laborativa. Somado a isso, é Mestre pela PUC/SP e Professor Universitário dos mais dedicados e extremamente admirados pelos alunos.

O resultado dessas características se faz presente em mais esta obra. O Professor Malfatti enfrenta os temas atinentes aos procedimentos especiais com notável didática e desenvoltura, raramente vista em outros trabalhos, principalmente pela linguagem acessível, sem olvidar do rigor técnico sobre os pontos relevantes e polêmicos subjacentes a cada tópico.

Além de suas reflexões pessoais, o Professor Malfatti traz o respaldo da mais idônea doutrina e da jurisprudência predominante, o que faz do livro um norte seguro para as dúvidas mais recorrentes em terreno pouquíssimo explorado, que é o dos *procedimentos especiais*.

Depois de transitar pela teoria geral do processo, analisa as peculiaridades existentes em cada tipo de procedimento, com destaque para os pontos mais inquietantes, não se furtando de firmar seu posicionamento.

Faz interessante abordagem sobre cada ação, seja do enfoque estritamente processual, seja da ótica do direito material, adaptando as novidades das reformas processuais com as alterações advindas no Código Civil de 2002, como se percebe, ilustrativamente, no campo da consignação em pagamento, do depósito, da possessória, do usucapião e do inventário.

Aqui, é oportuno remarcar que, além de ter participado de sua banca de Mestrado, em que se houve com brilho invulgar, tenho tido o privilégio de contar com o seu apoio e auxílio nas aulas da Graduação e Pós-Graduação da PUC/SP, além de ter sido seu orientador no curso de Doutorado, sempre com impecável desempenho, tudo a revelar a seriedade com que assume os seus projetos.

Confesso sentir uma inveja (positiva), pois se trata de um livro que eu gostaria de ter escrito. Em resumo, a obra se apresenta como de leitura obrigatória, pelo que parabenizo o Autor e a Editora Campus/Elsevier por este trabalho, na certeza de sua consagração junto à comunidade jurídica.

Sérgio Shimura
Membro do Ministério Público do Estado de São Paulo
Livre-Docente da PUC/SP
Professor dos Cursos de Graduação e Pós-Graduação da PUC/SP

Sumário

Capítulo 1
Introdução aos Procedimentos Especiais

1.1. NOÇÕES GERAIS

Na doutrina processual tradicional, como salienta Carneiro (1983, pp. 3-10), o conceito de jurisdição foi atrelado ao poder estatal de dizer e concretizar o direito. Há que se distinguir a *Jurisdição Contenciosa* e a *Jurisdição Voluntária*. Na primeira, a tutela jurisdicional está voltada para a solução de conflitos e a concretização do direito material, expressando-se nos processos de conhecimento, cautelar e execução. Na segunda, há uma necessária intervenção estatal por meio do Poder Judiciário – intervenção judicial – sobre os negócios jurídicos privados por uma questão de interesse público.

A Jurisdição Contenciosa realiza-se pelo processo, que pode ser classificado em três modalidades: *processo de conhecimento, processo cautelar* e *processo de execução*. No processo de conhecimento, busca-se a solução do conflito travado entre autor e réu. Em outros termos, a finalidade é a justa composição da *lide* – compreendida como um conflito de interesses qualificado pela pretensão resistida (Carnelutti). No processo cautelar, como ensina Moares dos Santos (2007, pp. 34-37) tem-se como objetivo principal a concessão de uma tutela que assegure a eficácia e a utilidade do processo principal (de conhecimento ou de execução) – função asseguradora. Diz-se que o processo cautelar é instrumental, porque acessório do processo principal. No processo de execução, persegue-se a satisfação de uma obrigação contida num título executivo extrajudicial.

É oportuno salientar que o processo de conhecimento viabiliza a concessão de três provimentos jurisdicionais: *declaratório, constitutivo* e *condenatório*. No provimento declaratório, o objeto do processo consiste na declaração de existência ou de inexistência de uma relação jurídica. No provimento constitutivo, na criação ou no desfazimento de uma relação jurídica. E no condenatório, na imposição de uma obrigação de pagamento em dinheiro, de fazer, de não fazer e de entrega de coisa (certa ou incerta).

Antes da modificação da lei processual – a chamada "Reforma da Lei Processual" que se deu principalmente a partir de 1994 –, a solução do processo de conhecimento com a prolação de uma sentença de conteúdo condenatório dava margem a um título executivo. Iniciava-se com o título executivo judicial (sentença) um novo e distinto processo de execução. Tanto que havia uma citação para o processo de conhecimento e outra para o processo de execução da sentença. Eram processos distintos.

Atualmente, o provimento condenatório permite o *cumprimento da sentença* (arts. 461, 461-A e 475-I do CPC), dispensando-se um processo distinto para a execução. Em razão das modificações dos arts. 461 (Lei nº 8.952/1994), 461-A (Lei nº 10.444/2002) e 475-I (Lei nº 11.232/2005), a sentença condenatória do réu ao cumprimento de uma obrigação não instaura um novo e distinto processo, mas apenas uma nova fase do mesmo processo de conhecimento. Agora, tem-se a fase de execução, para que se realize a satisfação da obrigação reconhecida na sentença. Não há nova citação na fase de execução, mas simples intimação – que decorre da própria sentença ou de ato específico – para cumprimento da obrigação. É o que se denomina *processo sincrético*, o qual termina por fundir os processos de conhecimento e de execução.

Importante recordar, ainda, que o *processo* pode ser definido como a somatória de uma *relação jurídica processual* e de um *procedimento*. A relação jurídica processual é chamada triangular, por integrar as figuras do autor, do Estado-juiz e do réu. O procedimento consiste na exteriorização dos atos processuais, que se desenvolvem cronologicamente e se integram logicamente.[1]

O processo tem início com o exercício, pelo autor, do *direito de ação*, e tornar-se bilateral com o *direito de defesa*. Como definido por Araújo Cintra (2003, p. 249), *"ação é o direito ao exercício da atividade jurisdicional"*. É

1 No processo de conhecimento, a ação que segue o rito comum ordinário apresenta os seguintes atos para seu processamento e julgamento em primeiro grau de jurisdição: a) petição inicial; b) registro (atribuição de um número de controle interno do Poder Judiciário) e distribuição (nos foros com mais de um Juízo, a ação é distribuída a uma das Varas); c) autuação; d) recebimento da inicial pelo juiz (ordem de citação); e) citação; f) resposta do réu; g) réplica do autor (quando o caso); h) audiência preliminar (art. 331 do CPC) ou julgamento conforme o estado do processo (arts. 329 e 330 do CPC); i) produção de provas (pericial, oral, documental etc.); j) alegações finais das partes; e l) sentença. Os atos que compõem o procedimento são produzidos como uma seqüência no tempo, a partir da petição inicial até a sentença. E todos os atos se ligam uns aos outros, numa seqüência lógica.

pelo exercício da ação[2] que se começa o processo e que se provoca a Jurisdição. O direito de defesa representa a possibilidade de o réu apresentar em Juízo seus argumentos, resistindo à pretensão do autor. O direito de defesa concretiza-se com os atos processuais de iniciativa do réu (contestação, reconvenção, exceções, requerimento de provas etc.).

Como dito, a ação faz instaurar um processo e assume um procedimento. *Rito* é sinônimo de *procedimento*. Quando ingressa com uma ação, o autor deve saber qual o procedimento que será adotado no processo. Na prática, a escolha da ação determina o procedimento. Diz-se "ação de cobrança pelo rito ordinário", "ação de indenização pelo rito sumário", "ação de consignação em pagamento", "ação de prestação de contas".

O processo de conhecimento tem o *procedimento (rito) comum* e o *procedimento (rito) especial*. O procedimento comum é dividido em ordinário e sumário. O procedimento especial é múltiplo, como será visto adiante. Adota-se o rito comum ou o rito especial, conforme o direito material envolvido no conflito.

O *procedimento especial* ou *rito especial* está previsto no Código de Processo Civil (CPC) e nas Leis Especiais ou Extravagantes (por exemplo, Lei nº 8.245/1991 – Lei de Locações que prevê ritos especiais para despejo por falta de pagamento, ação renovatória de contrato de locação, ação revisional de aluguel etc.).

Como escolher o tipo de ação ou rito a ser adotado? Conforme dito anteriormente, se há um conflito entre as partes sem a possibilidade de solução fora da esfera judicial, tem-se como necessário o processo de conhecimento. Pode-se dizer, como o faz Dinamarco, 2005 (Tomo II, pp. 296-97) que "*o processo de conhecimento é por definição processo de sentença e sentenciar sobre as contrapropostas das partes é prover sobre o* **meritum causae**". Dentro do processo de conhecimento, a escolha da ação e do procedimento a ser adotado faz-se por exclusão.

Primeiro, investiga-se se a tutela do direito material (bem da vida) perseguido pelo autor encontra-se contemplada nas ações com procedimen-

2 Evidentemente, a presente obra não tem o escopo de aprofundar os contornos dos conceitos de Jurisdição, Processo e Ação. A respeito do direito de ação, convém ressaltar que ele configura um direito exercido contra o Estado-juiz, sendo autônomo porque diferente do direito material. O direito de ação fica sujeito ao preenchimento das condições da ação: a) possibilidade jurídica do pedido; b) legitimidade de parte; e c) interesse processual.

tos especiais, tanto no CPC, como na legislação especial. Se a tutela específica ou diferenciada estiver disciplinada numa ação de rito especial, caberá ao autor, como regra, ajuizar a demanda com aquele formato legal.

Caso não encontre uma previsão específica de rito especial para a proteção do direito material envolvido no conflito, cabe ao autor fazer uso de uma ação pelo rito comum. E, como segunda providência, verifica-se a adequação do procedimento sumário, a partir das regras do art. 275 do CPC e da legislação especial.

Se não encontrar uma previsão de rito sumário para a tutela do direito material, então, como terceira e última hipótese, a ação adotará o rito ordinário. Em suma, o rito ordinário é aquele utilizado quando não cabíveis o rito especial e o rito sumário.

1.2. CARACTERÍSTICAS

Como salientado pelos professores Greco Filho (2003, pp. 202-5) e Marcato (2004, pp. 75-80), a técnica legislativa para a criação de procedimentos especiais leva em conta vários aspectos, o que dá a eles as seguintes características mais relevantes:

a) *Altera os prazos de defesa.* Há prazos menores que 15 (quinze) dias, como, por exemplo, o prazo de contestação de cinco dias nas ações de depósito (art. 902, II, do CPC) e de prestação de contas (art. 915 do CPC). Há prazos maiores do que aquele, como, por exemplo, o de contestação de 20 (vinte) dias nas ações de demarcação (art. 954 do CPC) e divisão (art. 968 do CPC).

b) *Insere providências que têm naturezas de antecipação de tutela, de medida cautelar ou de execução.* Nas ações possessórias e na ação de busca e apreensão da alienação fiduciária, ambas com a concessão de liminares com a natureza de antecipação de tutela. Na ação de nunciação de obra nova, a liminar de embargo da obra tem natureza cautelar e executória.

c) *Altera os efeitos dos recursos.* Em muitos casos, a lei não confere efeito suspensivo à apelação, possibilitando a execução provisória da sentença. Exemplo: apelação sem efeito suspensivo, nas ações que são disciplinadas na Lei de Locação (art. 58, inciso V, da Lei nº 8.245/1991).

d) *Atribui natureza dúplice às ações.* Nas ações dúplices (*actio duplex*), o réu pode formular um pedido em face do autor no corpo da peça de contestação, tornando-se desnecessário o ajuizamento de reconvenção.[3] Exemplos: ações possessórias, ação de prestação de contas, ação de demarcação e ação de divisão.

Por fim, merece referência a interpretação das normas processuais que disciplinam os procedimentos especiais. A hermenêutica dos procedimentos especiais deve seguir os princípios (normas gerais) do processo de conhecimento em geral. E, quando a lei estipular princípios e regras específicos para o rito especial, haverá uma acomodação das normas processuais com uma interpretação que privilegie a concretização do direito material envolvido no conflito.

Isto é, pode acontecer de um procedimento especial exigir uma interpretação distinta daquela emprestada ao procedimento comum, se a diferenciação for necessária à efetividade do processo – entrega do bem da vida à parte que tenha razão no conflito.

Os princípios específicos são interpretados em conformidade com os princípios gerais que informam o processo civil (devido processo legal, ampla defesa, contraditório, publicidade dos atos processuais, motivação das decisões judiciais etc.). As regras especiais prevalecem sobre as regras gerais.

1.3. A TUTELA DE URGÊNCIA NOS PROCEDIMENTOS ESPECIAIS

Como explicado anteriormente, há procedimentos especiais que contam com a previsão expressa de tutelas de urgência, de natureza cautelar (nunciação de obra nova) ou mesmo como antecipação de tutela (ação possessória).

Pode-se indagar sobre o cabimento da tutela de urgência também nos procedimentos especiais em que as medidas não se encontram inseridas no interior dos mesmos. Isto é: *pode haver concessão de medidas cautelares ou de antecipação de tutela nos procedimentos especiais?*

A resposta é afirmativa. Atualmente, numa visão clara da efetividade do processo como meio idôneo para a entrega do direito material, não se

3 Há uma grande distinção formal. A reconvenção tem natureza de ação distinta e exige uma petição distinta da reconvenção. A extinção da ação não implica a extinção da reconvenção. Todavia, na ação dúplice, o pedido contraposto é feito no interior da petição da contestação – como um capítulo próprio daquela modalidade de resposta.

pode negar a possibilidade de concessão de uma tutela de urgência. O acesso à Justiça implica a admissão das medidas de urgência em todas as situações jurídicas.

A tutela cautelar dá-se no âmbito do processo de conhecimento de rito especial, ou mediante a promoção de distinta ação. Isto é, a parte solicita a concessão da medida cautelar, no bojo da ação principal ou ingressa com uma distinta ação cautelar (preparatória ou incidental).

Do mesmo modo, entende-se cabível a tutela antecipada nos procedimentos especiais. É verdade que a peculiaridade de um procedimento exige do juiz uma postura cuidadosa, para que o deferimento da antecipação da tutela não traduza o irreversível comprometimento da defesa do réu. No mais, pensa-se que a admissão daquela modalidade de tutela apenas reforça a efetividade do processo. Presentes os requisitos do art. 273 do CPC, torna-se oportuno e adequado conceder a antecipação dos efeitos da tutela pretendida. Neste sentido: Nery Júnior e Andrade Nery (2006, p. 455).

Em posição diversa, o professor Batista Lopes (2003, pp. 103-8) afirma que nos procedimentos especiais não se vislumbra a necessidade da tutela antecipada, porque a especificidade não o permite. Na sua visão, o legislador estabelece as hipóteses de cabimento de tutela de urgência, nos procedimentos especiais somente quando a medida encontra adequação. O ilustre autor cita como exemplos de procedimentos especiais em que a tutela antecipada não é pertinente, a ação de despejo e o mandado de segurança. Mas terminou por concluir que, de uma forma geral, nos procedimentos especiais que adotavam, depois da contestação, o rito ordinário, nada obstava o deferimento da medida, se presentes os requisitos.

Anota-se, ainda, que a concessão da antecipação da tutela pretendida retira o efeito devolutivo da apelação (art. 520, VII, do CPC), viabilizando-se a execução provisória da decisão.

No decorrer da obra, busca-se apontar os casos em que a antecipação de tutela (arts. 273, 461 e 461-A, todos do CPC) revela-se adequada ao procedimento especial, ao lado das tutelas específicas já inseridas no interior de cada uma das ações. Ou diversamente, aponta-se a incongruência entre a tutela antecipada e o tipo de rito adotado pela ação.

1.4. PRODUÇÃO DE PROVAS NOS PROCEDIMENTOS ESPECIAIS

Também nos procedimentos especiais, o direito à prova deve ser respeitado e concretizado. A adoção de um rito diferenciado não pode servir de fundamento para a diminuição do direito da parte alegar e provar em Juízo os fatos de seu interesse.

Observamos que o conceito de prova está ligado, usualmente, à demonstração dos fatos controvertidos, pertinentes e relevantes.[4] Fatos controvertidos, porque as partes sobre eles divergem. Em matéria sobre a qual não há discordância entre as partes, não há necessidade de outras provas.[5] Fatos pertinentes, porque dizem respeito ao processo. O que não está sendo discutido no processo não necessita de provas. Fatos relevantes, porque interessam ao deslinde do feito. Ainda que controvertidos e pertinentes, somente exigem provas os fatos que possam influenciar o julgamento da causa.

1.5. A SENTENÇA NOS PROCEDIMENTOS ESPECIAIS

Durante o processo, o juiz terá a oportunidade de proferir *sentença*, quando se tratar de uma decisão que ponha termo ao processo e implique uma das situações dos arts. 267 e 269, ambos do CPC. O conceito de sentença formase por um *critério misto*. Primeiro, distingue-se a sentença das demais decisões, em razão do seu *conteúdo* – deve abranger uma das hipóteses dos arts. 267 e 269 do CPC. E segundo, por força da sua *topologia* – põe termo ao processo. Mesmo diante da modificação trazida pela Lei nº 11.232/2005, o critério topológico é identificado, a partir da análise conjunta dos §§ 1º e 2º do CPC, em que decisão interlocutória traduz-se como a decisão proferida no curso do processo e a sentença, como aquela que põe fim ao processo.

O juiz deve verificar a oportunidade de *julgar o processo conforme o estado*, nas formas dos arts. 329 ou 330 do Código de Processo Civil. Se constatar a ausência de alguma das condições da ação ou de pressupostos processuais não regularizados ou insanáveis, declara extinto o processo sem resolução do mérito (art. 267 do CPC). Também há extinção do processo, agora com resolução do mérito, nas seguintes hipóteses (art. 269, II a V): a) quando o réu reconhecer a procedência do pedido (a tanto se

4 A exceção é a prova do direito, que deverá obedecer ao disposto no art. 337 do CPC.

5 Exceção aos fatos em que a lei exige prova específica. Ainda sobre os fatos que não dependem de prova, ver o art. 334 do CPC.

equipara o pedido de levantamento da quantia depositada); b) por transação das partes; c) reconhecimento da decadência ou da prescrição; e d) quando o autor renunciar ao direito sobre o qual se funda a ação.

Sobre a transação, cabe um esclarecimento adicional. Enquanto concessões recíprocas (art. 840 do CC), a transação é o principal objetivo da atividade de conciliação,[6] que, atualmente, funciona como relevante meio para a solução dos conflitos. A conciliação deve ser perseguida mesmo no conflito levado para o âmbito do processo judicial. Um juiz que atua como conciliador exerce destacado papel na pacificação dos litígios, uma vez que a solução encontrada com a participação do autor e do réu costuma surtir eficácia imediata.[7] Em São Paulo, merece ser realçada a atividade da conciliação exercida pelos Setores de Conciliação espalhados pelo estado. E, nesta nova onda da Justiça, os advogados voltados para a conciliação exercem um novo papel na defesa dos direitos dos cidadãos, direcionando a solução dos litígios pela cultura do acordo.

No julgamento do processo no estado, usualmente, o juiz não realiza audiência ou sessão de conciliação. A rigor, não seria o caso de designação da audiência preliminar (art. 331 do CPC). A realidade social, contudo, recomenda uma nova postura. O juiz pode e deve buscar a conciliação e, para tanto, ainda que o processo tenha a possibilidade de um julgamento conforme o estado (com extinção imediata na forma dos arts. 329 e 330 do CPC), oportuna a designação de uma audiência ou sessão de conciliação, se as circunstâncias do caso concreto recomendam a aproximação das partes.

---

6 A conciliação significa mais do que transação. Trata-se de uma composição amigável entre as partes, contando ou não com a intervenção de um terceiro. A conciliação abrange: a) transação; b) desistência da ação pelo autor; c) renúncia ao direito que se funda a ação pelo autor; d) reconhecimento jurídico do pedido pelo réu etc. No Estado de São Paulo, a magnífica participação da juíza Maria Lúcia de Castro Pizzotti Mendes na instalação e no funcionamento do Setor de Conciliação das Varas Cíveis do Foro Central da comarca de São Paulo recebeu o "Prêmio Innovare" em 2005, na categoria juiz individual, no evento promovido pelo Governo Federal e pelo Sebrae.

7 Se compararmos a eficácia de um acordo judicial e de uma sentença de mérito proferida pelo juiz, a primeira será imediata justamente pelo fato de haver uma aceitação das partes. É possível ainda dizer que o cumprimento espontâneo do acordo é mais provável do que a sentença de mérito.

Nas *sentenças de mérito* o juiz aprecia o pedido formulado pela parte.[8] Nos procedimentos especiais, a peculiaridade do direito material envolvido dá ensejo a um conteúdo diferenciado da sentença. Na ação de consignação em pagamento, por exemplo, quando a resposta do réu se limitar à insuficiência do valor, o juiz declara o valor devido na sentença, a qual assume a figura de título executivo (art. 899, §. 2º, do CPC).

Se a sentença versar sobre condenação ao pagamento em dinheiro (arts. 899, § 2º, e 918, ambos do CPC, como exemplos), tem início a *fase de cumprimento*. Incide o disposto no art. 475-I (e seguintes) do CPC.

Observamos que o devedor terá o prazo de 15 (quinze) dias para o espontâneo cumprimento da sentença. Defendemos a fluência do aludido prazo sem a necessidade de qualquer outra intimação ou formalidade. Basta que a sentença (ou acórdão) se torne exigível, passível de cumprimento forçado. A contagem do prazo processual deve ser feita a partir da data da exigibilidade: o trânsito em julgado (independente de sua certificação pela serventia) ou a ciência da decisão não sujeita a recurso com o efeito suspensivo.

Com o devido respeito, não se vê lógica e eficiência na tese defendida por alguns autores, criando-se a figura da intimação adicional para cumprimento da sentença, a pretexto de segurança para o devedor. Ora, nesta linha de pensamento, a inovação teria piorado a tramitação da execução da sentença. O prazo do pagamento espontâneo que era de 24 (vinte e quatro) horas passaria para 15 (quinze) dias, posto que a inovação tivesse incluído a multa processual de 10% (dez por cento). E sobre a insegurança criada para o devedor, basta lembrar que a dispensa de nova intimação ou outra providência é restrita aos casos em que a apuração do valor da dívida (*quantum debeatur*) dependa de meros cálculos aritméticos.

1.6. OS PROCEDIMENTOS ESPECIAIS E O JUIZADO ESPECIAL CÍVEL

Questão interessante é definir a possibilidade ou não da propositura de ações de procedimento especial, no âmbito do Juizado Especial Cível.

Entendemos que o Juizado Especial Cível configura um *órgão jurisdicional específico* da Justiça Estadual[9] à disposição do autor e respeitadas as nor-

8 Pode-se dizer que, usualmente, o autor formula um pedido. Mas há outros pedidos que são apreciados na sentença, quando formulados pelo réu na reconvenção, no pedido contraposto e na ação declaratória incidental. Esta última também pode ser articulada pelo autor (arts. 4º e 325 do CPC).

9 Raciocínio similar pode ser trilhado no Juizado Especial Federal.

mas de competência. Trata-se de uma opção do autor da ação e não uma via jurisdicional obrigatória. O autor tem a liberdade de ingressar com a ação judicial perante os outros órgãos ordinários da Justiça Estadual.

Dois pontos merecem destaque na solução da questão.

Primeiro, na parte da competência. Dispõe o art. 3º da Lei nº 9.099/1995 sobre as causas que podem tramitar no Juizado Especial Cível.

Há um critério de valor: causas que não excedam o equivalente a 40 (quarenta) salários mínimos. Em tese, toda causa abaixo desse valor pode ser discutida no aludido órgão, se não houver exclusão expressa.

E há um critério distinto e guiado pela matéria: a) ações de rito sumário (art. 275, inciso II, do CPC); b) ação de despejo para uso próprio; e c) ação possessória de bens imóveis de valor não excedente a 40 (quarenta) salários mínimos. Neste último critério, tirante a hipótese da ação possessória que se limita ao valor do imóvel, os demais tipos de ação representam exceção à limitação do valor da causa. Isto é, podem tramitar no Juizado Especial Cível as ações com aquele conteúdo, independentemente do interesse econômico em jogo.

O mesmo dispositivo legal disciplinou a execução, autorizando a tramitação no Juizado Especial Cível das ações: a) de cumprimento dos seus julgados e b) de títulos executivos extrajudiciais com limitação até 40 (quarenta) salários mínimos.

E, ainda, há um critério de exclusão das causas baseado na matéria e na qualidade das pessoas (art. 3º, § 2º, da Lei nº 9.099/1995): a) alimentar; b) falimentar; c) fiscal; d) de interesse da Fazenda Pública; e) relativas a acidente do trabalho; f) resíduos; e g) estado e capacidade das pessoas. O rol é complementado com as pessoas que não podem figurar como partes no procedimento do Juizado Especial Cível (art. 8º da Lei nº 9.099/1995): a) incapazes; b) preso; c) pessoas jurídicas de direito público; d) empresas públicas da União; e) massa falida; e f) insolvente civil.

Em suma, pode-se dizer que a competência do Juizado Especial Cível é mais restrita, se comparada a os demais órgãos da Justiça Estadual. Vários critérios atuam conjuntamente na definição da sua competência.

E, segundo, no procedimento adotado. A Lei nº 9.099/1995 disciplinou um procedimento especial para as ações de conhecimento que tramitam no juizado Especial Cível. Todas as ações seguem o mesmo conjunto de atos processuais, desde a inicial, passando pela sessão de conciliação, até a sentença. Parece-nos que o rito ali adotado tem razão na concretização dos princípios do Juizado Especial Cível, notadamente a oralidade, a simplicidade, a informalidade, a economia processual e a celeridade. Cada etapa apresenta uma ligação lógica com um ou mais princípios. Por exemplo, o recebimento da inicial na própria secretaria e sem a necessidade de advogado (art. 14 da Lei nº 9.099/1995) retrata a informalidade e a simplicidade do processo.

Nesta linha de raciocínio, entendemos que o rito previsto na lei não pode ser alterado de tal forma a ser completamente substituído por outro procedimento, seja ele comum ou especial. Isto é, o procedimento especial do Juizado Especial Cível deve ser respeitado.

No mesmo sentido, colhe-se o enunciado nº 8 do Fórum Nacional de Juizados Especiais – Fonaje: "as ações cíveis sujeitas a procedimentos especiais não são admissíveis nos Juizados Especiais".

Todavia, admitimos a adaptação do procedimento especial previsto no Juizado Especial Cível, de maneira a adequá-lo a tutelas diferenciadas e inseridas em outros procedimentos especiais.

Em outras palavras, entendemos não ser possível o ajuizamento de uma ação de procedimento especial no âmbito do Juizado Especial Cível, mas sim a inserção de algumas tutelas diferenciadas e próprias daquela espécie de rito.

É a tutela do direito material que informará a possibilidade ou não da assimilação do procedimento do Juizado Especial Cível. Se o autor da ação quiser abrir mão de um procedimento especial e de vantagens que a lei processual lhe conferiu em prol de uma solução no Juizado Especial Cível, sua opção deve ser prestigiada. Situação que se assemelha à adoção do rito ordinário, para quem pretende abrir mão do rito especial em favor da cumulação de pedidos (art. 292, § 2º, do CPC).

Sempre que for possível a adaptação da ação de procedimento especial – do CPC ou de leis especiais – ao rito do Juizado Especial Cível, deve ser admitido o processamento da demanda no aludido órgão do Poder Judiciário.

Entendemos que as seguintes ações de rito especial comportam ajuizamento no Juizado Especial Cível, mediante adaptação ao rito da Lei nº 9.099/1995: a) ação de consignação em pagamento, bastando que se faça prova do depósito (judicial ou extrajudicial), preservadas as possibilidades de defesa do réu, complementação do depósito e de sentença com fixação do valor devido; b) ação de depósito, mantida a possibilidade de decretação da prisão civil na sentença; c) ação possessória, conforme expressa autorização da lei;

d) ação de nunciação de obra nova, quando não exigida perícia complexa e respeitado o valor de alçada; e) embargos de terceiro, respeitada a possibilidade de liminar para suspensão da ação em que se deu a constrição judicial; f) ação de despejo por falta de pagamento, mantida a purgação da mora (e sua complementação) e a sentença; h) ação renovatória de contrato de locação, preservada a matéria de defesa, a perícia (exceto se ela se revelar muito complexa) e o conteúdo da sentença; i) ação revisional de aluguel, preservada a matéria de defesa, a perícia (exceto se ela se revelar muito complexa) e o conteúdo da sentença; e j) ação monitória, porque compatível a designação da conciliação, a expedição do mandado monitório e a inversão do ônus do contraditório (oferta de embargos).

Entendemos que as seguintes ações de rito especial não comportam ajuizamento no Juizado Especial Cível, mediante adaptação ao rito da Lei nº 9.099/1995: a) de anulação e substituição de título, quando necessária a citação por edital; b) a ação de prestação de contas, diante da possibilidade de seu desenvolvimento em duas fases, com uma necessidade freqüente de perícia (não raro de elevada complexidade); c) ação de usucapião, pela necessidade de manifestação das Fazendas Públicas; d) ação de divisão e de demarcação pela necessidade de perícia de elevada complexidade; e) inventário e partilha, pela matéria envolvida (sucessão).

Capítulo 2

Ação de Consignação em Pagamento

2.1. DISCIPLINA DO PAGAMENTO EM CONSIGNAÇÃO, NO CÓDIGO CIVIL DE 2002

O *pagamento em consignação* como uma das modalidades de extinção das obrigações[1] está disciplinado, nos arts. 334 a 345 do Código Civil de 2002 (CC). Ou seja, quando a lei processual dispõe sobre a ação de consignação em pagamento está realizando o direito material de o devedor obter a satisfação da obrigação pela modalidade específica de pagamento em consignação.

2.1.1. Modalidades

O pagamento em consignação pode ser feito por duas formas, conforme previsão do art. 334 do CC.

Primeiro, no âmbito da ação de consignação em pagamento. E, como será abordado adiante, tem como pressuposto o depósito da quantia ofertada no bojo de uma ação judicial. Trata-se da *consignação judicial*. E segundo, pelo depósito em estabelecimento bancário. Traduz a modalidade de *consignação em pagamento extrajudicial*.

Importante apontar que a generalização da consignação em pagamento sob a modalidade extrajudicial foi inserida como novidade no ordenamento jurídico pela Lei nº 8.951/1994, no âmbito do Código de Processo Civil.[2] Antes daquela lei, a regra era a da consignação em pagamento pela via

1 Modalidades de extinção das obrigações no CC: a) pagamento, b) dação em pagamento, c) compensação, d) confusão e e) remissão.

2 Tratava-se de uma disciplina de direito material incluída no Código de Processo Civil. Para os professores Nery Jr. e Andrade Nery: (2006, p. 969), aquele regime de consignação extrajudicial não era aplicável aos débitos fiscais e aos débitos oriundos da locação regida pela Lei nº 8.245/1991.

judicial.[3] Tanto que o art. 972 Código Civil de 1916 dispunha apenas sobre o depósito judicial, *in verbis*: "Considera-se pagamento, e extingue a obrigação o depósito judicial da coisa devida, nos casos e forma legais".

Portanto, com o advento do Código Civil de 2002, ficou ratificada a possibilidade da consignação em pagamento pelas modalidades judicial e extrajudicial. Pensamos que, agora, a consignação extrajudicial pode ser utilizada como forma de extinção de obrigações privadas, inclusive nas relações locatícias. Isto porque somente não será admitida a consignação, se por lei especial houver vedação expressa ou incompatibilidade a tanto.

2.1.2. Motivos

A análise dos motivos da consignação em pagamento depende da natureza da dívida, se portável ou quesível. Importante destacar que a dívida quesível é aquela em que o pagamento efetiva-se no domicílio do devedor, se as partes não convencionarem diversamente (art. 327, do CC de 2002). Em outros termos, a dívida somente é portável quando recebida no domicílio do credor – ele deve ser procurado pelo devedor – exigindo-se uma convenção a respeito.

O pagamento em consignação tem lugar nas seguintes hipóteses (art. 335 do CC):

I – *Se o credor não puder, ou, sem justa causa recusar, receber o pagamento, ou dar quitação na devida forma*. Hipótese de dívida portável, em que o devedor deve procurar o credor para pagar. Assim, nesta hipótese, o credor não pode se recusar a receber do devedor o valor da dívida ou a declarar a quitação (recibo) em favor do último.

II – *Se o credor não for, nem mandar receber a coisa no lugar, tempo e condição devidos*. Hipótese de dívida quesível, em que o credor busca o recebimento junto ao devedor. Nesta hipótese, se o credor não cumprir sua obrigação de ir até o devedor receber a dívida no lugar, tempo e condição ajustados, dá ensejo à consignação.

3 Como exceção, por exemplo: arts. 33 e 38, § 1º, da Lei nº 6.766/1979. Na lei do parcelamento do solo urbano, havia a possibilidade, diante da recusa do credor (compromissário vendedor) em receber as prestações, na constituição em mora do último, de o devedor (adquirente) fazer o depósito extrajudicial no próprio Cartório de Registro de Imóveis (art. 33). E, na hipótese de irregularidade do registro ou de execução do loteamento, o devedor deve suspender os pagamentos feitos diretamente ao credor, providenciando o depósito em consignação das prestações devidas junto ao Cartório de Registro de Imóveis (art. 38, § 1º).

III – *Se o credor for incapaz de receber, for desconhecido, declarado ausente, ou residir em lugar incerto ou de acesso perigoso ou difícil.* Outra hipótese de dívida portável, em que o pagamento direto ao credor pelo devedor se torna inviável, dando ensejo à consignação. Como frisa o professor Marcato (2004, p. 87), sendo o credor incapaz, o pagamento deve ser feito na pessoa do seu representante legal (se a incapacidade for absoluta – ver arts. 1.634, inciso V, e 1.775, ambos do CC de 2002) ou deve ser feito com a assistência do representante legal (se a incapacidade for relativa). O credor pode ser desconhecido, como no caso em que o primitivo credor faleceu e o devedor não sabe quem são seus herdeiros. A incerteza do lugar de pagamento pode acontecer, se o credor mudar-se do endereço declarado no contrato. No Brasil, difícil imaginar-se lugar perigoso ou de difícil acesso capaz de dar ensejo à consignação.

IV – *Se ocorrer dúvida sobre quem deva legitimamente receber o objeto do pagamento.* No caso de haver dúvida razoável e objetiva sobre quem deva receber. O pagamento pelo devedor a alguém sem a certeza da legitimidade da condição de credor pode ensejar a qualificação do ato como inválido. Por exemplo, quando o devedor vê o crédito disputado por duas pessoas que se intitulam credoras.

V – *Se pender litígio sobre o objeto do pagamento.* Há um litígio entre credor e devedor ou mesmo entre os supostos credores, que impedem o pagamento com segurança. O art. 345 do CC dispõe sobre o pedido de um dos credores para que o devedor faça a consignação da coisa devida, quando existe um litígio entre todos os supostos credores.

2.2. CONSIGNAÇÃO PELO DEPÓSITO BANCÁRIO EXTRAJUDICIAL

2.2.1. Opção do Devedor

O depósito bancário é uma *opção* do devedor no pagamento em dinheiro. O depósito bancário somente se presta ao pagamento de prestação pecuniária.

Importante salientar que em face do credor incapaz não pode haver consignação extrajudicial pela ausência de capacidade para fornecer diretamente a quitação, exigindo-se a via judicial.

Outro tipo de obrigação não é feito nesta modalidade de pagamento em consignação, exigindo a consignação judicial. Sendo assim, para a consignação de um automóvel ou de um imóvel, por exemplo, a única via de consignação possível é a judicial.

2.2.2. Local do Depósito

O depósito bancário pode ser feito pelo devedor em instituição financeira oficial, no local de pagamento, em conta com correção monetária, cientificando-se o credor com carta com aviso de recebimento (art. 890, § 1º, do CPC).

2.2.3. Beneficiário do Depósito: o Credor Deve Ser Conhecido

O credor deve ser identificado – nome e endereço – com a exigência de que seja capaz. Em situação diversa, com um credor desconhecido ou incerto ou incapaz, necessário que o devedor faça uso da consignação judicial.

2.2.4. Prazo para Manifestação do Credor

O credor tem o prazo de dez dias para manifestação acerca do depósito efetivado. O prazo é contado da sua ciência por carta enviada pela instituição financeira ao endereço indicado pelo devedor (consignante). Evidentemente, se o endereço não for o do credor e se não ocorrer a regular ciência do mesmo, não fluirá o prazo para a manifestação.

2.2.5. Atitudes do Credor, ao Receber o Aviso do Depósito

O credor pode adotar uma das seguintes posturas, ao ser comunicado do depósito em consignação feito pelo devedor:

a) Manifestação da expressa da recusa (art. 890, § 1º, do CPC). Neste caso, caracteriza-se o motivo para o ajuizamento da ação de consignação em pagamento. E basta que o credor informe ao banco que não pretende levantar o dinheiro, dispensando-se qualquer aprofundamento na motivação. E não cabe à instituição financeira avaliar se a recusa é legal ou injusta. Importante salientar que a recusa impede o efeito da satisfação da obrigação pela consignação extrajudicial e torna imprescindível que o devedor faça uso da consignação judicial.
b) Aceitar o depósito sem ressalva. O credor faz o levantamento do dinheiro junto à instituição financeira, ocorrendo a satisfação da obrigação.
c) Aceitar o depósito com ressalva. Trata-se de uma hipótese polêmica, mas que tem razão de ser. O credor não pode ser compelido a aceitar o depósito incompleto. Nesta linha, e entendemos que a ele deve ser reconhecido o direito de levantar o dinheiro e deixar manifestada a ressalva. A manifestação deve ser feita para a institui-

ção financeira ou para o próprio devedor, alternativamente, bastando uma simples notificação. O que importa é que exista a ressalva escrita. Sobre o tema, há precedente favorável do Superior Tribunal de Justiça.[4]

d) Ficar em silêncio. Uma vez decorrido o prazo sem manifestação, tem-se por efetivado o pagamento em consignação e, liberada a obrigação (art. 890, § 2º, do CPC). Trata-se da aceitação tácita ou presumida.

2.2.6. Ajuizamento da Ação de Consignação em Pagamento

Na hipótese de recusa expressa do credor em receber o depósito, como já dito, o ajuizamento da ação de consignação configura medida necessária à obtenção da satisfação da obrigação.

A distribuição da ação de consignação em pagamento precisa atender aos seguintes requisitos: a) O protocolo do ajuizamento opera-se no prazo de trinta dias (art. 890, § 3º, do CPC) e b) A instrução da petição inicial com prova do depósito e da recusa (art. 890, § 3º, do CPC).

Se o ajuizamento da ação não se der em 30(trinta) dias, o depósito ficará à disposição do próprio devedor. O CC de 2002 reforça a possibilidade de levantamento do depósito pelo devedor, a qualquer tempo, enquanto não ocorre a expressa aceitação pelo credor (art. 338 do CC).

Porém, entendemos que o aludido prazo não é peremptório e nem tampouco leva à prescrição ou decadência. Mesmo fora daquele prazo, nada impede o ajuizamento da ação de consignação em pagamento. O depósito extrajudicial e a recusa do credor continuam a surtir os efeitos legais da oferta e da motivação ligados à consignação. O único efeito da perda do prazo é que, se a dívida for portável, o devedor fica sujeito aos encargos decorrentes da eventual mora. Isto é, se atender ao comando da lei, o autor da ação de consignação em pagamento não tem a contagem de juros de mora e a incidência de multa moratória, por exemplo.

2.3. COMPETÊNCIA

Como regra geral, a ação de consignação deve ser proposta no foro do local de pagamento (arts. 891 do CPC e 337 do CC). A aferição depende de onde tiver que ser cumprida a obrigação de pagamento da dívida, como

4 REsp nº 189019, Quarta Turma, Min. Barros Monteiro, julgado em 06/05/2004, DJ 02/08/2004.

salientado por Marcato (2004, p. 94). Na dívida portável ou *portable*, a competência é do foro do domicílio do réu, já que a satisfação deve ser no domicílio do credor. Na dívida quesível ou *quérable*, a competência é do foro do domicílio do autor, porquanto a satisfação deve ocorrer no domicílio do devedor.

A lei pode determinar uma *regra específica* de competência. Se a coisa devida for imóvel, deve ser a consignação proposta no foro do imóvel (art. 341 do CC). Se houver foro de eleição para um contrato, a competência determina-se por vontade das partes.

Havendo relação de consumo será necessário verificar se a opção pelo foro de eleição não dificulta ou torna impossível a defesa do direito do consumidor em Juízo, o que leva à invalidade da disposição contratual. Encontram-se precedentes dos tribunais que autorizam o pronunciamento de ofício pelo juiz daquela nulidade.[5]

2.4. LEGITIMIDADE DE PARTES[6]

O *autor* da ação de consignação em pagamento é o devedor da obrigação a ser satisfeita. Também podem ser autores os sucessores por atos entre vivos (cessão autorizada do débito) ou pelos herdeiros do falecido devedor (que respondem pelo débito na proporção da herança).

E, conforme se extrai do art. 304 do CC, o terceiro interessado (o avalista, o fiador, o que deu seu imóvel em hipoteca para garantia da dívida etc.) e mesmo o terceiro não interessado (desde que o faça por nome e à conta do devedor, sem oposição do mesmo) na solução da dívida podem promover a consignação. Como afirma Theodoro Júnior (2006, vol. III, p. 24), em relação ao terceiro, sua legitimidade decorre da previsão legal que autoriza o pagamento. Isto é, quem pode pagar também deve ser admitido como parte legítima para adotar a consignação em pagamento.

Como destaca Fidélis dos Santos (2006, p. 6), na hipótese do casamento com comunhão de bens (total ou parcial), um cônjuge tem o interesse em saldar as dívidas do outro por consignação em pagamento, na quali-

5 Ver, ainda, art. 112, parágrafo único do Código de Processo Civil, que autoriza o reconhecimento de nulidade da cláusula de foro de eleição em qualquer contrato de adesão.

6 Oportuno observar que as colocações sobre a legitimidade de partes servem para definir, ainda, quem pode efetuar o depósito extrajudicial em pagamento. Logo, a identificação do pólo ativo e do pólo passivo da demanda judicial servirá para igual providência no âmbito extrajudicial: a) quem pode fazer o depósito bancário e b) para quem se faz o depósito bancário.

dade de parte devedora. Na consignação de um imóvel, que traduza a concretização da alienação do mesmo, a presença dos dois cônjuges no pólo ativo da ação de consignação em pagamento decorre de imperativo da lei civil (art. 1.647, I e II do CC).

O *réu* é o credor da obrigação. Também podem ser réus os sucessores por atos entre vivos (cessão autorizada do crédito) ou pelos herdeiros do falecido credor. E, por último, podem figurar no pólo passivo da demanda os supostos credores, quando exista dúvida de quem deva receber o crédito de forma legítima (exemplo: num compromisso de compra e venda, falecendo o compromissário vendedor e vários herdeiros se apresentam como credores do preço parcelado em prestações).

2.5. PROCEDIMENTO

2.5.1. Petição Inicial

O autor (devedor) da ação descreve os fatos e fundamentos jurídicos (causa de pedir) relativos ao pagamento em consignação, deduzindo o pedido. A ação de consignação em pagamento tem como pedido (objeto) a declaração de quitação da obrigação pelo pagamento feito em consignação.

Em tese, nada impede que o pedido de consignação em pagamento seja cumulado com outra pretensão do autor. Exemplos de pedidos cumulativos: a) declaração de nulidade de cláusula contratual; b) cancelamento de protesto; c) indenização por perdas e danos. Entendemos que o rito especial da ação de consignação em pagamento é compatível com a cumulação dos pedidos, até porque a peculiaridade localiza-se na possibilidade de depósito da quantia ou coisa devida – numa única oportunidade ou durante o processo.[7] Mesmo com a cumulação dos pedidos, continua possível o depósito em consignação.

Se houver depósito bancário em razão da tentativa extrajudicial de consignação, o comprovante acompanha a inicial.

7 A respeito, confira-se precedente do STJ, REsp nº 569.008-RS, Segunda Seção, relatora a Min. Nancy Andrighi, julgado em 22/09/2004, DJ 16/11/2004. No referido recurso, fixou-se entendimento de que, na ação revisional de contrato do Sistema Financeiro da Habitação, é possível haver pedido de antecipação de tutela para o depósito das prestações. A decisão caminhou para a direção da admissão da cumulação, posto que embora tenha mencionado a existência de posição doutrinária contrária à cumulação do pedido de consignação em pagamento com a pretensão de revisão de cláusulas. Ao permitir o depósito judicial no curso da demanda, a decisão admite o efeito da consignação como meio para satisfação da obrigação, se procedente a ação.

No caso de consignação fundada em dúvida sobre quem sejam os credores, todos os supostos credores serão réus e citados para a ação (art. 895 do CPC). Na fundamentação, o autor descreve os motivos que ensejam a dúvida sobre a figura do credor.

O autor pode formular requerimento para a concessão de tutela de urgência, seja com a natureza de medida cautelar ou mesmo de antecipação dos efeitos da tutela pretendida. No campo medida cautelar, pode haver suspensão dos efeitos do protesto consumado do título representativo da dívida cujo valor é objeto de consignação. A declaração antecipada da quitação em função da consignação pode interessar ao credor para diversos fins de direito.

O valor da causa depende do pedido. Se a consignação versar apenas sobre uma única parcela, o valor da causa é o valor da prestação acrescida de correção monetária e, se o caso, de juros de mora. Na consignação de coisa, o valor da mesma. Na ação que tenha como objeto a consignação de várias parcelas, o somatório das prestações vencidas e das vincendas, até o máximo de uma anuidade.[8]

2.5.2. Prazo para Realização do Depósito Judicial: cinco dias

Como explicado, se o autor não faz uso do depósito extrajudicial, deve realizar o depósito da coisa, em cinco dias (art. 893, inciso I, do CPC).

A falta de realização do depósito judicial ou da comprovação de que houve depósito bancário extrajudicial conduz à extinção do processo sem apreciação do mérito por ausência de pressuposto indispensável ao válido à constituição da relação processual (art. 267, IV do CPC). O depósito configura um requisito específico para a ação de consignação em pagamento. Sem depósito, não há lugar sequer para a constituição da relação jurídica processual.

---

8 A respeito, colhem-se precedentes do STJ: a) "Na ação de ***consignação em pagamento*** ajuizada por mutuário do Sistema Financeiro da Habitação, o ***valor da causa*** corresponde ao total das prestações vencidas somado ao montante de doze prestações vincendas (CPC, art. 260)" (REsp 13376/ES, Relator Ministro Ari Pargendler, DJ de 18/12/1995; Ag. Rg. no REsp 803.734, Primeira Turma, Relator Ministro Francisco Falcão, julgado em 21/03/2006, DJ de 10/04/2006) e b) "*No caso, o* ***valor da causa*** *deve corresponder à soma das prestações a serem consignadas,* ex vi *do disposto na primeira parte do art. 260 do CPC, pois a consignação versa sobre débito tributário que o autor busca parcelar, não havendo que se cogitar que a adesão ao Refis tenha alterado a natureza de débito vencido para vincendo*" (REsp nº 707062-RS, Primeira Turma, Min. Teori Albino Zavascki, julgado em 06/09/2005, DJ de 19/09/2005).

2.5.3. Prazo para Resposta: 15 dias

Como assinalam Nery Júnior e Andrade Nery (2006, p. 973) e Fabrício (1995, p. 107), a omissão do art. 896 do CPC enseja a aplicação do prazo de 15 (quinze) dias do rito ordinário, já que a Lei nº 8.951/1994 suprimiu a identificação primitiva do prazo de defesa (que era de 10(dez) dias).

2.5.4. Opções do Réu

Ao receber a citação, o réu adota uma das seguintes posturas:

I – *Recebe a Coisa Consignada*. A obrigação extingue-se e o juiz, por sentença, declara a quitação. Funciona como verdadeiro reconhecimento jurídico do pedido. Para o professor Greco Filho (2003, p. 213), o credor tem uma oportunidade de receber o crédito com o depósito feito, livrando-se, por isso, das verbas de sucumbência (custas e honorários). Acolhemos a posição majoritária da doutrina, dentre outros autores cite-se Theodoro Júnior (2006, vol. III, p. 35), que frisa a caracterização da mora do credor como fundamento bastante para sua responsabilização por todos os prejuízos advindos do ato culposo, inclusive o de suportar as verbas de sucumbência, como se extrai da redação do art. 897 do CPC.

II – *Fica em Silêncio*. Se aplicados os efeitos da revelia e verificando o juiz a oportunidade da consignação em pagamento, julga-se o pedido procedente com a declaração de extinção da obrigação (art. 897 do CPC). Também nesta hipótese, o réu é condenado ao pagamento das custas judiciais e dos honorários advocatícios.

III – *Contesta a Ação*. O réu pode alegar em defesa toda a defesa ligada ao direito material (preliminares – ver art. 301 do CPC) e ao direito material. Como será visto adiante, a lei termina por limitar a matéria da contestação. Isto porque a discussão nesta modalidade de defesa cinge-se a verificar se a oferta deve ou não surtir o efeito jurídico de quitação da obrigação.

IV – *Outras Modalidades de Resposta*. O réu pode apresentar, além da contestação, outras modalidades de resposta: exceção de incompetência (relativa), impugnação ao valor da causa e reconvenção. Acolhemos os magistérios de Marcato (2004, p. 102) e Theodoro Júnior (2006, vol. III, p. 38) sobre a possibilidade do cabimento da reconvenção, desde que a matéria nela discutida e que serve de fundamento para o pedido seja distinta daquela da simples divergência sobre o valor depositado.

Importante frisar que a divergência do depósito deve ser alegada em contestação, o que a transforma, nesta parte e tão-somente nela, numa ação de caráter dúplice. Como será anotado adiante, se as partes divergirem sobre o valor da obrigação, poderá o juiz fixar na sentença a quantia devida, se houver elementos a tanto, formando-se o título executivo judicial em favor do réu-credor (art. 899, § 2º, do CPC).

2.5.5. Matéria da Contestação

Dispõe o art. 896 do CPC que a contestação versa sobre um dos seguintes pontos:

I – Não houve recusa ou mora em receber a quantia ou coisa devida. Discute-se a mora do credor. Anoto que, se houve um depósito bancário com recusa expressa do credor, a contestação não terá como alegar ausência de recusa.

O ônus da prova da justa recusa depende, como bem lembrado por Marcato (2004, pp. 102-3), da natureza da obrigação (quesível ou portável):

a) dívida portável, caso em que deve o autor (devedor) – é ônus seu – provar que tentou cumprir a obrigação e o réu (credor) se recusou a recebê-la; e

b) dívida quesível, hipótese em que basta ao autor (devedor) afirmar que o réu (credor) não foi receber a dívida. Cabe ao réu o ônus da prova de que tentou receber a prestação e o devedor (autor) não fez o pagamento.

II – Foi justa a recusa. Ela pode ligar-se ao descumprimento pelo devedor de alguma obrigação prevista na lei ou no contrato. Exemplo: o credor recusa-se a receber a prestação da venda de um imóvel, porquanto deveria acompanhar-se de prova de cumprimento de outra obrigação contratual (demonstração de quitação dos impostos e do condomínio). Exemplo: o credor recusa-se a receber o veículo adquirido do réu, por não se encontrar pintado na cor prometida.

III – O depósito não se efetivou no prazo ou no lugar do pagamento. Trata-se de requisitos previstos na lei ou no contrato e que não foram respeitados pelo devedor. Exemplo: o contrato previa a entrega do veículo negociado entre as partes, no domicílio do réu e a ação foi proposta em outro foro (não é o caso de simples dedução da exceção de incompetência, porquanto o depósito da coisa deveria ser num outro Juízo).

IV – O depósito não é integral. O credor pode alegar que o devedor não efetivou o depósito no valor correto, devendo, todavia, indicar qual o valor exato do seu crédito (art. 896, parágrafo único do CPC). Aqui, como ensina Marcato (2004, p. 104), harmoniza-se o caráter dúplice da ação de consignação em pagamento, porquanto, se indicada pelo réu a quantia devida, o juiz pode condenar o autor-consignante ao pagamento da diferença e a sentença serve como título executivo em favor do credor (réu).

2.5.6. Providências Após a Contestação

Durante a tramitação do processo, as partes devem adotar providências ligadas à especialidade do procedimento da ação de consignação em pagamento.

Destacam-se as seguintes providências:

a) Nas prestações periódicas: devedor deve depositar aquelas que se vencerem no curso do processo. Tratando-se de prestações que se prolongam no tempo, tais como as parcelas representativas do preço de um contrato e as cotas de condomínio, uma vez deferido o depósito da primeira, pode o devedor fazer os depósitos das seguintes, até cinco dias contados do vencimento da obrigação (art. 892 do CPC).

Quando a lei estipula o prazo de 5 (cinco) dias após o vencimento da prestação para o depósito em juízo, o faz para que o autor seja liberado dos encargos da mora, no caso de dívida portável. Em outras palavras, se o depósito judicial se der no prazo da lei, não há mora do devedor. Contudo, o depósito posterior implica a incidência de encargos decorrentes da mora do devedor. Os depósitos extemporâneos podem ser aproveitados, porém sujeitando-se o autor (devedor) ao pagamento dos encargos da mora.[9] Na dívida quesível, o depósito extemporâneo não surte sequer o efeito de incidência dos encargos da mora, porquanto subsistente a mora do credor em não vir receber a prestação devida.

Entendemos que o devedor não está obrigado a depositar as prestações vincendas, se a discussão com o credor limitar-se àquela parcela depositada. Exemplo: o condômino insurge-se contra a cobrança de uma multa a ele imposta por descumprimento do regulamento interno e opta por consignar em Juízo a cota condominial do mês em que a referida penalidade lhe foi cobrada. No exemplo dado, o condômino pode promover a ação

9 Neste sentido, precedente do STJ: REsp nº 617.323/RJ, Terceira Turma Rel. Min. Nancy Andrighi, j. 03/05/2005, DJ 20/06/2005.

para consignar uma única cota do condomínio e prosseguir com a quitação bancária das cotas dos meses subseqüentes.

Todavia, se a discussão envolve mais de uma prestação, impõe-se ao devedor valer-se da mesma ação consignatória para liberar-se da obrigação de pagamento. Não é escolha do devedor a promoção de uma única ação ou de várias ações de consignação em pagamento. A matéria deve obrigatoriamente ser discutida numa única ação. A economia processual traduz motivo bastante para se evitar que sejam distribuídas, autuadas e processadas várias ações, todas com identidade de partes e de causa de pedir (ainda que, neste passo, uma coincidência parcial). Outro motivo: evitar-se decisões contraditórias. E, admitida a possibilidade de tramitação de várias ações para consignação de períodos diferentes, o reconhecimento da conexão implicará a reunião das ações.

Há polêmica na doutrina e nos tribunais sobre o termo final dos depósitos: (i) *data da sentença*, posição assumida pelos professores Greco Filho (2003, p. 213), Fabrício (1995, p. 86) e Marcato (2004, p. 108); (ii) *publicação da sentença*, (iii) *trânsito em julgado*, conforme precedentes do Superior Tribunal de Justiça[10] e (iv) *após a prolação da sentença, enquanto durar a obrigação*, possibilidade levantada por Theodoro Júnior (2006, vol. III, pp. 31-2), em que a eficácia da liberação da dívida estará condicionada à efetivação dos depósitos, seguindo magistério de Pontes de Miranda.

b) O devedor pode complementar o depósito. Se a defesa se resumir à alegação de insuficiência do depósito e se o inadimplemento não acarretar a rescisão do contrato (até por interesse do credor em optar pelo recebimento do crédito no lugar da rescisão do contrato), poderá o devedor complementar o depósito (art. 899 do CPC). Observamos que o inadimplemento absoluto (a prestação resta imprestável para o credor) gera a rescisão do contrato e torna inviável a complementação do depósito. O inadimplemento relativo é aquele que permite a emenda da mora, viabilizando a complementação do depósito.
c) O credor pode levantar a quantia incontroversa. Se a natureza da obrigação o permitir (à semelhança do que acontece com os alugueres), o credor levanta a quantia incontroversa (art. 899, § 1º do CPC). O processo, então, prossegue apenas em relação à quantia controvertida.

10 Neste sentido: REsp nº 439.489/SP, Segunda Seção, relator Min. Nancy Andrighi, j. 10/12/2003, DJ 19/04/2004.

2.5.7. Produção de Provas

Se houver discordância entre as partes acerca dos fatos que justificaram a consignação, o juiz determina a produção de provas. Assim, por exemplo, a justa recusa e a insuficiência do depósito são temas passíveis de exigência de provas oral, documental ou pericial para a solução dos pontos (fatos) controvertidos.

Novamente, ressaltamos que não há razão para limitação do direito à prova, devendo haver, contudo, controvérsia, pertinência e relevância dos fatos que se pretende demonstrar. É falsa a idéia de que a liquidez da dívida torna-a indiscutível. Como adverte o ilustre Theodoro Júnior: (2006, vol. III, p. 20), somente quando encerrada a fase probatória das partes é possível concluir-se sobre a liquidez da obrigação litigiosa.

A apuração do valor devido pode ser objeto de interpretação de cláusulas contratuais[11] e, se assim exigir o caso concreto, da ampla produção de provas – não se descartando a perícia.

2.5.8. Sentença

Ao juiz compete verificar a oportunidade de julgar o processo conforme o estado, se presentes as hipóteses dos arts. 329 ou 330 do Código de Processo Civil. Renova-se a advertência para que, sempre que possível, a conciliação seja objeto de tentativa, se as circunstâncias do caso concreto assim aconselharem.[12]

Encerrada a instrução e colhidas as alegações finais das partes, ao juiz cabe proferir a sentença de mérito.[13] O pedido de consignação em pagamento será julgado procedente ou improcedente.

Na hipótese de *procedência da ação*, ao acolher o pedido de consignação em pagamento – destacamos mais uma vez –, o juiz declara extinta a obrigação e libera o devedor. A sentença tem *natureza declaratória*.

A *improcedência da ação* representa a opção do juiz por acolher os motivos da contestação ou por encontrar algum fundamento que justifique a rejeição do pedido de consignação. Nesta hipótese, a dívida continua a subsistir.

11 A respeito, há inúmeros precedentes do STJ, destacando-se o REsp nº 436.842-RS, Terceira Turma, Min. Nancy Andrighi, julgado em 08/03/2007, DJ 14/05/2007, assentando: "na ação de **consignação em pagamento**, é possível ampla discussão sobre o débito e o seu valor, inclusive com a interpretação da validade e alcance das cláusulas contratuais".

12 Confira-se item 1.4., no Capítulo I.

13 A sentença sem resolução do mérito será exceção, nesta fase do processo.

Entendemos que a sentença poderá ser *parcialmente procedente*. Se possível, o juiz declara o montante devido, aproveitando-se o depósito efetivado como pagamento parcial. Neste caso, a sentença serve como título executivo (judicial) e enseja o cumprimento nos mesmos autos (art. 899, § 2º do CPC).[14] A hipótese legal restringe-se aos casos em que pode haver pagamento parcial da dívida e a quitação integral interessa ao credor. Se constatado o inadimplemento absoluto, há impossibilidade de complementação do valor depositado e, por isso, incabível a declaração pela sentença do valor devido com formação de título executivo em favor do credor.

Na sentença, o juiz deve fixar os *ônus da sucumbência*, atribuindo-se à parte perdedora a obrigação de pagamento das custas judiciais e dos honorários advocatícios.

Na hipótese de procedência da ação, é comum que o juiz permita, na sentença, que as verbas de sucumbência sejam quitadas mediante compensação com valores depositados em consignação. Entendemos que a conduta é adequada, mormente com a modificação trazida pela Lei nº 11.232/2005. O cumprimento da sentença será feito, espontaneamente e sem a incidência da multa processual de 10% (dez por cento), se, no prazo de 15(quinze) dias, contado da data em que ela se tornar exigível, em primeiro ou segundo grau de jurisdição (art. 475-J do CPC).[15]

De qualquer modo, a compensação exige a apresentação prévia de cálculos por parte do autor e credor das verbas de sucumbência. Se pretender impugnar o cumprimento da sentença, pode o devedor fazê-lo no referido prazo de 15 (quinze) dias seguintes à data em que a decisão se tornar exigível, de modo a evitar a compensação dos valores. Ao final, apesar da quitação da obrigação, o réu pode levantar um valor menor do que tinha inicialmente direito, o que se justifica pela compensação operada em relação às verbas de sucumbência.

O mesmo ocorre na hipótese de improcedência, quando o depósito não surte o efeito de pagamento parcial. Se a natureza da dívida não permitir que o pagamento seja parcial ou que o juiz declare o valor correto da dívida (art. 899, § 2º do CPC), o depósito realizado pelo autor poderá servir

14 Neste sentido: a) REsp nº 64.631-BA, 48 T., Min. Ruy Rosado, julgado em 19/09/1995, DJ 27/11/95 e b) Ap. Cível nº 090.229.4/3-00, 3ª Câmara Direito Privado do TJSP, Rel. Desembargador Carlos Roberto Gonçalves, julgado em 28/01/2000.

15 A propósito, ver nossa posição no item 1.5. do Capítulo 1.

para a quitação das verbas de sucumbência. Neste caso, fique claro que o valor depositado não se destina ao pagamento parcial, justamente pela improcedência da ação. A dívida objeto da ação de consignação em pagamento continua a existir na sua integralidade. Os contornos da compensação e do cumprimento da sentença condenatória ao pagamento das verbas de sucumbência são aqueles desenvolvidos no parágrafo anterior.

Por fim, na sentença de parcial procedência, a distribuição das verbas de sucumbência deve pautar-se no proveito econômico, a partir das diferenças das pretensões das partes.[16] Quem se aproximar mais do valor devido fixado na sentença apresentará maior proveito econômico e terá direito às verbas de sucumbência.

A sentença proferida fica sujeita ao recurso de *apelação*.

2.6. PROCEDIMENTO ENVOLVENDO VÁRIOS SUPOSTOS CREDORES

A ação de consignação fundada na dúvida sobre o legítimo credor adota o procedimento já explicado com alguns pontos característicos.

Na identificação do pólo passivo, são réus (e citados) todos os supostos credores.

Além disso, em relação ao procedimento quatro pontos merecem destaque nesta ação consignatória.

Primeiro, se não houver contestação ou não existir controvérsia sobre a condição do devedor e a exatidão do depósito, pode o juiz declarar extinta a obrigação do autor (devedor), prosseguindo o processo em relação aos réus para a disputa do crédito. Isto é, o processo é extinto com relação ao autor primitivo (art. 898 do CPC), mas resta ao juiz decidir qual dos réus é o legítimo credor. Sendo assim, a ação consignatória passa por duas fases: na primeira, decide-se a liberação do devedor primitivo e, na segunda, decide-se quem detém a legitimidade para receber o valor consignado.

Oportuno ressaltar, contudo, que nada impede que o juiz resolva (aprecie) na mesma sentença a liberação do autor da obrigação e também decida acerca da titularidade do crédito. Nesta hipótese, a ação de consignação em pagamento fica reduzida a uma única fase.

Adotadas duas fases, tem-se como polêmica na doutrina e nos tribunais a natureza jurídica desta decisão que libera o autor (devedor) da obrigação.

16 Confira-se o seguinte precedente: AgRg no REsp nº 542.154-DF, Terceira Turma do STJ, Rel. Min. Humberto Gomes de Barros, julgado em 20/03/2007, DJ 16/04/2007.

Alguns autores entendem, ainda que se compreenda a ação consignatória em duas fases, o encerramento da primeira não implica a extinção de toda a relação processual – não se põe termo ao processo. Não há uma nova ação nesta segunda fase. Por isso, se trata de uma decisão interlocutória e que desafia agravo. Nesta linha:[17] Fabrício (1995, pp. 127-28), Baptista da Silva (1989, pp. 64-5) e Gonçalves (2005, pp. 19-21). Acolhendo-se a tese ora exposta, há precedente do Tribunal de Justiça de São Paulo.[18]

Outros autores, diversamente, pensam que se trata de uma sentença de uma primeira fase da ação de consignação em pagamento e, logo, que desafia o recurso de apelação: Greco Filho (2003, p. 215), Thedoro Júnior (2006, vol. III, pp. 44-5) e Marcato (1987, pp. 112-15).

Entendemos que se trata de uma verdadeira sentença. A decisão coloca fim ao processo, na relação jurídica entre o autor e os réus. É o que interessa nesta primeira fase da ação de consignação em pagamento. A disputa pelo crédito entre os réus traduz uma segunda fase, em que se dá cumprimento àquela sentença apenas na parte da destinação do crédito. Nesta segunda fase, não há lugar para se discutir a suficiência do depósito ou a quitação da dívida. Mesmo que se tenha outra sentença desta segunda fase, ela tem explicação na especialidade do procedimento à semelhança do que ocorre com a prestação de contas.[19]

Segundo, na sentença da primeira fase, o juiz condena os réus ao pagamento das custas e dos honorários. Mesmo que os réus apenas disputem somente a titularidade do crédito e não criem resistência à quitação da obrigação do autor, entendemos que as verbas de sucumbência são devidas e podem ser quitadas por compensação com o valor depositado.[20] Isto porque a dúvida sobre o credor traduz a causa da consignação, e sua confirmação – procedência da ação – implica a responsabilidade processual dos réus por darem causa à lide.

17 As posições expostas não levaram em consideração a alteração do conceito de sentença, diante da nova redação dada pela Lei nº 11.232/2005 ao § 1º do art. 162 do CPC.

18 AI n. 51.452-4, 7ª Câmara de Direito Privado, Rel. Desembargador Cambrea Filho, julgado em 04/06/1997 (JTJ 200-200).

19 Confira-se a ação de prestação de contas, na sua fase de exigência das contas, no Capítulo 5. Pode haver um processo de duas fases. Uma primeira, para se discutir a obrigação do réu prestar contas. Se julgada procedente a ação na primeira fase, terá início uma segunda fase, em que ocorrerá a discussão das contas.

20 Sobre a compensação, ver item 2.5.7.

Até porque, se não constatada a dúvida sobre a titularidade do crédito e se o juiz concluir que somente um dos réus pode ser – inequivocamente – o credor, independentemente do comparecimento ao processo de um ou mais réus, a ação é julgada improcedente. Nesta situação, o autor responde pelas verbas de sucumbência.

Outro ponto que se pode discutir é o direito do verdadeiro titular do crédito ser ressarcido, na segunda fase da ação de consignação em pagamento, pelas custas judiciais e pelos honorários por ele desembolsados na primeira fase. Pensamos que, na segunda fase, além de decidir sobre a titularidade do crédito, o juiz deve permitir que o credor seja ressarcido pelos demais réus do que pagou a título de verbas de sucumbência da primeira fase.

Terceiro, se não comparecer nenhum dos credores para o levantamento da quantia depositada, o depósito será convertido em arrecadação de bens de ausentes (art. 898 do CPC). Se comparecer apenas um dos réus citados, cabe ao juiz decidir sobre a titularidade do crédito (art. 898 do CPC). A decisão não traduz necessariamente o reconhecimento da titularidade em favor da única parte que se apresenta como credor. O juiz deve analisar as provas dos autos, mas forçoso reconhecer que, se apenas um dos réus se manifesta no processo e se declara como credor, contra os demais réus ausentes cria-se a presunção (relativa) de desinteresse pelo crédito.

E quarto, quando, em segunda fase, tem uma nova demanda, agora entre os réus que disputam a titularidade do crédito. A nova fase adota o rito ordinário. Por isso, com o encerramento da primeira fase e a liberação do autor-devedor da obrigação, a nova lide se desenvolve entre os réus.

Na segunda fase, deve ser aberto o prazo de 15 dias para apresentação de informações e documentos acerca da titularidade do crédito disputado. Agora não há mais autor e réus, mas apenas os interessados (requerentes) no crédito. Se necessário, há desenvolvimento da instrução probatória, inclusive, se o caso exigir, com perícia e prova oral.

O encerramento da segunda fase dá-se com a prolação da sentença sobre a titularidade do crédito. O juiz pode decidir entre um dos interessados. Porém, entendemos que a decisão pode declarar que nenhum dos interessados se revelou credor, ordenando-se a arrecadação do valor como bem de ausentes.

O professor Theodoro Júnior (2006, vol. III, p. 45) menciona uma outra possibilidade nesta segunda fase. Admite-se que um terceiro promova ação contra os réus daquela primitiva ação de consignação em pagamento, justamente para reivindicar para ele o crédito disputado. Nesta hipótese, deve ser reconhecida a conexão entre as causas, reunindo-se as ações para conjunto processamento e julgamento.

2.7. PROCEDIMENTO ENVOLVENDO AÇÃO DE CONSIGNAÇÃO EM PAGAMENTO DE ALUGUEL E ACESSÓRIOS DA LOCAÇÃO

O art. 67 da Lei nº 8.245/1991 (LL) disciplina a ação de consignação em pagamento nas relações jurídicas de locação.

Ressaltamos as *diferenças* do rito da ação de consignação previsto no Código de Processo Civil:

a) A competência é do foro identificado como foro de eleição ou, na falta, de localização do imóvel (art. 58, inciso II da LL).
b) A petição inicial deve discriminar os valores que se pretende consignar (art. 67, inciso I, da LL). Apesar da omissão do CPC, a exigência seria prevista para a consignatória ali disciplinada.
c) Deferido o processamento da ação, o autor deve depositar os valores, em 24 horas, sob pena de extinção (art. 67, inciso II da LL).
d) Fica claro que os depósitos da consignatória de locação devem ser feitos até a prolação da sentença (art. 67, inciso III da LL). Os alugueres posteriores somente serão quitados, ainda que por consignação, em ação própria.
e) Fica explicitado o cabimento da reconvenção para pedir o despejo e a cobrança de diferença de valores (art. 67, incisos VI, VII, parte final, e VIII da LL).
f) A complementação do depósito deve ser feita, em 5 (cinco) dias (art. 67, inciso VII da LL).
g) O réu pode levantar – sempre – as quantias incontroversas (art. 67, parágrafo único da LL).
h) O recurso contra a sentença tem efeito devolutivo somente (art. 58, inciso V da LL).

Capítulo 3
Ação de Depósito

3.1. DISCIPLINA DO DEPÓSITO NO CÓDIGO CIVIL DE 2002

3.1.1. Conceito

Depósito é a obrigação originária da lei ou do contrato, em que uma pessoa recebe um objeto móvel, até que o depositante venha a reclamá-lo.

3.1.2. Modalidades do Depósito

Os depósitos apresentam as seguintes modalidades:

a) Depositário necessário. É aquele que se faz por desempenho de *obrigação legal* (art. 647, inciso I do CC) e por ocasião de calamidade, naufrágio, incêndio e saque – o chamado depósito *miserável* (art. 647, inciso II do CC).

São *características* do depósito necessário: (i) não se presume gratuito (art. 651 do CC); (ii) não havendo disposição específica para tratamento, aplicam-se subsidiariamente as normas do contrato de depósito (art. 648 do CC); (iii) os depósitos oriundos de bagagens de viajantes ou hóspedes equiparam-se ao depósito legal, sendo a remuneração incluída no preço da hospedagem e respondendo objetivamente pelos prejuízos causados pelos furtos e roubos por funcionários ou pessoas admitidas no estabelecimento (arts. 649 a 651 do CC).

Como assinalam Nery Júnior e Andrade Nery (2006, pp. 975-76), o depósito judicial configura uma espécie de depósito não voluntário, isto é, de depósito necessário oriundo de uma obrigação legal. O depositário judicial é aquele auxiliar do juiz (art. 148 do CPC) nomeado para guardar e conservar uma coisa – objeto de apreensão ou qualquer ato de constrição judicial. Tratando-se de uma função pública especial e que sujeita o depositário infiel à prisão, como será visto adiante, entendemos que ela não pode ser imposta pelo juiz. Em outros termos, no âmbito do processo judicial, sendo necessária uma designação de depositário, a função deve ser assumida voluntariamente e não coativamente. Se assim não for, não terá lugar a prisão civil do depositário, medida a ser abordada no decorrer do capítulo.

b) Depositário voluntário. É aquele que se faz por um negócio jurídico ajustado entre as partes. O depósito é um contrato típico previsto no Código Civil de 2002, arts. 627 a 652. Dispõe o art. 627 do CC de 2002: "Pelo contrato de depósito recebe o depositário um objeto móvel, para guardar, até que o depositante o reclame". O artigo acaba por se referir ao depósito voluntário.

Assim, são elementos do contrato: a) *partes*, o *depositante* e o *depositário*; b) *objeto* a guarda de um bem móvel infungível traduzindo o *depósito regular* (a exceção é o depósito de coisas fungíveis, o chamado *depósito irregular*, que é admitido pelo art. 645 do CC e será disciplinado como o mútuo); c) *forma* não obrigatória em lei (pode ser ajustada por instrumentos público e particular), sendo que o depósito voluntário exige a forma escrita (art. 646 do CC).

E apresentam-se como *características* do depósito voluntário: (i) presume-se gratuito, se as partes não convencionarem que seja oneroso ou se a presunção é seu pagamento pelo fato do depositário ser profissional (art. 628 do CC); (ii) a guarda da coisa deve ser aquela que o depositário tem com as próprias coisas (art. 629 do CC); (iii) as despesas de restituição correm por conta do depositante (art. 631 do CC); (iv) mesmo tendo um prazo para o depósito, o depositante poderá reclamar a devolução do bem antes do prazo (art. 633 do CC), não cabendo a compensação (art. 638 do CC); e (v) mesmo gratuito, o depositário terá direito a ser ressarcido pelas despesas do depósito (arts. 643 e 644 do CC).

3.1.3. Força Maior

Como regra, o depositário não responde pelos casos de força maior, mas terá que prová-los (art. 642 do CC). Exemplo: se a coisa depositada for objeto de furto ou roubo, exclui-se a responsabilidade do depositário devolvê-la, desde que traga prova sobre a ocorrência do fato criminoso. Logicamente, no exemplo dado, tem-se como prova satisfatória a narrativa do fato à autoridade policial pela lavratura do boletim de ocorrência. Em casos de furto ou roubo não se pode exigir da parte a completa elucidação do fato criminoso, substituindo-se a tarefa da polícia.

3.1.4. Prisão Civil

Dispõe o art. 652 do CC: "seja o depósito voluntário ou necessário, o depositário que não o restituir quando seja exigido será compelido a fazê-lo mediante prisão não excedente a 1 (um) ano, e ressarcir os prejuízos".

Há na doutrina e na jurisprudência polêmica sobre a constitucionalidade de tal dispositivo, principalmente com relação à prisão civil oriunda do depósito da alienação fiduciária.[1]

3.2. COMPETÊNCIA

Como *regra geral*, em função de sua natureza de ação pessoal, a ação de depósito deve ser promovida, no foro do domicílio do réu (art. 94 do CPC).

Se houver *foro de eleição* no contrato, poderá a competência ser determinada por vontade das partes. Na *relação de consumo*, necessário verificar se a opção pelo foro de eleição não dificulta ou torna impossível a defesa do direito do consumidor em Juízo, o que leva à invalidade da disposição contratual. Existem precedentes dos tribunais que autorizam o pronunciamento de ofício pelo juiz daquela nulidade.[2]

3.3. LEGITIMIDADE DE PARTES

O *autor* é o *depositante* (titular do bem fungível). Observe-se que nem sempre o depositante do bem é titular do domínio, porque a relação de depósito é de natureza de direito pessoal. Também poderão ser autores os sucessores por atos entre vivos (cessão autorizada do bem) ou pelos herdeiros do falecido devedor (lembre-se de que os herdeiros respondem pelo débito na proporção da herança).

O *réu* é o *depositário* do bem. Nada impede que a ação seja proposta contra a pessoa jurídica que ficou como depositária do bem, já que a finalidade principal da ação é a restituição do bem, ainda que exista a cominação de prisão na lei.

1 Confira-se o item 3.5.9. deste capítulo.

2 Ver, ainda, art. 112, parágrafo único do Código de Processo Civil, que autoriza o reconhecimento de nulidade da cláusula de foro de eleição em qualquer contrato de adesão.

3.4. PROCEDIMENTO

3.4.1. Cabimento

Para o professor Gonçalves (2005, p. 30), a ação de depósito não é destinada para o depósito obrigatório (legal e miserável), já que é exigida a juntada de prova literal do depósito (art. 902 do CPC). Ou seja, somente para o depósito voluntário será possível a juntada do contrato e, por isso, a utilização da ação de depósito. O ilustre professor entende que para a recuperação do bem na modalidade de depósito obrigatório, o depositante deverá utilizar-se de outras ações judiciais (vias ordinárias) e não da ação de depósito com rito especial.

Em sentido diverso, entendendo que pode haver ação de depósito pelo rito especial também para os casos de depósito necessário, desde que provado por escrito, tem-se a posição dos professores Nery Júnior e Andrade Nery (2006, p. 976).

Acolhemos a última posição. A eventual dificuldade para a obtenção da prova literal (escrita) do depósito não exclui por completo o cabimento da ação de depósito pelo rito especial também para o depósito necessário. Por exemplo, no depósito entre curador e curatelado, em que o primeiro assume a condição legal de depositário de um veículo demonstrado por um alvará judicial.

3.4.2. Petição Inicial

Como em qualquer petição inicial, deverá ela preencher os requisitos do art. 282 do Código de Processo Civil. Entretanto, há requisitos específicos da ação de depósito.

Primeiro, o autor (depositante) da ação deverá descrever os fatos e fundamentos jurídicos (causa de pedir) relativos ao depósito, trazendo *prova literal* (documental) do depósito com *estimativa do seu valor* (art. 902 do CPC) e deduzindo o pedido. A estimativa do valor da coisa assume papel relevante, porquanto, como será visto, ao devedor é oportunizado o pagamento do valor correspondente.

E, segundo, o autor deverá formular os *pedidos*: (i) *obrigatoriamente*, para a entrega do bem ou do equivalente em dinheiro (art. 902, inciso I do CPC) e (ii) *facultativamente*, para a cominação de prisão civil (art. 902, § 1º, do CPC).

Entendemos que o pedido de imposição ao réu da prisão civil é uma faculdade do autor. Como salientado por Greco Filho (2003, p. 216), o pedido de prisão deve ser expressamente articulado pelo autor da ação de depósito, sob pena de tornar inviável a sua decretação. No mesmo sentido: Fabrício (1995, pp. 173-75), Baptista da Silva (1989, pp. 110-111) e Gonçalves (2005, p. 30). Partilhamos desta posição, porquanto a prisão civil traduz medida extrema que não pode ser considerada como um pedido implícito e nem tampouco decretada de ofício pelo juiz. A dicção do § 1º. do art. 902 do CPC reforça a tese: "no pedido poderá constar, ainda, ...".

Ou seja, é necessário que o autor deduza expressamente sua pretensão, pois, do contrário, o cumprimento da sentença não terá a aplicação de tal sanção específica. Saliente-se que a circunstância da ação de depósito que se processar sem aquela sanção não retira o caráter especial do procedimento, pois subsistem os demais itens do mesmo (diferenciado prazo de defesa, por exemplo).

Em sentido oposto, Marcato (2004, p. 131) sustenta a possibilidade de o juiz decretar a prisão civil, de ofício e independente de requerimento do autor, se ele reconhecer a conveniência e a oportunidade da medida, a partir dos arts. 461 e 461-A do CPC.

Com o devido respeito, não nos parece que a prisão civil seja uma medida de apoio autorizada genericamente pelos referidos artigos. O que se pode cogitar, como medida de apoio para o descumprimento da ordem judicial para a realização das obrigações de fazer, não fazer e entrega de coisa, é a prisão por crime de desobediência – como sanção a partir da instauração de um procedimento penal o que não se confunde com uma prisão civil de natureza de sanção civil.

Numa posição distinta, o professor Theodoro Júnior (2006, vol. III, pp. 63-4) coloca que a medida de prisão é cominação da execução, dispensando seu requerimento pelo autor na petição inicial. A cominação da prisão está inserida na estrutura legal do depósito. Há que se distinguir, por isso, a previsão abstrata da possibilidade da prisão da sua aplicação concreta. Basta que o juiz declare a possibilidade de prisão na sentença, sendo a decretação da mesma um ato concreto da execução e que, por isso, depende do requerimento do credor.

Entendemos que a ação de depósito é compatível com a *tutela de urgência*, nos âmbitos da medida cautelar e da própria antecipação de tutela. Pode ser necessária a adoção de medida cautelar para assegurar a conservação da coisa depositada, até final sentença. Não se descarta o seqüestro da coisa depositada, acaso disputada a posse ou propriedade da mesma com risco de danificação (art. 822 do CPC). A antecipação da condenação do réu à obrigação de entregar a coisa devida é igualmente possível, se presentes os requisitos da lei processual (art. 273 do CPC).

Aliás, se indiscutível a existência do depósito, a presença do *periculum in mora* configura o único requisito para que o juiz antecipe a tutela condenatória da devolução do bem. É preciso ter-se em conta que, usualmente, o bem móvel sofre rápido desgaste e fica sujeito à intensa desvalorização, tornando evidente a urgência da medida. E a lei autoriza a busca e apreensão do bem, a qualquer tempo no processo (art. 905 do CPC).

Por fim, observa-se que o *valor da causa* na ação de depósito será equivalente ao valor da coisa.

3.4.3. Resposta do Réu

O prazo de resposta será de *cinco dias*. Aplica-se o disposto no art. 902 do CPC. O prazo é menor do que o do rito ordinário.

O réu adota uma das seguintes posturas:

a) *Entregar a coisa*. A atitude do réu (depositário) funciona como verdadeiro reconhecimento jurídico do pedido. Traduz a vontade o réu (depositário) de cumprir sua obrigação, restituindo-se a coisa ao autor (depositante). Por isso, resta ao juiz declarar extinto o processo – julgando procedente o pedido – e condenar o réu ao pagamento de custas judiciais e de honorários advocatícios.

Os professores Marcato (2004, p. 132) e Fabrício (1995, pp. 183-85) observam que a entrega do equivalente em dinheiro não traduz uma alternativa ao alcance de livre escolha do réu, mas somente uma solução sucessiva, diante da perda da coisa. Do contrário, como afirma Theodoro Júnior (2006, vol. III, p. 66), o depósito seria um instrumento para a aquisição forçada da coisa em favor do depositário, a quem bastaria retêla e pagar o equivalente em dinheiro, mesmo contra a vontade do depositante.

Oportuno destacar, entretanto, que, diante do depósito em dinheiro, o juiz deve oportunizar ao autor a manifestação. Se ele concordar com a medida, a obrigação de depósito estará satisfeita, encerrando-se o processo na forma antes preconizada (art. 269, II do CPC). Se não concordar, poderá solicitar a apreensão da coisa (art. 905 do CPC).

Logicamente, constatada a inexistência da coisa e sem se cogitar de força maior ou caso fortuito, o pagamento do equivalente em dinheiro serve para liberar a obrigação de depósito.

No campo da alienação fiduciária, a solução é distinta – como abordaremos a seguir. Num processo fundado naquela modalidade de garantia, o depósito do equivalente em dinheiro traduz verdadeira alternativa para o réu.

b) *Depositar a coisa em Juízo.* A medida se diferencia da entrega, porquanto o depósito judicial tem a finalidade de livrar o réu dos efeitos da mora.[3] Só há sentido na medida, quando acompanhada da contestação. Do contrário, como esclarece Fidélis dos Santos (2006, p. 23), o ato deve ser interpretado como a entrega da coisa.

E, quando pretender discutir a obrigação e livra-se dos efeitos da mora, é possível cogitar-se do depósito do equivalente em dinheiro acompanhado da contestação. Aqui, a medida assume contornos de tutela cautelar, visando-se garantir a eficácia da futura sentença da ação de depósito. De qualquer forma, mesmo como uma tutela acautelatória, se o autor insistir no recebimento da coisa, caberá ao juiz exigir que o depósito recaia sobre ela.

c) *Ficar em silêncio.* Se aplicados os efeitos da revelia e verificando o juiz a oportunidade, o pedido será julgado procedente com a determinação de entrega da coisa ou do equivalente em dinheiro, cominandose, se for o caso, a prisão civil (art. 904 do CPC).

d) *Contestar a ação.* O réu poderá alegar em defesa toda aquela indireta ou processual cabível e pertinente. Na contestação poderá, por exemplo, levantar as matérias do art. 301 do CPC relativas à *defesa processual* (ilegitimidade de parte, ausência de interesse processual, incompetência absoluta etc.). Na parte da *defesa do direito material*, dispõe o art. 902, § 2º do CPC: "o réu poderá alegar, além da nulidade ou falsidade do título e da extinção das obrigações, as defesas previstas na lei civil".

São cabíveis, ainda, como resposta do réu a reconvenção, as exceções (incompetência relativa, impedimento e suspeição) e a impugnação ao valor da causa.

3 Ao menos do prosseguimento dos efeitos da mora depois da citação. Isto porque a mora pode decorrer da citação ou do vencimento da obrigação, conforme o caso.

Entendemos que, para o ressarcimento das despesas e conseqüente exercício do direito de retenção, o réu (depositário) tem a via do pedido contraposto, no âmbito da contestação. Neste sentido: Fidélis dos Santos (2006, p. 24) e Theodoro Júnior (2006, vol. III, p. 67). Logo, neste restrito conteúdo, a ação de depósito tem caráter dúplice e a reconvenção torna-se desnecessária.

Na discussão sobre o valor das despesas, aplica-se o art. 644 do CC, que exige a prova do valor líquido, para exercício do direito de indenização com possibilidade de retenção da coisa. Aliás, se ilíquido o valor, relegando-se a apuração para liquidação de sentença, a pedido do réu, o juiz exige do autor (depositante) caução idônea, antes de entregar-lhe a coisa. Entendemos, portanto, que o acolhimento do direito de indenização e mesmo do exercício do direito de retenção em favor do réu (depositário) não leva à improcedência da ação. Trata-se, no que se refere ao ressarcimento das despesas, de acolhimento do pedido contraposto. E, na parte do direito de retenção, de medida da fase de execução da sentença de procedência.

Para o professor Fabrício (1995, pp. 192-93), o acolhimento do direito de retenção traduz a improcedência da ação, porque o juiz está admitindo que a resistência do depositário em restituir a coisa é legítima.

O réu (depositário) não pode alegar que o depositante não é titular (proprietário) da coisa depositada, uma vez que o depósito não exige aquela condição (art. 638 do CC). Exemplo: o locatário da coisa pode dá-la em depósito e assumir a qualidade de depositante, tornando inviável a discussão da propriedade da mesma numa futura ação de depósito. A lei somente admite a discussão sobre a propriedade, se for noticiado ao depositário que se trata de coisa litigiosa, embargada ou suspeita de obtenção dolosa (art. 633 do CC). E, nesta última circunstância, caberá ao réu (depositário) expor e provar o fato na contestação e solicitar ao juiz o depósito judicial da coisa (art. 634 do CPC).

A compensação não pode ser invocada na defesa do depositário, quando o crédito do depositário tiver origem em outros eventos. Em outros termos, a compensação só é admitida como satisfação da obrigação se tiver causa em outro depósito (art. 638 do CC).

Ainda sobre a reconvenção, acolhem-se os magistérios de Fabrício (1995, pp. 186-87), Marcato (2004, pp. 87-100) e Theodoro Júnior (2006, vol. III, p. 67), destacando-se que ela é admissível, ainda que se trate de um procedimento especial, desde que apresentada no prazo de defesa (cinco dias), sendo conexa. A partir de então, a reconvenção e a ação seguirão o rito ordinário.

Tema importante e recorrente no âmbito da reconvenção é o das nulidades do contrato. Isto é, quando alegada uma nulidade relativa (anulabilidades, art. 171 do CC), o réu deve valer-se obrigatoriamente da reconvenção. Não há como ser conhecida anulabilidade levantada somente em sede de defesa, exigindo-se ação própria (art. 177 do CC). Se não for manejada na reconvenção, resta ao réu o uso da ação autônoma.[4] A nulidade absoluta (art. 166 do CC) pode ser conhecida de ofício (art. 168, parágrafo único do CC) e argüida na contestação como questão incidental, mas pode igualmente ser articulada por reconvenção para que seja decidida como questão principal - ampliando-se o objeto do processo. Logo, a nulidade absoluta pode ser objeto de contestação e de reconvenção –, nesta última apenas como opção em favor do réu.

3.4.4. Após a Contestação: A Ação Adota o Rito Ordinário

Se houver contestação, o processo adota o procedimento ordinário, aplicando-se o disposto no julgamento conforme o estado do processo (arts. 329 e 330 do CPC) ou com a oportunidade de audiência preliminar para tentativa de conciliação, solução das questões processuais pendentes e organização da prova (art. 331 do CPC).

3.4.5. Sentença

A sentença será proferida conforme o estado do processo ou após a instrução (colhendo-se provas).

Conforme já frisado, o juiz verifica a oportunidade de julgar o processo nas formas dos arts. 329 ou 330 do Código de Processo Civil. Se o juiz julgar extinto o processo sem apreciação do mérito ou com apreciação do mérito, colocando termo ao processo, a sentença desafia recurso de apelação.

Uma vez encerrada a instrução processual (em audiência, se necessária a prova oral) e apresentadas alegações finais, o juiz deve proferir sentença de mérito. A sentença julga o pedido de depósito procedente ou improcedente.

4 Significa que, se o réu não promover a reconvenção, poderá ajuizar a ação anulatória - do contrato ou de cláusulas contratuais que digam respeito à obrigação de depositário - por dependência ao mesmo juízo da ação de depósito, diante da conexão de causas.

Quando *procedente a ação* e o juiz acolher o pedido de depósito, o réu é condenado a entregar a coisa ou o equivalente em dinheiro. Se houver pedido de cominação de prisão civil, cabe ao juiz decidir sobre seu acolhimento. A sentença tem natureza condenatória, sendo caracterizada como sentença de "força executiva", como salienta Marcato (2004, p. 134), já que dispensa o início formal do processo de execução (haverá entrega da coisa como imediata conseqüência do mandado). É assim até por força do que dispõe o art. 461-A do CPC.

Sem prejuízo do depósito e da prisão civil que são ordenados na sentença, se encontrada a coisa, pode o autor (credor) solicitar a sua busca e apreensão. Efetivada a apreensão, cessam a obrigação de depósito (ou do equivalente em dinheiro) e o efeito da prisão civil (art. 905 do CPC).

Quando não receber a coisa ou o equivalente em dinheiro, pode o autor haver, nos mesmos autos, a quantia reconhecida na sentença (como o valor de mercado do bem), prosseguindo-se como fase de execução – cumprimento da obrigação de pagamento (art. 906 do CPC).

Quando *improcedente a ação*, tem-se o acolhimento pelo juiz dos motivos da contestação, ou como não provados os fatos constitutivos do direito do autor (depositante) ou, ainda, provados os fatos impeditivos, modificativos, extintivos ou suspensivos expostos pelo réu. Nesta situação, se eventual negócio jurídico continuar a subsistir, pode o credor valer-se de ação própria para reclamar suposto crédito.

A parte vencida (autor ou réu) suporta o pagamento das custas judiciais e dos honorários advocatícios.

3.5. ALIENAÇÃO FIDUCIÁRIA E AÇÃO DE DEPÓSITO

3.5.1. Previsão Normativa

Atualmente, a alienação fiduciária é disciplinada no Código Civil de 2002 (arts. 1.361 a 1.368) e no Decreto-Lei nº 911/1969 (que deu nova redação ao art. 66 da Lei nº 4.728/1966, porém foi modificado pela Lei nº 10.931, de 02/08/2004).

3.5.2. Disciplina da Alienação Fiduciária no CC de 2002

O Novo Código Civil de 2002 dispõe no art. 1.361: "considera-se fiduciária a propriedade resolúvel de coisa móvel infungível que o devedor, com escopo de garantia, transfere ao credor". A alienação fiduciária deve ter como objeto uma coisa infungível, isto é, aquela que não pode ser substituída por outra da mesma espécie (art. 85 do CC).

Antes da vigência do CC de 2002, a jurisprudência do Superior Tribunal de Justiça (STJ) já havia se posicionado pelo não cabimento da alienação fiduciária de bens fungíveis,[5] como, por exemplo, os produtos do estoque de comércio (bolsas, sandálias, sapatos etc.) e os insumos destinados à indústria.

Importante apontar que o contrato de alienação fiduciária deve ser escrito e constitui título da propriedade fiduciária, desde que preencha os seguintes requisitos, de acordo com o art. 1.362 do CC: a) *valor da dívida* (ou estimativa); b) *prazo* (ou época de pagamento); c) *taxa de juros* (se contratados); e d) *descrição da coisa* (elementos indispensáveis à sua descrição).

Entendemos que a falta daqueles requisitos leva à invalidade da propriedade fiduciária. As exigências da lei visam dar ao devedor a noção exata das obrigações contratuais e do alcance da garantia, até porque ele assume a figura de depositário da coisa (art. 1.363 do CC). Isto é, a sanção para a inobservância traduz-se na perda da garantia (contrato acessório), ainda que subsista o contrato principal.

A garantia fiduciária tem a finalidade de venda – judicial ou extrajudicial – com destinação do preço para abatimento da dívida (art. 1.364 do CC). Evidentemente, o devedor tem o direito de acompanhar a venda e pleitear a prestação de contas ao credor sobre o valor auferido e a sua destinação na quitação da dívida e das despesas de cobrança (estas somente quando comprovadas e autorizadas pela lei e pelo contrato). O devedor tem o direito de ficar com o saldo da venda. Mas, se o produto da venda não for suficiente à quitação da dívida, o devedor responde pelo saldo devedor remanescente (art. 1.366 do CC).

O terceiro – interessado ou não – que paga a dívida sub-roga-se não somente no crédito, porém também na garantia fiduciária (art. 1.368 do CC). A sub-rogação transfere ao novo credor todas as ações, privilégios e direitos (art. 349 do CC), mas sempre com limitação ao valor desembolsado (art. 350 do CC).

3.5.3. Tradição

A transferência da coisa dada em alienação fiduciária é feita com a condição resolutiva consistente no pagamento das prestações. Isto é, uma

5 REsp 19.915-9-MG, Rel. Min. Sálvio de Figueiredo Teixeira, julgado em 28/10/1992, DJ 17/12/1992.

vez quitado o preço, resolve-se a propriedade e a posse do credor, ficando ela restituída ao devedor. O credor fica com a posse indireta da coisa, enquanto o devedor fica com a posse direta.

Súmula nº 28 do STJ: "O contrato de alienação fiduciária em garantia pode ter por objeto bem que já integrava o patrimônio do devedor".[6]

3.5.4. Registro do Contrato de Alienação Fiduciária

O art. 1.361, § 1º do CC (repetindo disposição do art. 66 da Lei nº 4.728) exige o registro do contrato no Cartório de Títulos e Documentos ou, sendo veículo o objeto da alienação fiduciária, no certificado de registro do Departamento de Trânsito, como condição para validade contra terceiros.

Ou seja, a falta de registro não retira a validade da alienação fiduciária entre as partes, mas inviabiliza sua oposição contra terceiros de boa-fé. Pode ser ajuizada ação de busca e apreensão mesmo sem o registro do contrato (Súmula nº 30 do extinto 1º TACSP). Quando diversas as comarcas dos domicílios das partes, recomenda-se o registro nos Cartórios de Títulos e Documentos de ambas (RTJE 113/113).

Todavia, a falta do registro torna a alienação fiduciária não oponível a terceiro de boa-fé. O entendimento foi objeto da Súmula nº 92 do STJ: "A terceiro de boa-fé não é oponível a alienação fiduciária não anotada no Certificado de Registro do veículo automotor". A conseqüência jurídica é a perda da garantia em favor do terceiro de boa-fé, ainda que subsista a dívida.

3.5.5. O Trâmite Processual da Ação de Busca e Apreensão

A Lei nº 10.931/2004 deixou claro: a) trata-se de um *processo autônomo* e não dependente de qualquer outro (art. 3º, § 8º, do Decreto-Lei nº 911/1969) e b) trata-se de uma ação que *se aplica exclusivamente à alienação fiduciária* contratada no *mercado de capitais* ou como *garantia de débitos tributário* e *previdenciário* (art. 8º-A do Decreto-Lei nº 911/1969).

Requisitos da petição inicial: a) partes (identificar o *credor* e o *devedor*); b) fatos e fundamentos jurídicos do pedido (juntar *contrato escrito*, *prova da mora* e *demonstrativo do débito*); e c) pedido (pedir expressamente a *liminar*

6 No mesmo sentido: a) REsp 260892-MG, Rel. Min. Aldir Passarinho Júnior, Quarta Turma do STJ, julgado em 17/05/2001, DJ 20/08/2001; b) REsp 243088-MS, Rel. Min. Barros Monteiro, Quarta Turma do STJ, julgado em 20/02/2001, DJ 09/04/2001; c) RT 777/314 (2º TACSP).

e, depois, o acolhimento do pedido de busca e apreensão com a *consolidação da posse e da propriedade em mãos do credor*). O valor da causa deve corresponder ao saldo devedor em aberto (apenas as prestações vencidas).[7]

A Súmula nº 72 do STJ traduz a importância da caracterização da mora: "A comprovação da mora é imprescindível à busca e apreensão do bem alienado fiduciariamente". A jurisprudência tem se firmado no sentido de exigir o protesto ou a entrega da notificação no endereço do devedor, neste último caso podendo ser recebida por terceira pessoa.[8] Importante salientar que a notificação retirada em cartório por terceiro tem sua validade condicionada à apresentação de autorização subscrita pelo devedor (que serve como instrumento de mandato).

Discute-se o conteúdo da notificação. A rigor, para facilitar a purgação da mora e a defesa do devedor, se consumidor (art. 6º, inciso VIII, da Lei nº 8.078/1990), em Juízo, a notificação deve indicar as prestações em atraso e os encargos da mora exigidos pelo credor. A exigência somente é dispensável nos contratos que não sejam de consumo. O STJ fixou entendimento diverso na Súmula nº 245, *in verbis*: "A notificação destinada a comprovar a mora nas dívidas garantidas por alienação fiduciária dispensa a indicação do valor do débito".

Uma vez comprovada a mora pela notificação extrajudicial ou pelo protesto do título representativo da dívida, será concedida *liminar* de busca e apreensão (art. 2º, § 2º, do Decreto-Lei nº 911/1969). Trata-se de uma antecipação da tutela pretendida que apresenta como requisitos a verossimilhança e a prova inequívoca do contrato (escrito) e da mora do devedor. Não é possível ao juiz exigir a prestação de caução sem motivo plausível a tanto.[9] Entendemos que o juiz pode condicionar o deferimento da antecipação do efeito da tutela consistente na passagem do bem para o nome do credor à concretização da caução.

7 A respeito: REsp nº 780.054-RS, Quarta Turma do STJ, Rel. Min. Aldir Passarinho Jr, julgado em 14/11/2006, DJ 12/02/2007.

8 "A comprovação da mora, a que alude o § 2º do art. 2º do Dec. Lei nº 911/1969, pode ser feita pela notificação extrajudicial, demonstrada pela entrega no endereço do devedor, ainda que não obtida a assinatura de seu próprio punho" (Súmula nº 29 do extinto 2º TACSP). Ainda neste sentido: a) REsp 261795-MG, Quarta Turma do STJ, Rel. Min. Aldir Passarinho Júnior, j. 08/05/2001, DJ 03/09/2001 e b) RT 769/281 (2º TACSP) e 771/274 (2º TACSP).

9 Neste sentido: REsp nº 788.782-RN, Quarata Turma do STJ, Rel. Min. Aldir Passarinho Jr., julgado em 13/03/2007, DJ 16/04/2007. Não se considerou como suficiente a necessidade de garantia do pagamento da multa processual prevista, no art. 3º, § 6º, do Decreto-Lei nº 911/1969.

O art. 3º, § 1º, do Decreto-Lei nº 911/1969 (pela redação dada pela Lei nº 10.931/2004) permite que, cinco dias após executada a liminar, consolidem-se em favor do credor (autor da ação de busca e apreensão) a propriedade e a posse plena e exclusiva do bem, cabendo às repartições competentes a expedição de um novo certificado de registro de propriedade em nome do credor, ou do terceiro por ele indicado.

Indaga-se: *a passagem do bem para o nome do credor ou de quem ele indicar depende de prévia autorização judicial?*

Entendemos que sim. A medida executiva depende de expressa autorização judicial, diante da intensidade dos seus efeitos – transfere ao credor ou a terceiro por ele indicado a propriedade da coisa dada em alienação fiduciária. Traduz uma medida de difícil reversão e que reduz muito a eficácia da defesa do devedor.

Além disso, outros pontos reforçam a fundamentação da resposta positiva. Primeiro, porque o § 2º, do art. 3º, do Decreto-Lei nº 911/1969 dispõe sobre a possibilidade da purgação da mora pelo devedor (réu), se efetivado o pagamento no mesmo prazo de cinco dias. Ora, a compatibilização da consolidação da propriedade em mãos do credor com a purgação da mora depende do controle judicial das duas providências. Em outros termos, não se pode deixar uma providência a cargo do credor e outra, a depender de expressa declaração do juiz. Até haver decisão sobre a suficiência ou não do depósito para purgação da mora, a transferência da propriedade estará concretizada. Segundo, porque a diferenciação normativa em favor do credor traduz uma violação aos princípios constitucionais da ampla defesa e do contraditório. De que adiantará o depósito para purgação da mora, se concretizada a medida executiva? Remeter-se o réu para a indenização por perdas e danos representa situação injusta e uma solução inadequada. E terceiro, no campo da relação de consumo, ainda se pode qualificar a medida como contrária ao sistema processual que prevê a facilitação da defesa do consumidor em Juízo (art. 6º, VIII, da Lei nº 8.078/1990). A pretexto de tornar-se a garantia mais efetiva não pode significar o sacrifício dos direitos fundamentais do cidadão em geral e do consumidor, especificamente.

É preciso conceber a tramitação do procedimento como algo ágil, de modo que a sentença seja o momento adequado para a autorização judicial da transferência da propriedade. A posse é obtida com a liminar, mas a propriedade, com a sentença. E, se a tramitação alongar-se no tempo depois do prazo de defesa ou da purgação de mora, cabe ao credor (autor) solicitar ao juiz a ampliação dos efeitos da liminar. Mas, insistimos, a transferência da propriedade depende da prévia autorização do juiz.

De qualquer forma, uma vez obtida a autorização judicial para aquela finalidade, se improcedente a ação, sem prejuízo das perdas e danos, o réu tem em seu favor uma multa processual equivalente a 50% (cinqüenta por cento) do valor originalmente financiado, como se extrai dos §§ 5º e 6º, do art. 3º, do Decreto-Lei nº 911/1969, se o bem já tiver sido alienado. Entendemos que a preferência é a restituição do bem. A multa traduz um efeito adicional e incide na hipótese de o autor optar pela transferência da propriedade para seu nome. A hipótese pode incidir tanto na improcedência, como no pedido de purgação de mora.

Mesmo que se entenda como reconhecimento jurídico de o pedido a manifestação do réu para a purgação da mora, depositando-se o valor da dívida, o fato de o autor (credor) promover a medida executiva do § 3º, do art. 3º, do Decreto-Lei nº 911/1969 sujeita-o ao pagamento da multa processual. É a irreversibilidade da medida que faz nascer para o réu (devedor) o direito à multa processual, como forma de sanção – no processo – à postura do credor. Pensamos que o juiz tem o poder de reduzir a multa processual, quando ela se revelar excessiva pelas circunstâncias do caso concreto.

Por fim, ressaltamos que, ainda que se dispense a autorização judicial, diante de uma situação de urgência, pode o juiz impedir aquela alteração no registro público para impossibilitar a venda do bem antes do final da ação. Isto é, no campo do Poder Geral de Cautela do Juiz, não se pode negar a possibilidade de uma decisão judicial vedar a transferência da propriedade da coisa alienada fiduciariamente, antes da solução da demanda.

O *prazo para purgação da mora* é de 5 (cinco) dias depois da execução da liminar (art. 3º, § 2º, do Decreto-Lei nº 911/1969). Neste passo, a contagem do prazo pode gerar confusão: a) execução da liminar ou b) juntada aos autos da prova de execução da liminar. Apesar da confusa redação do artigo, entendemos que deve prevalecer a contagem do prazo da juntada aos autos da prova de execução da liminar e citação (juntada aos autos do mandado ou da carta precatória, conforme o caso).

O *prazo de contestação* foi aumentado de 3 (três) dias para 15 (quinze) dias, contados da execução da liminar (art. 3º, § 3º, do Decreto-Lei nº 911/1969). Também aqui, entendemos que o prazo deve ser contado a partir da juntada aos autos da prova de execução da liminar. Não há motivo plausível para não seguir a regra geral de contagem dos prazos processuais de defesa ou manifestação do réu (art. 241 do CPC).

O *valor da purgação de mora* é o da dívida pendente de pagamento. Entendemos que a lei exige o pagamento dos valores vencidos até a data do depósito. Logo, não se trata de quitar as prestações que têm vencimento para um período posterior. Viabiliza-se a convalidação do contrato, restituindo-se o bem ao réu (devedor).

Rejeitamos a tese de que a integralidade da dívida pendente a que se refere o § 2º, do art. 3º, do Decreto-Lei nº 911/1969 diz respeito ao saldo devedor do contrato, incluindo-se as parcelas vincendas.

A previsão contratual para vencimento antecipado das parcelas vincendas em caso de mora (art. 2º, § 3º, do Decreto-Lei nº 911/1969) não prejudica a tese de que ao devedor cabe escolher entre pagar somente as parcelas vencidas ou também fazer o depósito com a inclusão das parcelas vincendas. A opção do credor, com base em cláusula contratual, para considerar todas as prestações vencidas – e de pleno direito – dá-se no momento da notificação. A opção do devedor, com base na lei, dá-se no âmbito da ação de busca e apreensão.

Ao prever a possibilidade do devedor ver o bem restituído livre de ônus, a lei contemplou a hipótese de o réu fazer o pagamento das vincendas. Mas não excluiu a opção pelo depósito das prestações em atraso leva à convalidação do negócio jurídico, até para que o contrato cumpra sua função social (art. 421 do CC). Neste caso, restitui-se o bem com a manutenção da alienação fiduciária, até final quitação do contrato.

Aliás, a realidade dos processos judiciais revela que as instituições financeiras preferem a retomada do curso do contrato à apreensão definitiva do bem recebido em alienação fiduciária, tanto que celebraram acordos com previsão única e exclusiva do pagamento das prestações em atraso. Não há lógica e nem tampouco justiça na posição que privilegia a realização da garantia, acaso não depositado todo o saldo do contrato – incluindo-se as prestações vincendas.

O *conteúdo da contestação* pode ser processual ou de direito material. A defesa processual não encontra restrições. Contudo, na parte material, a matéria deve guardar pertinência com o direito alegado na petição inicial, servindo para sua extinção, modificação, suspensão ou impedimento.

A apresentação da contestação pode ocorrer, ainda que efetivado o depósito em purgação da mora (art. 3º, § 4º, do Decreto-Lei nº 911/1969). Se há divergência entre o valor anotado como devido na petição inicial e a importância descrita como correta na defesa, o réu deverá depositar a quantia incontroversa.[10] Somente nas hipóteses de mora do credor pode ser cogitada a dispensa daquela providência.

E, a partir da Lei nº 10.931/2004, tornou-se pleno o juízo de cognição da ação de busca e apreensão fundada em propriedade fiduciária. Cabíveis, desta forma, ao lado da contestação, as demais formas de resposta como as exceções e a reconvenção.[11]

Evidentemente, também no processo de busca e apreensão pode haver a instrução probatória ou o julgamento conforme o estado do processo. Importante apontar que, se a instrução processual demonstrar que a mora não era do devedor, mas sim do credor, a busca e apreensão deve ser julgada improcedente.[12] O fato de haver vencimento certo para cumprimento da obrigação pelo devedor (mora *ex re*) não desnatura a mora do credor, quando caracterizada a cobrança excessiva.[13] Por isso, tendo como objetivo a demonstração do excesso de encargos cobrados pelo credor, pode ser oportunizada ao réu a produção de provas.

10 A propósito: RT 767/277 (2º TACSP).

11 A respeito: RESp nº, 872.427-SP, Quarta Turma, Rel. Min. Hélio Quaglia Barbosa, julgado em 12/12/2006, DJ 05/02/2007.

12 Confira-se precioso precedente do E. STJ, Ag Rg no REsp nº 843136-RS, Quarta Turma, relator Ministro Aldir Passarinho Jr., julgado em 22/08/2006, DJ 18/09/2006, destacando-se: "No que pertine à configuração da mora como requisito para ensejar a busca e apreensão, também não colhe o recurso. Adoto o atual posicionamento da e. Segunda Seção, que considera que a cobrança do crédito com acréscimos indevidos, como por exemplo, a capitalização de juros, por exclusiva iniciativa do credor, não tem o condão de constituir o devedor em mora, porque dificultado o pagamento, causando a impontualidade da qual ainda se beneficiaria com a aplicação da cláusula penal (EREsp nº 163.884/RS). Acresçam-se, no particular, o AgR-REsp nº 423.266/RS, o REsp nº 231.319/RS e o AgR-AG nº 334.371/RS."

13 Em sentido contrário ao defendido por nós, também no STJ, colhe-se o REsp nº 810.717-RS, Quarta Turma, Rel. Min. Nancy Andrighi, julgado em 17/08/2006, DJ 04/09/2006, sublinhando-se: "Isso porque, ainda que haja possibilidade de o réu alegar, na ação de busca e apreensão, a nulidade das cláusulas do contrato garantido com a alienação fiduciária (REsp nº 299.254/MG, Rel. Min. Ruy Rosado de Aguiar, DJ 20/08/2001), ou mesmo seja possível rever, de ofício, cláusulas contratuais consideradas abusivas, para anulá-las, com base no art. 51, IV do CDC (AgRg no REsp nº 655.443/RS, Rel. Min. Fernando Gonçalves, DJ 02/05/2005), como dito anteriormente, a jurisprudência do STJ é pacífica no sentido de que na alienação fiduciária a mora constitui-se *ex re*, não cabendo qualquer inquirição a respeito do montante ou origem da dívida para a aferição da configuração da mora. Ademais, questão semelhante já foi objeto de análise pela Segunda Seção, no julgamento do REsp nº 607.961/RJ, de minha relatoria (sessão de 09/03/2005), no qual firmou-se entendimento de que nem mesmo o ajuizamento de pedido revisional, acerca da legalidade de cláusulas contratuais, tem a força para descaracterizar a mora do devedor no contrato de alienação fiduciária e impedir o curso normal da ação de busca e apreensão, com a liminar correspondente." Como se vê, há um aparente conflito de posições, dentro da Segunda Seção do STJ, apesar da redação dos acórdãos acerca da pacificação do assunto.

A *sentença* de mérito aprecia o pedido formulado. Quando procedente, a liminar deve ser confirmada, transferindo-se definitivamente o bem para a posse e a propriedade do credor, impondo-se ao réu os ônus da sucumbência. Também na hipótese de purgação da mora, que assume conteúdo processual de reconhecimento jurídico do pedido, a ação é procedente, porém sem entrega do bem – na verdade, o que ocorre é a restituição para o devedor – e com o pagamento do débito em atraso, impondo-se ao réu o pagamento das custas judiciais e dos honorários advocatícios.[14]

Da sentença cabe o recurso de *apelação* – independente do seu conteúdo – apenas com o efeito devolutivo (art. 3º, § 5º, do Decreto-Lei nº 911/1969). Isto é, a apelação não terá efeito suspensivo.

3.5.6. Conversão da Ação de Busca e Apreensão em Depósito

Sempre que não for cumprida a liminar, porque não encontrados o devedor ou o bem (art. 4º do Decreto Lei nº 911/1969), o autor pode solicitar a conversão da ação de busca e apreensão em ação de depósito.

O pedido de conversão da ação de busca e apreensão em ação de depósito deve ser apresentado com todos os requisitos de uma nova petição inicial, principalmente na parte do pedido.[15]

Indaga-se: *a conversão da busca e apreensão em ação de depósito é possível, quando encontrado o bem em péssimo estado de conservação?*

Entendemos que não. A perda da garantia deve ser analisada numa ação de perdas e danos. A autorização legal para a ação de depósito exige que o bem não seja encontrado.[16]

As *fases da ação de depósito*: a) citação; b) contestação ou revelia (prazo de cinco dias); c) produção de provas ou julgamento antecipado da lide; e d) sentença.

---

14 Neste sentido, colhem-se os precedentes do STJ: a) REsp 239.694-RS, Terceira Turma, Rel. Min. Carlos Alberto Menezes Direito, DJ de 07/08/2000, b) REsp 540.201-PR, Quarta Turma, Rel. Min. Barros Monteiro, DJ de 10/10/2005 e c) RESp nº 799180-PB, Quarta Turma, Rel. Min. Hélio Quaglia Barbosa, julgado em 03/10/2006, DJ 30/10/2006.

15 Neste sentido: JTACSP-LEX 168/338 e RT 490/164.

16 A respeito: a) AI nº 586.900-00/7, 2ª Câmara do 2º TACSP, relator o juiz Oliveira Prado, julgado em 23/09/2000, (RT 773/281), b) Ap. nº 481.088, 11ª Câmara do 2º TACSP, Rel. juiz Mendes Gomes, julgado em 16/06/1997 e c) Ap. nº 483.482, 12ª Câmara do 2º TACPSP, Rel. juiz Luís de Carvalho, julgado em 20/11/1997. Em sentido contrário: REsp nº 654.741-SP, Terceira Turma do STJ, relator Ministro Nancy Andrighi, julgado em 13/02/2007, DJ 23/04/2007.

3.5.7. Questões Processuais Diversas

O processamento da ação de busca e apreensão fundada em alienação fiduciária suscita inúmeras discussões processuais. Separamos algumas das mais importantes.

Primeira: *a ação de busca e apreensão tem conexão com ação revisional de cláusula contratual promovida pelo mutuário, justificando a reunião das ações?*

Entendemos que sim, porque as duas ações têm parcial coincidência da causa de pedir (o contrato). Ademais, se discutida a mora nas duas ações, o risco de decisões contraditórias é motivo bastante para a reunião das ações.[17] Entre Juízos de mesma competência territorial, a definição da competência será dada pelo Juízo em que a ordem de citação ocorreu em primeiro (art. 106 do CPC). E se as ações tramitam em comarcas diferentes, a citação servirá para fixação da prevenção (art. 219 do CPC).

Segunda: *o juiz pode designar audiência de conciliação como parte do processo de busca e apreensão?*

Para nós, o juiz tem o poder – sempre – de designar audiência para conciliação das partes (art. 125, inciso IV, do CPC).[18] Deve verificar a circunstâncias do caso concreto e a oportunidade da iniciativa.

Terceira: *a venda extrajudicial do bem dado em alienação fiduciária depende de prévia avaliação judicial do mesmo?*

Entendemos que não.[19] A lei não exige uma avaliação judicial do bem, o que não traduz a possibilidade de alienação por valor inferior ao de mercado. O devedor pode reclamar perdas e danos do credor, se provar que a venda se deu por valor não condizente com as condições do mercado, e lhe acarretou prejuízo.

Quarta: *o cônjuge do devedor pode fazer uso dos embargos de terceiros para excluir sua meação, na ação de busca e apreensão?*

17 Neste sentido: REsp. 309668-SP, 4ª Turma do STJ, relator Ministro Sálvio de Figueiredo Teixeira, julgado em 21/06/2001, DJ 10/09/2001.

18 Há precedente do extinto 2º TACSP entendendo que não: RT 774/318. Logicamente, com o incremento da conciliação como meio de solução dos conflitos, o precedente deve ser tratado como isolado e de acordo com a peculiaridade do caso concreto. Somente quando evidente o insucesso da conciliação, assumindo caráter procrastinatório do deslinde do feito, a medida deve ser evitada.

19 A propósito, confiram-se: a) REsp nº 327291-RS, Terceira Turma do STJ, relator Ministro Nancy Andrighi, julgado em 20/09/2001, DJ 08/10/2001 (determinando-se a comunicação ao devedor das condições da alienação) e b) REsp 180939-RS, Terceira Turma do STJ, Rel. Min. Ari Pargendler, j. 28/08/2001, DJ 01/10/2001.

Pensamos que não, uma vez que a propriedade e a posse (ainda que indireta) são do próprio credor. Há carência dos embargos de terceiros.[20]

Quinta: *apesar de não cumprida a liminar de busca e apreensão, é possível ao réu purgar a mora?*

A resposta é afirmativa. Se o devedor satisfaz a obrigação de pagamento do débito em atraso, não há motivo para prosseguimento da ação de busca e apreensão.[21]

Sexta: *a parte beneficiada por Justiça Gratuita está obrigada a depositar os honorários advocatícios para purgação da mora?*

A resposta é negativa. A isenção alcança os honorários advocatícios em qualquer ação judicial, inclusive na busca e apreensão, porque decorre da Lei nº 1.060/1950 (art. 3º, V).[22]

3.5.8. Furto ou Roubo do Bem. Conseqüências

Inicialmente, ao réu (devedor e depositário) cabe provar o furto ou roubo do bem dado em alienação fiduciária. O boletim de ocorrência traduz prova suficiente, se não há motivo plausível para se duvidar da sua veracidade. A parte não pode ser compelida à substituição da atividade investigativa da polícia – a quem cabe desvendar os contornos e a autoria do ilícito criminal.

E, se houver prova do furto ou roubo, o fato é qualificado como motivo de força maior. Isto porque, resultado da ação humana criminosa, o furto ou o roubo resulta de um comportamento inesperado, atípico e, normalmente, imprevisível. Sendo assim, caracteriza-se a excludente prevista no art. 642 do CC. O perecimento da coisa por caso fortuito ou força maior faz desaparecer a obrigação do depositário entregar a coisa.

A conclusão dos tribunais sobre a possibilidade da condenação do réu à entrega do equivalente em dinheiro nos próprios autos da ação de depósito tem variado.

Há quem sustente, uma vez desaparecida a obrigação de entrega da coisa, não seja possível a entrega do equivalente em dinheiro – se houver fundamento contratual a tanto – nos mesmos autos. Para esta corrente, a discussão é distinta e foge aos limites da ação de depósito.[23]

---

20 Neste sentido: RT 761/294 (2º TACSP).

21 Há precedente do STJ admitindo a purgação, desde que quitado mais de 40% do preço (conforme disposição legal então vigente): REsp nº 79076-MG, Quarta Turma, Rel. Min. Aldir Passarinho Júnior, julgado em 10/10/2000, DJ 10/02/2001.

22 Neste sentido: REsp nº 149.640-RJ, Terceira Turma do STJ, Rel. Min. Nilson Naves, julgado em 24/11/1997, DJ 16/03/1998.

23 A respeito: JTACSP-LEX 152/60, 164/303, 166/219 e 168/377.

Todavia, no STJ prevalece uma conclusão distinta, que autoriza que a cobrança do equivalente em dinheiro à coisa – por força de obrigação contratual – seja feita na própria ação de depósito, identificando-se pelo seu valor de mercado ou pelo saldo contratual, prevalecendo o menor.[24] Rendemo-nos à posição do STJ, modificando-se posição anterior. Efetivamente, parece-nos que, apesar da exclusão da obrigação oriunda do depósito, pode subsistir a obrigação contratual de entrega do equivalente em dinheiro. A posição tem a vantagem de solucionar o conflito no mesmo processo, efetividade que consubstancia o motivo principal para a acolhida da tese.

3.5.9. Prisão do Depositário do Bem Objeto da Alienação Fiduciária

Entendemos que os seguintes fundamentos servem para impedir a prisão civil do devedor e depositário do bem dado em alienação fiduciária: a) *inexistência de depósito típico* e b) *impedimento da prisão civil por dívida,* não somente pela Constituição Federal (art. 5º, LXVII), como pela vigência no Brasil da Convenção Americana de Direitos Humanos (Pacto de San José da Costa Rica).

Mesmo com a equiparação legal do devedor à figura do depositário (art. 1.363 do CC), tem-se que o credor não recebe o bem do devedor, para depois restituí-lo. Trata-se de uma ficção legal e contratual e, por isso, não se sujeita à sanção da prisão civil que deve ser preservada para a genuína figura do depósito.

A Corte Especial do STJ fixou entendimento acerca da impossibilidade da prisão civil do réu na ação de depósito resultado da conversão da ação de busca e apreensão, porque descabida a equiparação do devedor fiduciário ao depositário.[25]

24 Confira-se: a) REsp 238108-SP, Terceira Turma, Rel. Min. Ari Pargendler, julgado em 15/05/2001, DJ 03/09/2001; b) REsp 247671-SP, Terceira Turma, Rel. Min. Carlos Alberto Menezes Direito, julgado em 15/05/2001, DJ 03/09/2001; c) REsp 169.293-SP, 2ª Seção, Rel. Min. Nancy Andrighi, julgado em 09/05/2001; d) REsp 314204-SP, Quarta Turma, Rel. Min. Barros Monteiro, julgado em 07/06/2001, DJ 24/09/2001, e) Ag Rg no Ag nº 775038-SP, Terceira Turma, Rel. Min. Humberto Gomes de Barros, julgado em 26/10/2006, DJ 18/12/2006 .

25 A respeito: a) Corte Especial, EREsp 149.518-GO, Rel. Min. Ruy Rosado, julgado em 05/05/1999, DJ 28/02/2000; b) Terceira Turma, RHC 11624/PB, Rel. Min. Castro Filho, julgado em 27/08/2001, DJ 24/09/2001; c) RT 777/145 (STJ), d) HC 20449/RJ, Quarta Turma, Rel. Min. César Asfor Rocha, julgado em 13/08/2002, DJ 11/11/2002, d) Ag Rg no EREsp nº 690.646-DF, Corte Especial, relator Ministro João Otávio de Noronha, julgado em 07/06/2006, DJ 01/08/2006.

Em sentido diverso, num primeiro momento, o Supremo Tribunal Federal (STF) estabeleceu posição acerca da possibilidade da prisão civil,[26] mesmo com o ingresso no ordenamento jurídico do Pacto de San José da Costa Rica.

Contudo, a posição do STF encontra-se em fase de mudança. A legitimidade da prisão civil do depositário infiel, ressalvada a hipótese excepcional do devedor de alimentos, está em plena discussão no Plenário deste Supremo Tribunal Federal. No julgamento do RE nº 466.343/SP, Rel. Min. Cezar Peluso, que se iniciou na sessão de 22/11/2006, a Corte, por maioria que já conta com sete votos, acenou para a possibilidade do reconhecimento da inconstitucionalidade da prisão civil do alienante fiduciário e do próprio depositário infiel.[27] E a nova posição do STF já é observada no julgamento do HC nº 9.172-SP, Rel. Min. Gilmar Mendes.[28]

Interessante apontar que o Pacto de San José da Costa Rica dispôs em seu art. 7º, § 7º, que ninguém deve ser detido por dívidas, excepcionando-se apenas o mandado de prisão da autoridade judiciária competente expedido em virtude das obrigações de caráter alimentar. Conforme esclarece

26 Confira-se: RT 762/181 e 772/169. Nos outros tribunais, seguindo a posição do STF: RT 769/289 (2º TACSP).

27 O julgamento do aludido recurso foi suspenso por força do pedido de vista formulado pelo Eminente Ministro Celso de Mello. Conforme registrado no Informativo nº 450/STF, *in verbis*: "O Tribunal iniciou julgamento de recurso extraordinário no qual se discute a constitucionalidade da prisão civil nos casos de alienação fiduciária em garantia (DL 911/1969: "Art. 4º Se o bem alienado fiduciariamente não for encontrado ou não se achar na posse do devedor, o credor poderá requerer a conversão do pedido de busca e apreensão, nos mesmos autos, em ação de depósito, na forma prevista no Capítulo II, do Título I, do Livro IV, do Código de Processo Civil."). O Ministro Cezar Peluso, relator, negou provimento ao recurso, por entender que o art. 4º do DL nº 911/1969 não pode ser aplicado em todo o seu alcance, por inconstitucionalidade manifesta. Afirmou, inicialmente, que entre os contratos de depósito e de alienação fiduciária em garantia não há afinidade, conexão teórica entre dois modelos jurídicos, que permita sua equiparação. Asseverou, também, não ser cabível interpretação extensiva à norma do art. 153, § 17, da EC nº 1/1969 — que exclui da vedação da prisão civil por dívida os casos de depositário infiel e do responsável por inadimplemento de obrigação alimentar — nem analogia, sob pena de se aniquilar o direito de liberdade que se ordena proteger sob o comando excepcional. Ressaltou que, à lei, só é possível equiparar pessoas ao depositário com o fim de lhes autorizar a prisão civil como meio de compeli-las ao adimplemento de obrigação, quando não se deforme nem deturpe, na situação equiparada, o arquétipo do depósito convencional, em que o sujeito contrai obrigação de custodiar e devolver".

28 Julgado em 05/06/2007, DJ 15/06/2007, em que a Segunda Turma concedeu a ordem, para livrar o depositário judicial de um bem da prisão civil com base no novo posicionamento do STF.

Piovesan (2006, p. 340), o Brasil ratificou aquele instrumento internacional de tutela dos direitos humanos, em 25/09/2002 e, para ela, a norma ganhou, internamente, contornos materiais de norma constitucional, a teor do art. 5º, § 2º, da CF.

Todavia, com a vigência da Lei nº 10.931/2004, as alienações fiduciárias firmadas em favor dos credores (bancos, previdência social e fisco) ficaram sem a equiparação da figura do devedor e do depositário. O art. 1.368-A do CC determinou a preservação da disciplina específica das espécies de alienação fiduciária previstas em outras leis. E, repetimos, nas modificações do Decreto-Lei nº 911/1969, não se manteve a equiparação do devedor e do depositário. Aqui, situa-se um fundamento adicional para a não-decretação da prisão civil, aplicável até mesmo aos contratos anteriores à lei, diante da força retroativa da Lei nº 10.931/2004 naquele ponto – traduzindo uma norma mais benigna à semelhança do que acontece em matéria penal.[29]

Oportuno ressaltar, ainda, que tem prevalecido nos tribunais – inclusive no STF – a tese do não cabimento da prisão civil em casos de furto ou roubo do bem objeto de alienação fiduciária.[30] O mesmo se diga no caso de deterioração do bem[31] ou à apreensão determinada por autoridade policial.[32]

No cumprimento de carta precatória, quando a prisão é decretada pelo Juízo deprecante, ainda que cumprida pelo Juízo deprecado, caberá ao tribunal a que estiver vinculado o primeiro deles a apreciação de *habeas corpus*.[33]

3.6. O DEPÓSITO JUDICIAL E A AÇÃO DE DEPÓSITO

O depositário judicial é aquele nomeado pelo juiz, no curso do processo (por exemplo, em casos de penhora, seqüestro, arresto etc.). Trata-se de uma função vinculada diretamente ao juiz e não às partes do processo, porque desempenhada por auxiliar do Juízo.

29 Neste sentido: Apelação com Revisão nº 890554-0/6, 31ª Câmara do TJSP, Rel. Des. João Batista Vilhena, julgado em 28/11/2006, DJ 19/12/2006.

30 Neste sentido: a) HC 76.941-SP, Primeira Turma, Rel. Min. Ilmar Galvão, julgado em 12/05/1998 (RT 756/151) e b) RE nº 345345-SP, Primeira Turma, Rel. Min. Sepúlveda Pertence, julgado em 25/02/2003, DJ 11/04/2003. Também incabível, se o bem objeto da alienação fiduciária havia sido objeto de apropriação indébita anterior: RT 759/144.

31 Confira-se: REsp nº 656.781-SP, Terceira Turma do STJ, Rel. Min. Carlos Alberto Menezes Direito, julgado em 25/09/2006, DJ 26/02/2007.

32 A respeito: REsp nº 557.526-PR, Quarta Turma do STJ, Rel. Min. Barros Monteiro, julgado em 18/10/2005, DJ 12/12/2005 (RT 849/224).

33 Neste sentido: HC 17.427-DF, Terceira Turma do STJ, Rel. Min. Carlos Alberto Menezes Direito, julgado em 28/08/2001, DJ 08/10/2001.

Predomina nos tribunais a conclusão de que é cabível a prisão do depositário judicial infiel. Mais ainda, também é majoritária a tese que dispensa o ajuizamento da ação de depósito, defendendo a decretação da prisão civil no âmbito do processo em que se constitui o encargo de depósito.

Entendemos, acolhendo-se a tese majoritária e desde que respeitada a intimação para apresentar o bem ou justificar a impossibilidade de fazê-lo, concretizando-se o devido processo legal, que traduz adequada a decisão que aplica a pena de prisão civil do depositário judicial qualificado como infiel, sem a necessidade de ação específica.

Nos termos da Súmula nº 619 do Supremo Tribunal Federal: "A prisão do depositário judicial pode ser decretada no próprio processo em que se constitui o encargo, independente da propositura da ação de depósito".[34] Seguindo a mesma linha, colhe-se o magistério de Baptista da Silva (1989, pp. 93-96).

O STF tem proferido decisões que ratificam a possibilidade da prisão civil do depositário judicial. Cite-se, como exemplo, o recente julgamento do Recurso Ordinário em *Habeas Corpus* nº 90.759, Rel. Min. Ricardo Lewandowski, Primeira Turma do STF, em 15/05/2007.[35] Como obrigação legal que estabelece relação típica de direito público e de caráter processual entre o juízo da execução e o depositário judicial dos bens penhorados, o depósito judicial viabiliza permite a prisão civil. A constituição do depósito judicial não se faz em função de obrigação jurídica decorrente de contrato ou de interpretação extensiva, mas configura um depósito necessário em que a guarda dos bens penhorados objetiva garantir a futura alternativa do exeqüente (credor) quanto à adjudicação ou hasta pública, o que exclui a incidência do Pacto de San José da Costa Rica.

Na doutrina, entendendo que o depósito judicial não configura exceção à regra de exigência da ação de depósito como meio adequado para a decretação da prisão civil, colhem-se as lições de Fabrício (1995, pp. 167-68) e Theodoro Júnior (2006, pp. 63-65).

34 O STJ ajustou-se à Súmula nº 619 do STF: a) RHC nº 20.449-RJ, Terceira Turma, relator Ministro Humberto Gomes de Barros, julgado em 14/02/2006, DJ 05/02/2007, b) HC nº 62.657-SP, Primeira Turma, Re. Min. Luiz Fux, julgado em 21/11/2006, DJ 14/12/2006, c) HC nº 53.619-SP, Segunda Turma, Rel. Min. Castro Meira, julgado em 28/11/2006, DJ 11/12/2006, d) RHC nº 18.085-SC, Quarta Turma, Rel. Min. Jorge Scartezzini, julgado em 11/10/2005, DJ 07/11/2005.

35 Precedentes mencionados no aludido recurso: RHC 55271/PE (DJU de 26/08/1977); RHC 80035/SP (DJU de 17/08/2001); HC 84484/SP (DJU de 07/10/2004).

Capítulo 4

Ação de Anulação e Substituição de Títulos ao Portador

4.1. DISCIPLINA NO CÓDIGO CIVIL DE 2002

O título ao portador é disciplinado no Código Civil de 2002, arts. 904 a 909.

Dispõe o art. 905 do CC: "o possuidor de título ao portador tem direito à prestação nele indicada, mediante a sua simples apresentação ao devedor". O título ao portador representa um crédito em razão da posse do documento.

Isto é, credor é aquele que portar o título. A transferência da titularidade da prestação inserida no título ao portador se faz pela sua simples tradição, tornando-se desnecessário o endosso (art. 904 do CC).

Importante apontar que, em razão do disposto nos arts. 2º e 4º da Lei nº 8.021, de 12/04/1990 (Plano Collor, na parte de ações e certificados de depósito bancário) e no art. 69 da Lei nº 9.069/1995 (Plano Real, na parte de cheques acima do valor de R$ 100,00) a emissão de títulos ao portador ficou praticamente abolida.

O professor Marcato (2004, pp. 141-42) afirma que, diante do novo Código Civil, os títulos ao portador foram revigorados, deixando transparecer seu entendimento de que as exigências daquelas leis estariam revogadas.

Pensamos, com o devido respeito, que aquelas leis especiais continuam em vigor nas restrições em relação aos títulos ao portador. Tanto é assim que a lei civil exige uma lei especial a autorizar a emissão do título ao portador (art. 907 do CC).

Os títulos ao portador têm as seguintes características:

a) *Circulação pela tradição.* O título não é transmitido por endosso e sim pela simples entrega do título (art. 904 do CC). Como salientado por Marcato (2004, p. 141), o devedor deve pagar o título àquele que se apresentar na posse do mesmo.

b) *Negócio jurídico unilateral.* O título resulta de uma emissão unilateral de vontade do devedor. Não configura um negócio bilateral, já que apenas o devedor assume a obrigação de pagamento. Importante salientar que, apesar da promessa unilateral de pagamento, o devedor pode opor-se ao portador do título, exceção fundada em direito pessoal (pagamento, compensação, transação etc.) ou mesmo na nulidade da obrigação (emissão com violação de lei, por exemplo).

c) *Procedimentos previstos em leis especiais.* Nem todos os títulos ao portador estão regulamentados – na anulação e substituição – pelo Código de Processo Civil. Por exemplo, os títulos da dívida pública federal são disciplinados por legislação específica e, por isso, na substituição, prevalece o disposto no Decreto nº 83.974/1979. Num outro exemplo, a nota promissória não é título ao portador, mas sim um título de crédito (usualmente, nominativo) e, por tal motivo, sua substituição dá-se em conformidade com o art. 36, do Decreto nº 2.044/1908.[1]

No art. 908 do CC, foi contemplada a possibilidade de o possuidor de um *título destruído*, com preservação dos seus dados (identificável), obter do emitente a substituição. O portador do título a ser substituído deve ressarcir o emitente das despesas com a nova emissão.

No art. 909 do CC, disciplina-se a hipótese de substituição de um *título extraviado, perdido ou injustamente desapossado*, obstando-se o pagamento a terceiro. A medida não tem lugar, se o devedor ainda não efetivou o pagamento ao terceiro e detentor do título, agindo de boa-fé e por desconhecer a ação de anulação e substituição do título ao portador (art. 909, parágrafo único do CC).

4.2. COMPETÊNCIA

A *regra geral*: foro do domicílio do réu. Como ação pessoal que é, a *ação reivindicatória do título* deve ser – preferencialmente – promovida, no foro do domicílio do réu (art. 94 do CPC), o qual detém indevidamente o título.

A *regra especial* refere-se às *ações de anulação e substituição do título*, identificando-se o foro competente pelo domicílio do devedor do título (art. 100, inciso III do CPC).

1 A respeito: AG 433.981-MS, Rel. Min. Carlos Alberto Menezes Direito, decisão monocrática de 02/04/2002, DJ 12/04/2002.

4.3. LEGITIMIDADE DE PARTES

O *autor* é o credor e detentor do título.

A *legitimidade passiva* pode variar, conforme uma das ações previstas no Código de Processo Civil: a) reivindicatória, b) substituição de título e c) anulação e substituição de título. O assunto será examinado, nos itens pertinentes.

4.4. PROCEDIMENTO

Como anota o professor Greco Filho (2003, p. 217), o procedimento especial cuida dos títulos ao portador. Em relação aos títulos nominativos, havendo perda, destruição ou extravio, o conflito é resolvido diretamente entre o credor (beneficiário) e o emitente.[2]

O estudo diz respeito às três espécies de demandas: a) *ação reivindicatória do título ao portador*, b) *ação de anulação e substituição de título ao portador* e c) *ação de anulação e substituição de título ao portador em caso de destruição parcial*.

Em todas elas, a posição do devedor do título não é de réu. Ele somente é incluído no pólo passivo da demanda, se também estiver na posse injusta do título. Eventual conflito entre o devedor e o detentor do título – autor ou réu na demanda – é resolvido em ação própria e distinta.

Tanto que na contestação não se discute, como regra, a validade da obrigação ou a oportunidade do seu resgate, até porque o devedor não é réu e sim um terceiro. Pode-se admitir a intervenção do devedor como assistente – do autor ou do réu –, já que tem interesse jurídico na higidez formal do título.

Por fim, tratando-se de título comprado em bolsa ou leilão público, se houver a aquisição por terceiro de boa-fé, o dono do título deve indenizá-lo pelo valor pago com a ressalva de poder ressarcir-se do vendedor (art. 913 do CPC).

4.4.1. Ação Reivindicatória do Título ao Portador

Trata-se da ação prevista no art. 907, I do CPC, em que alguém *reivindica* para si a posse do título que foi injustamente apropriado por terceira pessoa. Oportuno destacar que, nesta espécie de ação, *o título existe* e não foi destruído.

2 Como visto, a ação para os títulos nominativos pode ser disciplinada na lei especial que os regulamentar.

Na *petição inicial*, cabe ao autor descrever as condições em que o título foi parar nas mãos do réu, de modo a qualificar a posse do último como injusta. O pedido abrange o reconhecimento em favor do autor da propriedade do título ao portador, restituindo-lhe, com conseqüência, a posse. A reivindicação do título não se limita aos casos de furto ou roubo, podendo ser fundamentada em outros motivos. O valor da causa coincide com o valor do título.

A tutela de urgência pode ser oportuna para a garantia da eficácia do provimento final de reivindicação (medida cautelar) ou mesmo para a antecipação da reintegração do autor na posse do título ao portador (antecipação de tutela).

Se durante o trâmite da ação, o título estiver para vencer ou houver receio de que o devedor faça o pagamento ao ilegítimo possuidor do título, poderá o autor da ação requerer a intimação (ciência) do primeiro para que não faça o pagamento. Como salientam os professores Nery Júnior e Andrade Nery (2006, p. 980), a providência assume natureza cautelar, pois visa garantir a eficácia da tutela jurisdicional perseguida pelo autor. E, vencida a obrigação no curso da demanda, o devedor deve fazer o depósito em Juízo, sob pena de o pagamento não surtir o efeito jurídico de extinção da obrigação.

No prazo de 15 (quinze) dias, pode o réu apresentar *resposta*. Se o réu adquiriu o título de boa-fé, pode fazer a denunciação da lide (art. 70, inciso I do CPC). Concordamos com a posição do professor Gonçalves: (2005, p. 38), de que a denunciação da lide é obrigatória. A contestação somente é admitida, quando acompanhada do título reclamado (art. 910 do CPC) e seu conteúdo liga-se à defesa da justa posse do título.

A ação reivindicatória segue, após a defesa, as possibilidades do *rito ordinário*: a) julgamento conforme o estado do processo (arts. 329 e 330 do CPC) ou b) saneamento (apreciação das questões pendentes e deferimento das provas pertinentes, art. 331 do CPC).

A *sentença* decide a propriedade e a posse do título. Na procedência da ação, o juiz acolhe o pedido do autor, entregando a ele o título. Na improcedência, o juiz rejeita o pedido do autor, decidindo que o réu é o legítimo detentor e proprietário do título (isto é, o legítimo credor do título ao portador). Nas duas hipóteses, o perdedor da demanda suporta o pagamento das custas judiciais e dos honorários advocatícios.

4.4.2. Ação de Anulação e Substituição do Título ao Portador

Importante destacar que, se o título está comprovadamente destruído, não é o caso de se formular o pedido de sua anulação e substituição, bastando a articulação da pretensão de substituição do mesmo.

Somente há lugar para a cumulação dos pedidos de anulação e de substituição do título ao portador em caso de *extravio*. Trata-se da ação prevista no art. 907, inciso II, do CPC.

Na *petição inicial*, caberá ao autor expor (causa de pedir), na forma do art. 908, *caput* do CPC: a) quantidade, espécie, valor nominal do título e atributos que o individualizem; b) a época e o lugar em que ele foi adquirido; c) as circunstâncias em que se deu a perda; e d) quando recebidos os últimos juros e dividendos. A justificação detalhada da causa de pedir torna-se característica deste procedimento especial e tem razão de ser na própria proteção da credibilidade dos títulos ao portador.

A causa de pedir exigida pela lei processual funciona como verdadeiro pressuposto processual específico e a falta de atendimento pelo autor leva ao indeferimento da petição inicial.[3]

Ainda na petição inicial, o autor deve requerer (art. 908 do CPC): I – a citação do detentor e, por edital, de terceiros interessados para contestarem o pedido; II – a intimação do devedor, para que deposite em juízo o capital, bem como juros ou dividendos vencidos ou vincendos; e III – a intimação da Bolsa de Valores, para conhecimento de seus membros, a fim de que estes não negociem os títulos. As duas últimas providências têm natureza cautelar, com a finalidade de se garantir a utilidade do provimento final. O valor da causa deve traduzir o valor do título.

Também, em caráter excepcional, pode haver antecipação da tutela pretendida. É verdade que a substituição da cártula não deve resultar numa medida irreversível, o que recomenda cuidado na apreciação dos requisitos da lei (art. 273 do CPC), principalmente para os títulos negociados em bolsa.

Ao receber a petição inicial e determinar o processamento da ação, o juiz ordena a citação e determina, quando for o caso, as providências dos incisos II e III, do art. 908, do CPC (art. 909 do CPC). Se a obrigação vencer durante a tramitação do processo, o devedor é intimado a fazer o

3 RT 649/1983 (autor declarado carecedor da ação por não justificar o furto ou extravio do título).

depósito judicial do valor devido (principal com juros, se houver).[4] E, se a ação versar sobre títulos comercializados em Bolsa de Valores, a intimação desta entidade para que os membros não os negociem.

Quando o paradeiro do título não for conhecido, os interessados são *citados por edital*. Nesta hipótese, é dado curador especial ao réu citado por edital (art. 9º, inciso II, do CPC).

Na falta de expressa previsão legal, admite-se que o prazo de defesa é de 15 (quinze) dias. Porém, a *contestação* necessita obrigatoriamente da juntada do título disputado (art. 910 do CPC). O conteúdo da defesa cinge-se à viabilidade ou não da anulação e substituição do título ao portador.

O ilustre professor Theodoro Júnior: (2006, vol. III, p. 84) aponta, com razão, o não cabimento da reconvenção diante da especialidade do procedimento. Aliás, a observação é válida para as demais ações envolvendo a disputa ou substituição dos títulos ao portador. Não podem ser excluídas, todavia, as demais defesas processuais: impugnação ao valor da causa e as exceções (de incompetência ou impedimento e suspeição do juiz).

A ação segue o *rito ordinário* (arts. 910, parágrafo único, e 912, parágrafo único, ambos do CPC) com ou sem contestação do réu.

Nos termos do art. 911 do CPC, como sublinhado por Theodoro Júnior: (2006, vol. III, pp. 84-5), a *sentença de procedência* tem dois tipos de provimentos jurisdicionais. A sentença tem natureza declaratória, em relação à caducidade do título. E condenatória, quando explicita a obrigação do devedor emitir outro título em substituição do primitivo.

Logicamente, se o título for encontrado e trazido para os autos, o provimento declaratório torna-se desnecessário, cabendo ao juiz decidir sobre a propriedade do mesmo e condenar o réu à restituição ao autor. A modificação na direção do provimento jurisdicional leva em conta a especialidade da ação e do procedimento.

Ainda no campo da procedência da ação, tem-se que o vencimento do título no curso do processo acompanhado da providência de depósito do valor da obrigação nele contida torna desnecessária a substituição do título. A sentença pode autorizar o levantamento da quantia pelo autor da ação, assumindo o efeito jurídico de substituição do título ao portador.

---

4 Quando o devedor do título faz o depósito imediatamente após a intimação e sendo a dívida quesível, não deve pagar juros de mora. A respeito: REsp nº 56.668-PR, Terceira Turma do STJ, Rel. Min. Waldemar Zveiter, julgado em 30/05/1995, DJ 16/10/1995.

Se o juiz não acolher o pedido do autor, seja porque não constatada a perda do título, seja porque concluído que o título estava na posse justa de outrem, a ação será julgada *improcedente*.

Se o título ainda estiver em condições de ser negociado em Bolsa de Valores, deve haver comunicação do resultado da demanda para aquela entidade, seja a ação procedente ou improcedente.

Também aqui, tanto na procedência da ação, quanto na improcedência, a parte sucumbente responde pelas custas judiciais e pelos honorários advocatícios. Na hipótese de extravio do título sem que se logre identificar o eventual injusto detentor do título, as custas judiciais são arcadas pelo autor da ação e não há imposição de pagamento de honorários advocatícios. Como não é parte, o devedor do título não responde por custas judiciais e honorários advocatícios.

4.4.3. Ação de Anulação e Substituição do Título ao Portador em Caso de Destruição Parcial

A terceira espécie de ação refere-se à destruição parcial do título. O título existe, embora comprometido em parte, encontrando-se na posse do autor da ação.

Neste caso, cabe ao autor indicar na *petição inicial* as circunstâncias daquele fato, demonstrar a posse e propriedade do título e solicitar a sua substituição, juntando-se o que restou do mesmo (art. 912 do CPC).

Como alerta Theodoro Júnior (2006, vol. III, p. 87), os resíduos do título que se quer substituir devem permitir a sua identificação. Do contrário, o caso é de propositura da ação de anulação e substituição do título por completa destruição, à semelhança do extravio. Ao apreciar a petição inicial e perceber que o que restou do título é insuficiente para sua identificação, o juiz deve ordenar ao autor a emenda (art. 284 do CPC). Somente em caso de não efetivação da emenda, há lugar para o indeferimento da inicial e extinção do processo (art. 267, I do CPC).

A ação tem como autor o possuidor do título e, como réu, o próprio devedor. Repita-se: o título não se encontra na posse de terceiro ou perdido (extraviado) e nem tampouco está completamente destruído.

A lei prevê o prazo de dez dias para a oferta de *contestação*. O conteúdo da defesa assume aspectos variados. Na parte formal, pode-se alegar, por exemplo, que o título não é identificável pelo que supostamente restou dele, colocando-se sob suspeita a posse e a propriedade do título. É possível a dedução de exceção (de incompetência relativa, suspeição e impedimento) e de impugnação ao valor da causa pelo réu. Entretanto, não se vislumbra o cabimento da reconvenção pela falta de conexidade.

Após o prazo de resposta, a demanda seguirá o *rito ordinário*, inclusive com a possibilidade de instrução (art. 331 do CPC) ou julgamento conforme o estado (arts. 329 e 330 do CPC).

Se inexistente contestação ou, se acolhido o pedido após a defesa, *julgando procedente* a ação, o juiz determina ao réu a emissão de novo título em substituição ao danificado, em dez dias (art. 912, parágrafo único do CPC). A sentença tem a natureza condenatória de uma obrigação de fazer.

Todavia, se o título estiver vencido, o pedido pode implicar o resgate do título. Nesta hipótese, a sentença versará sobre a condenação do devedor ao pagamento do título, tornando-se desnecessária a nova emissão.

Pode-se cogitar, ainda, que mesmo como a imposição de uma obrigação de fazer consistente na emissão de um novo título, como medida de apoio, o juiz ordene o bloqueio e o depósito judicial de valor correspondente à obrigação contida na cártula. Sendo assim, o levantamento do dinheiro pelo credor estará sujeito ao vencimento da dívida.

O juiz distribui os ônus da sucumbência, conforme o conteúdo da sentença: quem perder arcará com as custas judiciais e dos honorários advocatícios. Na hipótese de procedência, o devedor não se exime do pagamento das verbas de sucumbência se for revel ou mesmo se manifestar sua concordância com a substituição do título. Isto porque caberia a ele, devedor (réu), fazer a substituição do título na esfera extrajudicial. Se o credor e também detentor do título destruído foi compelido a ingressar em Juízo para obter a substituição do título, entendemos que há causa bastante para a atribuição daquelas verbas.[5]

Diversamente, para Fidélis dos Santos (2006, p. 33), se o réu não manifestar resistência ao pedido, não há lugar para condenação ao pagamento das verbas de sucumbência. A única exceção estaria no fato de o próprio réu haver causado a destruição parcial do título.

5 Até porque, se o réu demonstrar que se ofereceu a fazer a substituição do título na esfera extrajudicial, cabe ao juiz reconhecer a carência da ação por ausência de interesse processual (art. 267, VI do CPC). Em situação excepcional, admite-se que, diante da ausência de resistência do réu e pela falta de demonstração que o autor buscou a via extrajudicial para a substituição do título, no lugar de uma extinção do processo sem resolução do mérito, o juiz acolha o pedido inicial e atribua o ônus da sucumbência ao autor.

Capítulo 5
Ação de Prestação de Contas

5.1. INTRODUÇÃO

Nas palavras de Fabrício (1995, p. 285), prestação de contas "significa fazer alguém a outrem, pormenorizadamente, parcela por parcela, a exposição jurídica, concluindo pela apuração aritmética do saldo credor ou devedor, ou de sua inexistência". Pode-se dizer que uma relação jurídica que envolve administração de valores ou bens, "entradas" e "saídas", "créditos" e "débitos" é sujeita à prestação de contas das partes.

Como assinalado por Theodoro Júnior: (2006, vol. III, p. 92), "seu objetivo é liquidar dito relacionamento jurídico existente entre as partes no sue aspecto econômico de tal modo que, afinal, se determine, com exatidão, a existência ou não de um saldo fixando, no caso positivo, o seu montante, com efeito de condenação judicial contra a parte que se qualifica como devedora". A finalidade da ação de prestação de contas é acertar uma relação jurídica de "créditos" e "débitos".

Há uma situação de crédito ou débito entre as partes que forma o conflito a ser resolvido. Importante destacar que a iniciativa da ação de prestação de contas não indica, desde logo, que o autor será o "credor" do réu, mas apenas que deseja a apreciação das contas e a fixação de um "saldo" que poderá ser "zero", "credor" ou "devedor" (isto é, o autor poderá, ao final da ação, ser devedor do réu).

O dever de prestação de contas existe naquelas relações jurídicas – contratuais ou extracontratuais – em que as partes mantêm "entradas" e "saídas" de bens ou valores. Exemplos de relações jurídicas sujeitas à ação de prestação de contas: a) o tutor que administra os bens e valores do tutelados; b) o mandatário que administra os bens e valores do mandante; c) o sócio que administra valores e bens da sociedade; d) o banco que administra valores da conta corrente do cliente; e) o advogado que administra valores do cliente; f) o síndico que administra valores do condomínio etc.

Oportuno destacar que, no campo dos contratos bancários, o Superior Tribunal de Justiça fixou entendimento estampado na Súmula nº 259, *in verbis*: "A ação de prestação de contas pode ser proposta pelo titular de conta-corrente bancária".

Sobre o cabimento da ação, pertinente um esclarecimento. Ainda que a relação jurídica envolva crédito e débito (entrada e saída de recursos), se há identificação prévia do crédito em favor de uma das partes, o autor pode valer-se de outra ação. Se o autor for credor, pode ingressar com ação de cobrança do valor do seu crédito. Se o autor estiver na condição de devedor, pode promover a ação de consignação em pagamento. Nas duas hipóteses de ações distintas da prestação de contas, o exame do valor da obrigação será feito na instrução do processo, não se descartando a necessidade da prova pericial.

Em suma, o que se quer destacar é a possibilidade da parte envolvida naquele tipo de relação jurídica utilizar-se de um outro tipo de ação, na busca da resolução da lide. Acreditamos, aliás, se identificado – e demonstrado – o valor da obrigação, que o ajuizamento da ação de cobrança ou da ação de consignação em pagamento, nas situações expostas, se revela mais producente.[1]

A ação de prestação de contas apresenta as seguintes *características*:

a) *É conferida ao titular do direito de prestar contas e também a quem tem o direito de exigi-las.* A ação pode ser promovida tanto por quem tem o direito de exigir as contas, como por quem tem o dever de prestá-las. Por exemplo, numa relação jurídica entre o advogado e o cliente, envolvendo uma administração de valores ("entrada" e "saída" de dinheiro), tanto um como outro podem se valer da ação de prestação de contas.

1 Isto se deve ao fato de que, na ação de prestação de contas, por vicissitudes dos sistemas (processual, forense e judicial), a perícia termine por ser quase "obrigatória". No lugar de uma análise dos fatos controvertidos pelo juiz, o procedimento da prestação de contas dá ensejo automático ao exame pericial das contas (lançamentos e documentos), ainda que de reduzida complexidade. Em outras palavras, quando a prestação de contas disfarça a notória pretensão de cobrança – fundada em prova documental satisfatória – no lugar do acerto das contas, o procedimento acaba por dar ensejo à perícia, tornando-se mais custoso e moroso. Daí porque se alvitra que, numa pretensão de cobrança do crédito (saldo apurado na relação de crédito e débito de reduzida complexidade), a parte faça uso da ação de cobrança.

b) *Apresenta caráter dúplice.* Como salientado por Marcato: (2004, pp. 150-51), a ação de prestação de contas tem natureza dúplice porque permite ao réu formular um pedido – envolvendo as contas – contra o autor, no corpo da contestação, tornando desnecessária a reconvenção (há ausência de interesse processual para o ajuizamento da reconvenção).

c) *As contas devem ser apresentadas em formato mercantil.* Na ação de prestação de contas, as partes ofertam as contas em "receitas" e "despesas" ou "crédito" e "débito" (ou "entrada" e "saída"), seguindo as regras mercantis e juntando os documentos pertinentes aos lançamentos (art. 917 do CPC).

d) *O procedimento identifica sempre um "saldo final", formando um título executivo em favor do credor.* A ação de prestação de contas pode resultar num saldo final "zero", num saldo positivo ("crédito") ou, por fim, num saldo negativo ("débito") para as partes. A sentença que identificar saldo em favor de uma das partes constituirá um título executivo judicial (art. 918 do CPC). Logo, o autor da ação pode chegar ao fim dela como credor ou devedor do réu.

5.2. AS MODALIDADES DA AÇÃO DE PRESTAÇÃO DE CONTAS

Há dois os tipos de ação de prestação de contas: a) *ação para exigir as contas* e b) *ação para dar (ofertar) as contas.*

Observamos que, apesar da ação de prestação de contas envolver um acerto de crédito e débito (entrada e saída), o pedido acaba por assumir mais do que um caráter constitutivo. Termina por ser condenatório, quando a situação é de crédito em favor de uma das partes, viabilizando-se o cumprimento da sentença como fase de execução.

5.3. COMPETÊNCIA

Como ação pessoal que é, a ação de prestação de contas deve ser – preferencialmente – promovida no foro do domicílio do réu (art. 94 do CPC). Trata-se da regra geral de competência.

Todavia, há duas situações específicas.

Primeiro, se as partes ajustaram no contrato um foro para dirimir os conflitos oriundos do contrato, nele deverá ser ajuizada a ação de prestação de contas. Ou seja, pode haver *foro de eleição.*

E segundo, tem-se a hipótese de *competência absoluta*, em que existe uma administração de bens por pessoa nomeada pelo juiz como administrador: tutor, curador, inventariante, depositário. Será competente o juízo em que se deu a prestação de contas de natureza funcional, como aludido pelo professor Greco Filho (2003, p. 221). Será processada nos autos em apenso, apesar de ser uma ação distinta e julgada separadamente (art. 919 do CPC).

5.4. LEGITIMIDADE DE PARTES

O *autor* da ação é, nos termos do art. 914 do CPC: a) aquele que pretende exigir as contas ou b) aquele que pretende prestar (ofertar) as contas.

A legitimidade passiva poderá variar, conforme uma das duas situações previstas no aludido art. 914 do CPC. Assim, é *réu*: a) aquele que tem o dever de prestar as contas ou b) aquele que tem o direito de ver prestadas as contas

5.5. AÇÃO DE PRESTAÇÃO DE CONTAS: AÇÃO PARA EXIGIR AS CONTAS

5.5.1. Possibilidade de Duas Fases

A ação de exigir as contas notabiliza-se por comportar uma ou duas *fases*. Isto porque, num primeiro momento ("primeira fase"), as partes podem discutir a própria obrigação do réu prestar ou não as contas. A discussão das contas é, então, relegada para um segundo momento ("segunda fase").

Em outras palavras, diz-se que a ação de prestação de contas desenvolve-se em duas fases, porque, se o réu apresentar defesa insurgindo-se contra o dever de prestar contas, instaura-se uma primeira e específica fase do processo, cujo objeto cinge-se à apreciação da existência ou não daquela obrigação. Se no julgamento da primeira fase do processo for reconhecida a obrigação de prestação de contas, inicia-se a segunda fase de prestação de contas, dentro da qual será o réu intimado a prestar as contas, como veremos adiante.

Se, todavia, o juiz concluir que não há obrigação do réu prestar contas ao autor, julga improcedente a ação logo na primeira fase, sem que exista uma segunda fase. Isto é, quando não admitida uma obrigação do réu prestar contas, não há instauração de uma segunda fase.

Em ambas as fases, como destacado pelos professores Theodoro Júnior (2006, vol. III, pp. 92-3) e Gonçalves (2005, p. 46), tem-se um só processo de conhecimento. Isto é, tanto na primeira como na segunda fase da ação de prestação de contas, o que se tem é uma cognição – processo de conhecimento – para verificação da obrigação de prestar contas (primeira) e das próprias contas (segunda). E, como já sublinhado, o cumprimento da sentença – execução – somente tem início com a apuração do saldo credor em favor de uma das partes.

5.5.2. Procedimentos: a) A Fase Única da Prestação de Contas e b) A Primeira Fase da Prestação de Contas

Na *petição inicial*, cabe ao autor expor: a) a causa de pedir consistente na relação jurídica travada entre as partes, identificando-se a obrigação do réu de prestar contas e anotando-se o período de incidência e b) o pedido de condenação do réu a prestar contas.

A tutela de urgência no campo cautelar realiza-se pela concessão de medidas que possam assegurar a utilidade do provimento final. Por exemplo, enquanto se discute a existência ou não de um crédito em favor das partes, torna-se adequada a concessão de medida cautelar que suspenda as anotações em arquivos de consumo (SPC e Serasa, por exemplo). A subsistência da inscrição do nome da parte em banco de dados de proteção ao crédito traduz um risco de danos de difícil reparação.

É igualmente possível a antecipação da tutela no que se refere aos efeitos da sentença proferida na primeira fase da ação de prestação de contas. Isto é, presentes os requisitos da lei (art. 273 do CPC), o juiz pode determinar que desde logo o réu faça a prestação de contas, ainda que venha a discutir a obrigação de fazê-lo em sede de contestação. O cumprimento da decisão da tutela antecipada seguirá as características da segunda fase do procedimento, cabendo ao réu prestar as contas no prazo de 48 horas ou no prazo fixado pelo juiz, sob pena de não poder impugnar as contas apresentadas pelo autor (art. 915, § 2º, do CPC). Sobre o prazo para cumprimento da tutela antecipada, nada impede que, diante da peculiar supressão da discussão da primeira fase, o juiz conceda ao réu mais do que 48 horas.

O *valor da causa* é aferido no caso concreto, a partir do conteúdo econômico da demanda. Se a ação diz respeito a um contrato como um todo, o valor da causa coincide com o valor do contrato. Porém, se a prestação de contas alcançar apenas determinado período da relação jurídica contratual, o valor da causa deve ser fixado pela estimativa do proveito econômico perseguido pelo autor.

O réu terá o prazo de cinco dias para apresentar *resposta* (art. 915 do CPC).

E pode ele (réu) adotar as seguintes *posturas*:

a) *Prestar as contas*. Quando o réu não discute sua obrigação de prestar contas, apresentando-as desde logo, a ação não terá a primeira fase antes referida.

Nesta hipótese, a ação de exigir as contas tem *fase única*, em que as contas já são apreciadas pelo juiz. Depois da apresentação das contas pelo réu, o procedimento tem continuidade com a abertura do prazo de cinco dias, para a manifestação do autor. E, caso seja necessária produção de prova de natureza oral, designa-se a audiência de instrução e julgamento, até o final da sentença. É o que se extrai do art. 915, § 1º, do CPC.

Logicamente, diante das contas do réu, o autor pode impugná-las. Porém, deve fazê-lo de maneira fundamentada, incluindo-se a apresentação das contas que entender corretas.

Na instrução probatória, se entender que a análise dos lançamentos e dos documentos a justificam, o juiz determina a realização da prova pericial. E, por ser a prova de iniciativa do juiz, cabe ao autor adiantar os honorários do perito (art. 19, § 2º, do CPC).

b) *Limitar-se a contestar a obrigação de prestar contas*. A hipótese não é tratada expressamente pela lei, mas decorre de sua interpretação óbvia e sistemática. Aqui, surge a discussão sobre a obrigação ou não do réu prestar contas ao autor, numa *primeira fase* do processo.

Além da contestação, como modalidades de resposta, o réu pode apresentar reconvenção, exceção (de incompetência relativa, suspeição ou impedimento) e impugnação ao valor da causa. Evidentemente, diante do caráter dúplice da matéria ligada à prestação de contas, nesta parte não se revela adequada uma reconvenção. Outros pontos conexos entre a ação de prestação de contas e uma eventual pretensão do réu podem ensejar à reconvenção.

Como exemplo de reconvenção, Theodoro Júnior (2006, vol. III, p. 104) menciona a hipótese do réu reconvinte buscar a rescisão do contrato com perdas e danos, diante da ação de prestação de contas promovida pelo autor reconvindo.

Após manifestação do autor (réplica), cabe ao juiz verificar a oportunidade de julgamento conforme o estado do processo (arts. 329 e 330 do CPC)[2] ou de instruir o processo com provas (a inquirição de testemunhas em audiência, perícia, requisição de documentos etc.).

Por exemplo, numa ação promovida por "A" contra "B" fundada na administração da locação pelo último, o réu apresenta contestação com a negativa da obrigação de prestar contas, sublinhando que não era administrador do imóvel. Pode o juiz entender pertinente a produção de prova oral (testemunhas e depoimento pessoal) para verificar se as partes mantinham ou não uma relação jurídica de administração do imóvel locado.

Na sentença da primeira fase, como destacado, o juiz limita-se a decidir se há ou não obrigação do réu prestar contas. Na *sentença de procedência*, o réu é condenado a prestar contas, no prazo de 48 horas, iniciando-se a segunda fase da ação de prestação de contas (art. 915, § 2º, do CPC).

c) *Ficar em silêncio (revelia).* A hipótese reclama solução parecida com a sugerida no item anterior, instaurando-se a *primeira fase* da ação de prestação de contas. Ao juiz é dado verificar a oportunidade de julgamento conforme o estado do processo (arts. 329 e 330 do CPC) ou, mesmo com a revelia, de instruir o processo com provas (a inquirição de testemunhas em audiência).

Importante frisar que na revelia também se instauram duas fases para a prestação de contas. Isto é, o efeito da revelia não conduz ao acolhimento das contas ofertadas pelo autor, mas apenas faz presumir incontroversa a obrigação do réu de prestar contas (arts. 302 e 319 do CPC). Deve haver sentença da primeira fase com a condenação do réu a prestar contas, no prazo de 48 horas, iniciando-se, então, a segunda fase da ação de prestação de contas (art. 915, § 2º, do CPC).

d) *Prestar contas e contestar.* A hipótese é levantada por Marcato (2004, pp. 153-54) e Fabrício (1995, pp. 298-300), tratada como uma atitude excepcional e somente admissível quando a prestação de contas

2 REsp nº 696.733-SE, Terceira Turma do STJ, Rel. Min. Carlos Alberto Menezes Direito, julgado em 03/04/2007, DJ 30/04/2007, apreciando-se a obrigação do inventariante, destacando-se: "Não contestado o direito material de **prestação de contas**, sendo trazido aos autos balanços de determinada empresa comercial, a ação de **prestação de contas** na primeira fase deve ser julgada procedente, cabível nas circunstâncias dos autos o julgamento antecipado, presente fundamentação apropriada dos julgados proferidos nas instâncias ordinárias."

abranger os pontos de discordância das partes e for defendidos pelo réu na contestação. Isto é, o réu presta contas como entende corretas e defende seu ponto de vista na contestação. Por exemplo, se autor e réu divergem sobre os valores a serem repassados – "créditos" e "débitos" – diante de uma interpretação de cláusula contratual. A ação desenvolve-se em *fase única*. Em outros termos, as duas fases são "fundidas" e, na mesma sentença, o juiz decide sobre a obrigação de prestação de contas (incontroversa, já que o réu as prestou) e sobre o modo que as contas foram prestadas.

Há uma situação distinta. Na contestação, o réu impugna a obrigação de prestar contas, mas termina por apresentar aquilo que, de início e dentro do princípio da eventualidade, entende como contas. Inferimos que, havendo divergência sobre a obrigação de prestação de contas, inafastável a instauração de uma distinta *primeira fase*. Não é possível a unificação das fases, mesmo a pretexto da celeridade do procedimento. A lei processual garante ao réu – integra o seu direito constitucional do contraditório e da ampla defesa – o pronunciamento judicial sobre a sua obrigação de prestação de contas. Somente então surge para ele o prazo (adicional e fatal) de 48 horas para a definitiva prestação de contas. Desta forma, ainda que o réu tenha feito a apresentação preliminar das contas na defesa, poderá aproveitar o ato, ratificá-lo ou mesmo modificá-lo nesta segunda oportunidade de prestação de contas.

Como já visto, a *sentença* da primeira fase deve apreciar a obrigação de prestar contas. Acolhido o pedido de prestação de contas formulado pelo autor, o réu é condenado a prestar contas, no prazo de 48 horas, iniciando-se a segunda fase da ação de prestação de contas (art. 915, § 2º do CPC). Se rejeitado o pedido de prestação de contas formulado pelo autor, fica reconhecido que o réu não tem o dever de prestá-las.

E seja qual for o conteúdo da sentença, cabe *apelação*. A doutrina não discrepa a respeito, diante da dicção do próprio art. 915, § 2º do CPC. Se houver apelação, se a ela forem atribuídos os efeitos devolutivo e suspensivo ao recurso, a segunda fase – da prestação de contas propriamente dita – não tem início até seu julgamento.

Se houver resistência do réu ao pedido de prestação de contas com a instauração da primeira fase do processo, a sentença de procedência também lhe atribui os ônus de pagamento das custas judiciais e dos honorários advocatícios, na forma do art. 20, § 4º do CPC (consoante apreciação eqüitativa do juiz e não sobre o valor da condenação, já que não houve).[3] Neste sentido: Theodoro Júnior (2006, vol. III, p. 103) e Fidélis dos Santos (2006, p. 39).

5.5.3. Procedimento: a Segunda Fase da Prestação de Contas

Como salientado, a sentença de procedência da primeira fase do procedimento fixa para o réu o prazo de 48 horas para prestar as contas, sob pena de não lhe ser lícito impugnar as que o autor vier a apresentar (art. 928, § 2º, do CPC).

A natureza desta segunda fase também é de processo de conhecimento. Seu objetivo é fazer o acerto das contas entre as partes. Apesar do prazo previsto na lei, entendemos que, diante da peculiaridade do caso concreto e da complexidade da relação jurídica, o juiz pode fixar prazo superior em favor da parte.

A segunda fase tem início com o simples requerimento do autor, dispensando-se a elaboração de uma nova e distinta petição inicial.

Também não se descarta, no âmbito da segunda fase do procedimento, a concessão de tutela de urgência – medida cautelar ou antecipação de tutela. Sobre esta última, pode haver elemento que autorize a identificação do crédito em favor da parte interessada no imediato início da execução. Logicamente, o deferimento da tutela antecipada depende do preenchimento dos demais requisitos da lei (art. 273 do CPC).

A intimação do réu para a prestação de contas, em segunda fase, é feita pela imprensa, se constituído advogado. Caso contrário, a intimação é pessoal. Entendemos que o fato do réu ter sido revel na primeira fase do processo não dispensa a intimação pessoal na segunda fase.

Oportuno destacar que o réu tem as seguintes *opções* na segunda fase da prestação de contas:

a) *Apresentar as contas*. Neste caso, o autor é chamado a se manifestar (réplica), podendo concordar ou discordar delas.

Se houver concordância com as contas ofertadas pelo réu, como regra, o processo terá julgamento antecipado (art. 330, I, do CPC). Em caráter excepcional e desde que exista fundamento, o juiz pode, de ofício, ordenar a realização de perícia para exame das contas ofertadas.

3 A respeito, confiram-se os seguintes precedentes: a) REsp nº 258.964-PR, Terceira Turma do STJ, Rel. Min. Carlos Alberto Menezes Direito, julgado em 01/03/2001, DJ 11/06/2001, b) REsp nº 435.332-MG, Quarta Turma do STJ, Rel. Min. Aldir Passarinho Júnior, julgado em 06/05/2003, DJ 25/08/2003.

Se o autor discordar das contas apresentadas pelo réu e, simultaneamente, ofertar outras, deve o juiz decidir (julgar antecipadamente a lide ou determinar a instrução com prova pericial). Usualmente, nesta fase do processo, havendo discordância sobre as contas apresentadas pelo réu, há necessidade de instrução processual com a realização de prova pericial contábil. O perito aprecia as contas, examina os lançamentos e documentos apresentados pelas partes, respondendo aos quesitos e sugerindo, na conclusão do laudo, o saldo das contas (que pode ser zero, credor ou devedor).

b) *Ficar em silêncio*. Na hipótese de o réu não atender ao comando da sentença proferida na primeira fase, o autor será chamado a apresentar suas contas em dez dias (art. 915, § 3º do CPC), respeitada a forma mercantil.

Mesmo que não seja lícito, em tese, ao réu discordar das contas apresentadas pelo autor (art. 915, § 2º do CPC), cabe ao juiz julgá-las. Nada impede, que o réu acompanhe as contas ofertadas pelo autor, faça impugnações específicas e solicite a prova pericial para aferição das mesmas. E o juiz tem a liberdade de ordenar a prova pericial em qualquer circunstância, até mesmo sem a provocação do réu.

Importante ressaltar que não é adequado, na segunda fase, se discutir a obrigação de prestação de contas. Pode haver, contudo, uma discussão sobre os lançamentos, isto é, o que incluir como "crédito" ("entrada" ou "receita") ou como "débito" ("saída" ou "despesa"), diante do tipo de relação jurídica mantida entre as partes.

É possível ocorrer uma situação semelhante àquela descrita anteriormente sobre a primeira fase, em que o réu contesta e apresenta as contas. Nesta situação, o juiz determina no curso do processo – antes, durante ou depois da perícia – os critérios a serem adotados para a prestação de contas e apuração do "saldo".

A inclusão ou exclusão de créditos ou valores pode exigir que o juiz defina a interpretação de cláusulas contratuais. Se não houver anterior posição do juiz sobre o alcance das disposições contratuais que possam servir de inclusão ou exclusão de lançamentos que interessam à prestação de contas, o laudo pericial deve cogitar de todas as hipóteses. E, na sentença, o juiz aplicará a opção de contas que acompanhe sua interpretação jurídica.

O objeto da *sentença* na segunda fase da prestação de contas é a apreciação das contas e a identificação de seu saldo (que pode ser zero, credor ou devedor). Como já frisado, nos termos do art. 918 do CPC, o saldo credor formará título executivo e poderá ser cobrado nos mesmos autos. Trata-se de sentença de conteúdo condenatório.

Para o professor Theodoro Júnior (2006, vol. III, pp. 107-08) – com razão, a nosso ver –, se houver resistência na apreciação da prestação de contas da segunda fase, instaurando-se novas e distintas controvérsias, a sentença deverá atribuir os ônus de pagamento das custas judiciais e dos honorários advocatícios à parte perdedora, na forma do art. 20, §§ 3º (se o perdedor for o réu) e 4º (se o perdedor for o autor) do CPC. E não se afasta a possibilidade de sucumbência recíproca, em que as partes vêem acolhidas parcialmente suas alegações, autorizando-se a compensação dos honorários e das despesas (art. 21 do CPC).

Entendemos que a sucumbência fixada na segunda fase é distinta da primeira fase. Pode ocorrer uma compensação entre as verbas de sucumbência das duas fases.[4] Também pode ocorrer a cumulação das verbas de sucumbência, ainda que o resultado implique um valor superior ao limite de 20% (vinte por cento) do total do crédito identificado na segunda fase.[5] Isto porque, na primeira fase, como regra, os honorários advocatícios devem respeitar os critérios do art. 20, § 3º do CPC. Na segunda fase, eles são fixados a partir do disposto no art. 20, § 4º, do CPC.

5.6. AÇÃO DE PRESTAÇÃO DE CONTAS: AÇÃO PARA OFERTAR (DAR) AS CONTAS

Anotamos que, na ação de prestação de contas iniciada por quem tem o dever (obrigação) de prestar, não há duas fases – também chamada de "*ação de prestação espontânea de contas*". Há somente uma fase, em que são apreciadas as contas prestadas pelo autor.

Na *petição inicial*, o autor expõe a relação jurídica travada entre as partes e a sua obrigação de ofertar contas ao réu, identificando-se o período correspondente. O pedido será para dar (ofertar) as contas ao réu, prestando-as desde logo (art. 916, *caput* do CPC). Se o autor não ofertar as contas na petição inicial sob a forma mercantil (art. 917 do CPC), deverá a petição ser indeferida por inépcia (art. 267, inciso I do CPC).

4 A propósito: REsp nº174.814-RS, Quarta Turma do STJ, Rel. Min. Ruy Rosado de Aguiar, julgado em 03/09/1998, DJ 26/10/1999.

5 Em sentido contrário, há precedente do STJ que consagra o entendimento de que na segunda fase pode haver elevação dos honorários fixados na primeira fase, porém o resultado final não pode ultrapassar o limite de 20% (vinte por cento) do valor da causa ou do crédito reconhecido em sentença, o maior: REsp nº 154.925-SP, Quarta Turma, Rel. Min. Ruy Rosado de Aguiar, julgado em 17/03/1998, DJ 12/04/1999.

O *prazo de resposta* é de 5 dias. Trata-se de um prazo específico (art. 916, *caput* do CPC).

O réu pode adotar as seguintes *posturas*:

a) *Aceitar as contas ou ficar em silêncio*. A lei dá solução idêntica para o reconhecimento jurídico do pedido pelo réu (quando ele aceita expressamente as contas) e para a revelia (inércia do réu, ausência de resposta). Para ambas, tem-se o julgamento imediato da lide (art. 916, § 2º do CPC).

Todavia, diante da revelia, o juiz pode determinar a perícia, se não se convencer do acerto das contas ofertadas pelo autor, utilizando-se da analogia do art. 915, § 3º, do CPC, como sugerem Fabrício (1995, p. 317) e Marcato (2004, p. 157).

Logicamente, na hipótese de expressa aceitação das contas pelo réu, dificilmente o juiz deixa de acolher sua exatidão.

b) *Oferecer contestação*. Pode o réu insurgir-se contra a própria pretensão de oferta de contas, defendendo a inexistência de sujeição àquela prestação. Ou ainda, poderá o réu impugnar as contas prestadas, defendendo outra forma ou conteúdo das mesmas.

O professor Fabrício (1995, pp. 314-15) menciona que são possíveis todas as formas de resposta (contestação, impugnações, exceções e reconvenção), sublinhando – com razão, a nosso sentir – que a impugnação das contas pode ser encarada como uma contestação de conteúdo específico.

O processo segue com a réplica o julgamento, conforme o estado (arts. 329 ou 330 do CPC) ou a instrução e, por fim, a sentença. O art. 916, § 2º, do CPC dispõe sobre a viabilidade da produção de provas, inclusive e principalmente pericial, não se descartando a prova oral em audiência.

c) *Impugnar as contas apresentadas pelo autor*. A lei considerou a impugnação das contas uma modalidade distinta de resposta, ao tratá-la de maneira específica, como anotado por Marcato (2004, p. 157). O processo também seguirá com a réplica o julgamento, conforme o estado (arts. 329 ou 330 do CPC) ou instrução (art. 916, § 2º do CPC) e a sentença.

O conteúdo da *sentença* da ação de ofertar (dar) contas também reside na apreciação das contas e na identificação de seu saldo (pode ser zero, credor ou devedor). Como já frisado, nos termos do art. 918 do CPC, o saldo credor forma título executivo e autoriza a cobrança nos mesmos autos, em fase de cumprimento da sentença. E como sentença desafia o recurso de *apelação*.

5.7. FASE DE EXECUÇÃO: CUMPRIMENTO DA SENTENÇA QUE FIXAR O CRÉDITO

A sentença que reconhece o crédito em favor de uma das partes constitui título executivo (art. 918 do CPC). Na linguagem processual atual, autoriza o início da fase de execução da sentença condenatória (art. 475-I do CPC).

Situação especial diz respeito ao administrador nomeado pelo Juízo. Quando a ação de prestação de contas for distribuída por dependência, já que o administrador (inventariante, curador, tutor, depositário etc.) foi nomeado judicialmente, poderá o juiz, diante da inércia do devedor (administrador nomeado pelo Juízo) em pagar o saldo devedor apurado na segunda fase, seqüestrar os bens sob sua guarda e glosar sua remuneração (prêmio, gratificação, salário etc.), conforme preceitua o art. 919, parte final do CPC.

Trata-se de uma medida cautelar com a finalidade de garantir a eficácia do cumprimento da sentença condenatória. O seqüestro visa preservar os bens envolvidos na guarda do administrador judicial. Não se trata de um arresto para garantir a futura execução do crédito reconhecido na prestação de contas, mas sim de uma tutela cautelar para a conservação dos bens como medida que interessa ao Juízo. Prepara-se a garantia de preservação dos bens confiados ao administrador, na hipótese de seu afastamento das funções. Assim, evita-se o agravamento do prejuízo material.

A glosa da remuneração busca viabilizar uma medida de pagamento do valor reconhecido como devido na sentença da prestação de contas. Suspende-se o pagamento da remuneração devida ao administrador nomeado no processo principal, destinando-a ao credor. A previsão legal configura exceção à impenhorabilidade do salário ou da remuneração (art. 649, IV do CPC). Traduz verdadeiro início do cumprimento – coativo – da obrigação de pagamento, objetivando-se a sua completa satisfação.

Se a glosa implicar apenas a suspensão do pagamento de prestações futuras com imediata remoção do administrador judicial de suas funções e nada for devido a título de remuneração, a medida de apoio assume outros contornos. Serve para estimular o cumprimento da obrigação de pagamento do saldo apurado na ação de prestação de contas, para que o administrador possa voltar a exercer sua função com o recebimento da correspondente remuneração.

As providências são inseridas na lei sem prejuízo das demais medidas executivas colocadas à disposição do credor.

Capítulo 6
Ações Possessórias

6.1. INTRODUÇÃO

6.1.1. Conceito de Posse

Nos termos do art. 1.196 do CC, tem-se: "considera-se possuidor todo aquele que tem de fato o exercício pleno ou não, de algum dos poderes inerentes à propriedade". O conceito acolhido pela lei indica a opção pela teoria objetiva da posse defendida por Ihering; ou seja, a caracterização da posse se dá pela exteriorização da propriedade. Em contraposição àquela teoria havia a posição – teoria subjetiva – de Savigny: a idéia de posse estava ligada tanto à apreensão física da coisa (*corpus*), como ao elemento subjetivo de ser ou agir como dono (*animus*).

A posse pode ser exercida sobre bens móveis e bens imóveis. Exemplos: a) o compromissário comprador de uma casa (bem imóvel) que ingressa desde logo na mesma e b) o comprador de um veículo (bem móvel) que assume sua posse com a tradição.

6.1.2. Posse e Detenção

O art. 1.198 do CC assim definiu a detenção: "considera-se detentor aquele que, achando-se em relação de dependência para com outro, conserva a posse em nome deste e em cumprimento de ordens ou de instruções suas". O detentor apenas tem a coisa como resultado de uma outra relação jurídica mantida com o verdadeiro possuidor. Exemplo: o caseiro de um sítio (bem imóvel) que tem a detenção do bem e não a posse (suas atitudes resultam da orientação e da posse direta do empregador, que é o possuidor).

Trata-se de uma opção legislativa, como observa o professor Gonçalves (2005, p. 46), em que houve a desqualificação da posse para a detenção.

6.1.3. Efeitos da Posse

O art. 1.210 do CC dispõe: "o possuidor tem direito a ser mantido na posse em caso de turbação, restituído em caso de esbulho, e segurado em caso de violência iminente, se tiver justo receio de ser molestado". A previsão legal assegura ao possuidor a proteção, conforme o tipo de violação do seu direito.

Necessário, portanto, distinguir turbação, esbulho e ameaça:

a) *Esbulho*. É o ato em que alguém priva outrem da posse sobre uma coisa. O esbulho pode levar à perda total ou parcial da posse. No esbulho, há exclusão da posse (*vis expulsiva*). Exemplo: alguém que ingressa num imóvel e ali fixa sua moradia.

b) *Turbação*. É o ato que embaraça o livre exercício da posse sobre uma coisa. A turbação não leva à perda total ou parcial da posse. Há uma dificuldade para o exercício da posse (*vis inquietativa*). Exemplo: alguém que, embora não ingressando num imóvel, passa a ali entrar e sair; ainda não se concretizou o esbulho, mas a posse já experimenta embaraço pelos atos praticados.

c) *Ameaça*. É constituída por ato preparatório da turbação ou do esbulho, caracterizando uma iminência da concretização dos mesmos. A ameaça pode configurar um comportamento anterior à turbação ou ao esbulho. Exemplo: alguém que acampa na frente de um imóvel e ali monta uma barraca para aguardar a melhor oportunidade para ingressar no mesmo.

A distinção entre as situações não é fácil, até mesmo pela dinâmica dos fatos. Aquilo que se inicia como uma ameaça pode avançar para uma turbação e, ao final, concretizar-se como esbulho. E os fatos podem trilhar o caminho inverso.

6.1.4. Requisitos Para a Tutela da Posse

Somente a *posse justa* é merecedora da proteção jurídica. A lei civil define a posse justa como aquela que não é violenta, clandestina ou precária (art. 1.200 do CC). Tanto é assim que, numa disputa possessória que envolve duas ou mais pessoas, mantém-se provisoriamente a que detiver a coisa, exceto se manifesta (clara) a aquisição viciada (art. 1.211 do CC).

Isto é, numa situação de posse injusta, demonstrada de pronto ou mesmo por audiência de justificação, como será visto adiante, pouco importa a atualidade da posse. O litigante que tem uma posse injusta não merece ser mantido com a coisa.

Como ensina Fulgêncio (1995, pp. 37-38), à falta de distinção pela lei, a *violência* é *física* ou *moral*, bastando que consista num ato exterior empregado por alguém para obstar a posse de outrem sobre uma coisa. A violência pode atingir o possuidor espoliado ou aqueles que exercitem a detenção em nome do mesmo.

A *clandestinidade* da posse consiste no oposto à publicidade. Na lição de Silva Pereira (1994, p. 23), a aquisição da posse se dá por um processo de ocultamento em relação ao legítimo possuidor ou proprietário. A posse é obtida às escondidas. A pessoa furta-se às vistas alheias. Qualquer manobra serve ao objetivo de manter a posse desconhecida dos outros, em especial do legítimo possuidor ou proprietário da coisa.

A precariedade da posse, na lição de Fulgêncio (1995, p. 39), tem origem no abuso de confiança, em que "alguém recebe uma coisa por um título que o obriga à restituição, em prazo certo ou incerto, como por empréstimo ou aluguel, e se recusa injustamente a fazer a entrega".

Além disso, a lei civil também protege a *posse de boa-fé*, conceituada como aquela em que o possuidor ignora o vício ou o obstáculo que impede a aquisição da mesma (art. 1.201 do CC).

Em outros termos, numa disputa possessória, privilegia-se a situação de boa-fé. Presume-se a boa-fé daquele que tem justo título, assim conceituado o documento que pode levar à aquisição da propriedade (art. 1.201, parágrafo único do CC). Também desfaz a boa-fé pelo ato que leva ao possuidor o conhecimento do vício da posse, tal como a citação numa ação judicial (art. 219 do CPC). E, finalmente, a prática de qualquer ato que pelas circunstâncias faça presumir o conhecimento pelo possuidor do vício da posse serve como prova de perda da boa-fé (art. 1.202 do CC).

Por isso, a lei civil reforça a proteção da posse do possuidor contra o terceiro que recebe de má-fé a coisa que sabia esbulhada (art. 1.212 do CC). Além da tutela possessória, fica explicitado o direito à indenização em favor do possuidor.

6.2. CARACTERÍSTICAS GERAIS DAS AÇÕES POSSESSÓRIAS

6.2.1. Diferença entre Ação Possessória e Ação Petitória

É importante não se confundir a utilidade da *ação possessória*: proteger-se a posse contra atos de esbulho, turbação ou ameaça. As ações possessórias são conhecidas como *interditos possessórios*.

Se a tutela envolve o reconhecimento da propriedade ou mesmo a obtenção da posse a partir do domínio (propriedade), deverá, como regra, valer-se da *ação reivindicatória* (*ação petitória*), a partir do disposto no art. 1.228 do CC.

Insistimos: a) na ação possessória o litígio envolve a posse (*jus possessionis*) tanto no fundamento (causa de pedir), como no próprio pedido e b) na ação petitória o litígio envolve o domínio (*jus possidendi*) e tem como pedido a posse como conseqüência da propriedade.

É importante frisar que a declaração do domínio pode levar à posse. Se o autor da ação reivindicatória ganhar a ação e ver reconhecida a propriedade sobre o bem disputado, obtém – como execução da sentença – a imissão na posse do mesmo bem.

Quem nunca teve a posse do imóvel pretendido, deve valer-se da ação de imissão na posse, que possui a natureza de ação petitória. Não pode manejar os interditos possessórios.

6.2.2. A Participação do Cônjuge Como Litisconsorte. Composse. Filhos

Nos termos do art. 10, § 2º, do CPC: "nas ações possessórias, a participação do cônjuge do autor ou do réu somente é indispensável nos casos de composse ou de ato por ambos praticados".

Como salienta Marcato (2004, p. 164), a lei processual faz aparente opção pela natureza pessoal do direito possessório. Todavia, como asseveram Nery Júnior e Andrade Nery (2006, p. 170), a redação da lei processual deixa claro que não há necessidade para o consentimento conjugal na ação possessória.

Por isso, a participação conjunta dos cônjuges – marido ou mulher – nos pólos ativo e passivo das ações possessórias somente será exigida na composse ou nos atos por ambos praticados.

O professor Moreira Alves (1991, pp. 555-76) aborda a delicada questão da *composse* entre cônjuges. Os bens comuns do casal traduzem composse dos cônjuges, ainda que a administração caiba a um deles. Os cônjuges têm a posse das coisas e não a mera detenção.

Salientamos ainda no mesmo tema que o Código Civil de 2002 prevê a igualdade de direitos e deveres dos cônjuges (arts. 1.511 e 1.567), reforçando-se a presunção de que os bens comuns geram a composse. Nos outros bens não atingidos pela comunhão, a posse é exercida pelo cônjuge titular dos mesmos e que os administra.

Entendemos, diante da ampla visão da composse entre cônjuges, que dificilmente será dispensável a participação conjunta deles, tanto no pólo ativo, quanto no pólo passivo das ações possessórias. Pouco importa que a ação possessória não tenha a natureza de uma ação real.

Em posição que aparenta divergência, Fidélis dos Santos (2006, p. 48) sustenta que o simples fato de haver casamento e de não haver separação de fato não pode levar, por si só, à conclusão de composse. Discordamos da posição, uma vez que o instituto do casamento – com a adoção do regime de comunhão de bens, seja ela parcial ou universal – causa sim a composse dos cônjuges.

Se alguém pratica o esbulho, a turbação ou a ameaça contra um bem comum do casal, os dois cônjuges são afetados pela referida conduta. Sendo assim, a ação possessória deve ser promovida pelo marido e pela esposa, conjuntamente, como autores.

Num segundo exemplo, se uma família ocupa um imóvel pertencente a uma empresa, praticando esbulho, tem-se que os réus da futura ação possessória serão o marido e a esposa.

Em relação aos *filhos*, um esclarecimento.

Os *filhos menores* moram com os pais, diante do exercício do poder familiar, e não exercem pessoalmente a posse, o que justifica a não inclusão deles no pólo passivo da demanda possessória. Isto é, os filhos menores não têm posse própria, mas ocupam o imóvel em função da posse dos pais.

A situação é distinta em relação aos *filhos maiores*, cuja posse é exercida – mesmo como composse – conjuntamente com os pais, autorizando-se a inclusão deles como réus na ação possessória.

Em suma, como resultado da composse estabelecida nos bens comuns, como regra, exige-se a participação conjunta dos cônjuges nas ações possessórias, como autores e como réus. E nas situações que digam respeito a filhos maiores, também eles devem constar como partes nas demandas possessórias.

E a *sanção* para a inexistência do consentimento é a invalidação do processo por ausência de pressuposto processual (capacidade de estar em Juízo), como acertadamente explicam Arruda Alvim (2003, p. 56), Nery Júnior e Andrade Nery (2006, p. 170).[1] Pensamento que, por ser matéria

1 Confira-se precedente do STJ: REsp nº 11.449-MG, Primeira Turma, julgado em 07/11/1997, DJ 19/12/1997, Rel. Min. Garcia Vieira, acolhendo-se o recurso da municipalidade e anulando-se um processo que envolvia uma ação de desapropriação indireta em que o autor não apresentou o consentimento do cônjuge.

de ordem pública, leva à nulidade absoluta e pode ser proclamada de ofício, em qualquer grau de jurisdição (art. 267, § 3º, do CPC).

Em sentido diverso, Theodoro Júnior (2006, vol. I, p. 89) defende que somente o cônjuge prejudicado pode reclamar a falta de seu consentimento – que pode ser externado fora do processo – e, por isso, o fato não gera nulidade absoluta. Para o nobre professor não se trata de um litisconsórcio necessário.

Outro ponto que chama a atenção é a possibilidade de *suprimento do consentimento* do cônjuge, visando ao ajuizamento da ação possessória. Entendemos que o referido suprimento deve ser obtido, preferencialmente, por procedimento de jurisdição voluntária (seguindo o rito do art. 1.103 do CPC) e não no âmbito da ação possessória. Neste sentido: Arruda Alvim (2003, p. 56) e Theodoro Júnior (2006, vol. I, p. 89).

Defendendo outra solução, o professor Araken de Assis (2001, pp. 129-30) levanta a possibilidade de um incidente para o suprimento da autorização conjugal, a partir da interpretação do art. 13 do CPC. Para o ilustre jurista, argüida pela parte contrária ou observada, de ofício, pelo juiz a ausência da outorga uxória para o autor promover a ação, poderá ser solucionada a questão no âmbito do processo, como um incidente. Parece-nos que a solução será possível se o cônjuge vier a fornecer a autorização voluntariamente. Todavia, na negativa (deliberada ou por impossibilidade) do cônjuge, a solução incidental somente será viável se não esbarrar na incompetência absoluta do Juízo, isto é, se ele cumular a competência para assunto de família.

Por fim, entendemos que a exigência legal merece ser aplicada à união estável, seja ela heterossexual, seja ela homossexual. A interpretação do art. 10, § 2º, do CPC deve ser ampliativa (extensiva), para abarcar hipóteses semelhantes ao casamento, como forma de proteção à família.

Em relação à *união estável heterossexual*, a Constituição Federal (CF) de 1988 (art. 226, § 3º) viabiliza a conclusão. Neste sentido: Araken de Assis (2001, p. 98). Em sentido contrário: Nery Júnior e Andrade Nery (2006, p. 169).

Em relação à *união homossexual*, defendemos o reconhecimento de seu caráter familiar também, a partir da CF de 1988, dando interpretação extensiva ao art. 226, § 3º, com base no princípio da igualdade. Parece-nos oportuno, diante da realidade social, aceitar-se um novo conceito de família – e que dá sustentáculo à aplicação do direito de família àquele tipo de união estável – baseado no amor (afeto). Isto é, rompendo-se o dogma religioso da família como união entre homem e mulher (através da procriação como finalidade da união), para ceder lugar à concepção como união entre pessoas que se amam independente do sexo de cada uma delas e da finalidade.

Daí, como observa Viana (2000, pp. 17-51), falar-se em: a) família matrimonial; b) família concubinária; c) família monoparental; e d) família homossexual. Nos tribunais, há valioso precedente do TJRS, reconhecendo-se a competência da Vara da Família para discutir a separação de pessoas que mantinham a união estável homossexual.[2] Na doutrina, ainda, a favor da conclusão da união homossexual como de caráter familiar e com explicações detalhadas e brilhantes, confiram-se as posições de Rios (2002, p. 482-517) e Welter (2003, p. 41-70). Em sentido contrário, negam a equivalência ao casamento, embora reconheçam os direitos dos homossexuais: Brandão (2002, *passim*) e Varella (2000, *passim*).

6.2.3. Fungibilidade das Ações Possessórias

Dispõe o art. 920 do CPC: "a propositura de uma ação possessória em vez de outra não obstará que o juiz conheça do pedido e outorgue a proteção legal correspondente àquela, cujos requisitos estejam provados". Trata-se da possibilidade de um juiz conceder uma tutela jurisdicional de proteção possessória diversa daquela pleiteada pelo autor da ação possessória.

A fungibilidade entre as ações possessórias permite que, se ajuizada uma ação inadequada à violação verificada no caso concreto, o juiz conceda a tutela jurídica correta.[3] Exemplo: o autor "A" solicita a concessão de uma tutela para ver-se mantido na posse (ação de manutenção de posse) em virtude de uma turbação praticada pelo réu "B", mas o juiz verifica que ocorreu o esbulho e não a turbação da posse e pode conceder a reintegração de posse (medida que seria adequada e própria da ação de reintegração de posse).

2 AI nº 599075496, Oitava Câmara, Rel. Des. Breno Moreira Mussi, julgado em 17/06/1999.
3 A respeito, precedente do STJ: AG nº 818.415-RO, Rel. Min. Aldir Passarinho Jr., decisão monocrática proferida em 17/11/2006, DJ 01/12/2006.

A modificação dos atos - ameaça, turbação ou esbulho - contrários à posse é comum nos litígios possessórios, o que faz do princípio da fungibilidade das ações um importante instrumento para a eficácia e efetividade da prestação jurisdicional.

6.2.4. Cumulação dos Pedidos

O art. 921 do CPC dispõe: "é lícito ao autor cumular ao pedido possessório o de: I - condenação em perdas e danos, II - cominação de pena para caso de uma nova turbação ou esbulho e III - desfazimento de construção ou plantação feita em detrimento da posse". A lei processual faculta ao autor da ação possessória a cumulação dos pedidos. Trata-se de uma cumulação simples, em que as pretensões podem ser acolhidas conjunta ou separadamente.

Assim, o autor da ação possessória terá a faculdade de deduzir o pedido de proteção possessória com os seguintes pedidos: a) indenização por perdas e danos; b) imposição de obrigação de não fazer consistente em praticar novos turbação ou esbulho do mesmo bem sob pena de incidência de multa; e c) obrigação de fazer a demolição da construção ou a retirada da plantação também sob pena de multa.

Exemplo: o autor "A" formula contra o réu "B" o pedido de reintegração de posse de um imóvel cumulado com pedidos de indenização por perdas e danos (deixou o autor de alugar o imóvel no período de esbulho) e de imposição de obrigação de não fazer novo esbulho sob pena de incidência de multa diária de R$ 1.000,00.

6.2.5. A Natureza Dúplice das Ações Possessórias

Dispõe o art. 922 do CPC: "é lícito ao réu, na contestação, alegando que foi o ofendido em sua posse, demandar a proteção possessória e a indenização pelos prejuízos resultantes da turbação ou do esbulho cometido pelo autor". Ação dúplice (*actio duplex*) é aquela em que o réu poderá formular um pedido contra o autor, no corpo da contestação. Por isso, podendo o réu formular um pedido contra o autor na própria defesa, incabível a reconvenção.

Nas ações possessórias, o réu pode reclamar proteção possessória e perdas e danos contra o autor, na contestação. Tenha-se atenção para os limites do pedido contraposto: proteção possessória e indenização pelos prejuízos resultantes da turbação ou esbulho cometido pelo autor. Por exemplo, o autor "A" promove ação de reintegração de posse contra o réu "B" e diz que o último invadiu seu imóvel. Na contestação, o réu "B" poderá negar o esbulho, defender a legitimidade de sua posse a partir de uma compra e venda e pedir a manutenção de posse. Além disso, como pedido contraposto, pode solicitar a indenização pelos danos acarretados pelo autor, tais como a inserção de um muro sem autorização.

Contudo, entendemos que há uma limitação para o campo do pedido contraposto, como exposto anteriormente. Fora daquela abrangência, pode ser promovida a *reconvenção*. Se o réu pretende inserir como objeto do processo uma pretensão que vai além da proteção possessória ou da indenização, pode valer-se da reconvenção.[4] Neste sentido: Fabrício (1995, p. 371 e 421) e Marcato (2004, p. 168).

Em caráter excepcional, tem-se a admissão da reconvenção, diante da parcial abrangência do caráter dúplice da ação possessória. É uma reconvenção com objeto definido por exclusão: aquilo que não pode ser reclamado pelo réu como pedido contraposto na própria contestação. Por exemplo, se pretender a rescisão de um contrato celebrado com o autor e demonstrando a conexidade dos fatos (posse disputada e contrato), o réu pode ajuizar reconvenção com a referida finalidade.

Se for ajuizada a reconvenção no lugar do pedido contraposto, nada impede que o juiz receba a primeira como parte da contestação.[5]

6.2.6. Vedação da Exceção de Domínio

O art. 923 do CPC dispõe: "na pendência do processo possessório, é defeso, assim ao autor como ao réu, intentar a ação de reconhecimento do domínio". Como já assinalado, na ação possessória instaura-se o Juízo possessório em que a discussão é de posse e não de domínio. A lei processual proibiu que, durante o processo possessório, as partes busquem uma discussão distinta da posse, isto é, procurem levantar o domínio.[6]

4 A respeito, confiram-se precedentes do STJ: a) REsp nº 119.775-SP, Terceira Turma, Rel. Min. Carlos Alberto Menezes Direito, julgado em 12/05/1998, DJ 22/06/1998 e b) AG. nº 606.789-DF, Terceira Turma, Rel. Min. Carlos Alberto Menezes Direito, julgado em 31/08/2004, DJ 08/09/2004.

5 RT 824/290 (TJAP): reconvenção protocolada na mesma data da contestação, em ação de interdito proibitório, que terminou recebida como pedido contraposto.

6 Neste sentido, há inúmeros precedentes do STJ, valendo por todos: Ag Rg no REsp nº 265.156-SP, Quarta Turma, Rel. Min. Aldir Passarinho Júnior, julgado em 22/08/2006, DJ 25/09/2006.

A vedação é reforçada pelo disposto no art. 1.210, § 2º do Código Civil de 2002: "não obsta à manutenção ou reintegração na posse a alegação de propriedade, ou de outro direito sobre a coisa". Fica claro que não basta ao réu alegar domínio como justificativa para a proteção da posse, se o autor não fundamentou a ação possessória única e exclusivamente na posse justa e de boa-fé sem qualquer menção à propriedade.

Admite-se como única exceção, como acertadamente explica Marcato (2004, pp. 168-69), a ação possessória em que ambas as partes – autor e réu – fundamentam as alegações de posse no domínio. Ou seja, somente se autor e réu disputarem a posse em função do domínio (ambos se qualificam como titulares do domínio e com base nele merecedores da proteção possessória) poderá o juiz discutir a propriedade, no âmbito da ação possessória (a posse será deferida em favor daquela parte que provar a titularidade do domínio). Aplica-se o disposto na Súmula nº 487 do Supremo Tribunal Federal: "Será deferida a posse a quem, evidentemente, tiver o domínio, se com base neste for ela disputada".[7]

Em sentido contrário, entendendo que em nenhuma hipótese será possível a discussão do domínio na ação possessória e defendendo a completa superação da Súmula nº 487 do STF, confira-se a posição de Gonçalves (2005, pp. 64-68). Discordamos, porque a discussão da posse em função da propriedade equipara-se ao pedido petitório, justificando-se a análise pelo juiz de quem é o titular do domínio como forma de solucionar o conflito.

Todavia, em sentido ainda diferente, o professor Fabrício (1995, pp. 371-86) defende uma interpretação restritiva do art. 923 do CPC, sugerindo que o impedimento da exceção de domínio ocorre justamente para aquelas ações possessórias em que o litígio – a disputa possessória – está fundado no domínio. Naquelas ações possessórias, porque fundadas no domínio, torna-se dispensável a exceção de domínio. Não concordamos com a interpretação, uma vez que privilegia o domínio em detrimento da posse sem qualquer autorização legal para tanto.

7 A Súmula do STF é aplicada no STJ, conforme inúmeros julgados, destacando-se: a) REsp nº 671.115-RJ, Segunda Turma, Min. Castro Meira, julgado em 16/06/2005, DJ 15/08/2005 e b) REsp nº 327.214-PR, Quarta Turma, Min. Sálvio de Figueiredo Teixeira, julgado em 04/09/2003, DJ 24/11/2003. No mesmo diapasão: RT 841/285 (TJDF).

6.2.7. Procedimento Especial e Procedimento Comum

A lei processual disciplinou a proteção possessória dentro do processo de conhecimento. Para tanto, o Código de Processo Civil dispôs sobre as ações possessórias de rito especial nos arts. 920 a 933: a) ação de reintegração de posse para proteger o autor contra um esbulho; b) ação de manutenção de posse para proteger o autor contra uma turbação; e c) ação de interdito proibitório para proteção do autor contra ameaça de esbulho ou turbação. Dispõe o art. 924 do CPC: "regem o procedimento de manutenção e de reintegração de posse as normas da seção seguinte, quando intentado dentro de ano e dia da turbação ou do esbulho; passado este prazo, será ordinário, não perdendo, contudo, o caráter possessório". A adoção do procedimento especial das possessórias tem como requisito a *força nova* do esbulho ou da turbação – os atos contrários à posse do autor tenham ocorrido há menos de ano e dia (*"posse nova"* do esbulhador ou do turbador).

Caso a turbação ou o esbulho tenha se efetivado há mais de ano e dia, o possuidor deverá solicitar a proteção possessória em processo de conhecimento pelo rito comum, tudo sem perder o caráter possessório. Isto é, a *força velha* do esbulho ou da posse ("posse velha" do esbulhador ou do turbador) viabiliza apenas a ação possessória de rito comum (ordinário).

Logicamente, se adotado o procedimento comum – ordinário ou sumário – para a tutela possessória, poderá o autor ainda buscar a tutela de urgência da medida cautelar ou mesmo da antecipação de tutela (art. 273 do CPC).

6.2.8. Bens Móveis e Bens Imóveis e as Ações Possessórias

As ações possessórias de *rito especial* poderão ser utilizadas, como sublinha Marcato (2004, p. 169), para bens móveis e bens imóveis, desde que o esbulho ou a turbação datem de período inferior a ano e dia ("força nova").

Se o esbulho e a turbação datam de período superior a ano e dia ("força velha"), as ações possessórias deverão ter o rito *comum*, observando-se a natureza do bem:

a) *Bem móvel*. Seguindo o magistério de Greco Filho (2003, p. 227), adota-se o rito sumário ou ordinário, conforme o valor da causa. Se o bem móvel disputado tem valor inferior a 60 salários mínimos (art. 275, inciso I do CPC), a ação possessória tem o rito sumário. Nas demais hipóteses, o rito ordinário.

b) *Bem imóvel*. Independentemente do valor do bem imóvel, adota-se sempre o rito ordinário (art. 924 do CPC).

6.2.9. Caução

Se o autor não possuir condições financeiras para indenizar eventuais perdas e danos do réu, acaso vencido na ação possessória, dele pode ser exigida a prestação de uma caução.

Trata-se da garantia – contracautela – para que o réu seja indenizado pelo despojamento da posse, durante a tramitação do processo. Ou seja, o fato de o autor ver protegida sua posse pela concessão de uma liminar em ação possessória pode gerar prejuízos ao réu. E para tutela do ressarcimento dos danos causados pelo respeito à aludida liminar, o mecanismo de prestação da caução serve para garantir o direito do réu, caso ele seja proclamado vencedor do litígio na sentença.

O juiz fixará o prazo de cinco dias para o réu individualizar a caução, sob pena de ser depositada em Juízo a coisa disputada na ação possessória (art. 925 do CPC). Em outros termos, se o juiz exigir a caução e o autor não prestá-la, ficará sem efeito a liminar concedida. O bem litigioso fica, então, depositado em Juízo ou sob o depósito do próprio réu.

6.3. COMPETÊNCIA

Se a disputa envolver um *móvel*, o foro competente para conhecimento da ação possessória é o do *domicílio do réu* (art. 94 do CPC).

Tratando-se da disputa de um *imóvel*, o foro competente é o da situação do bem. Isto é, a propositura da ação possessória dá-se no foro da situação da coisa (*forum rei sitae*), nos termos do art. 95 do CPC.

Se o imóvel estiver situado em mais de uma comarca, a competência será resolvida pela prevenção (art. 107 do CPC). A ação possessória destina-se a resolver o litígio sobre todo o imóvel. A prevenção se dá no foro em que primeiro ocorrer a citação (art. 219 do CPC).

6.4. LEGITIMIDADE DE PARTES

É *autor* da ação possessória o *possuidor*. O mero detentor não pode ser autor. Porém, havendo transmissão da posse violada, o sucessor (art. 1.207 do CC) ou o herdeiro (art. 1.206 do CC) também pode ingressar como autor da demanda.

O possuidor direto e o possuidor indireto podem requerer a proteção da posse por meio das ações possessórias. Ambos têm *legitimidade ativa*. Assim, por exemplo, o locador (possuidor indireto) e o locatário (possuidor direto) podem ajuizar ação de reintegração de posse contra quem praticou o esbulho possessório.

É possível, ainda, que a ação possessória envolva um conflito – disputa possessória – entre o possuidor indireto e o possuidor direto. Por exemplo, o locatário (possuidor direto) pode ajuizar a ação de reintegração de posse contra um esbulho praticado pelo locador (possuidor indireto).

Quando há *composse*, qualquer dos possuidores pode valer-se da ação possessória. Exemplo: no caso de irmãos que possuem um imóvel conjuntamente – há composse – e há um esbulho praticado por "B"; qualquer dos compossuidores – individual ou conjuntamente – pode ajuizar a ação de reintegração de posse contra o réu "B".[8]

A defesa da posse do *bem público* pode ser feita pelo Poder Público e pelos particulares, havendo litisconsórcio ativo, como ensina Theodoro Júnior (2006, vol. III, p. 132).

Na ação possessória, o *réu* é a pessoa que pratica ou comanda a ameaça (ação de interdito proibitório), a turbação (ação de manutenção de posse) ou o esbulho (ação de reintegração de posse).

Importante salientar que o ato de ameaça, turbação ou esbulho pode envolver uma pessoa que esteja agindo em nome de outra, caso em que a ação deve ser direcionada contra quem efetivamente pratica a violação do direito possessório do autor. No pólo passivo, deve constar o mandante do ato violador da posse, quando empreendido por mandatários ou prepostos. Por exemplo, se o funcionário de um construtora "B" invade o imóvel de "A" seguindo ordens e assumindo a condição de mero detentor no esbulho praticado, a ação de reintegração de posse deve ser promovida por "A" contra a construtora "B".

6.5. PROCEDIMENTO DAS AÇÕES DE MANUTENÇÃO DE POSSE E DE REINTEGRAÇÃO DE POSSE

6.5.1. Petição Inicial. Liminar

Os arts. 926 a 931 do CPC disciplinam os seguintes interditos: a) *ação de manutenção de posse* e b) *ação de reintegração de posse*.

Na *petição inicial*, cabe ao autor provar, nos termos do art. 927 do CPC:

I – *posse anterior*. O autor necessita demonstrar que ele exercia posse do imóvel, quando ocorreu a violação do seu direito. Há situações em que o autor aproveita a posse do antecessor (art. 1.207 do CC). Também o herdeiro que for autor da ação pode provar a posse do falecido possuidor (art. 1.206 do CC).

8 Lembre-se de que, se a composse resultar de sociedade conjugal – o que se aplica para a união estável – o marido e a mulher deverão participara do pólo ativo, a teor do art. 10, § 2º, do CPC.

II – *a turbação da posse* (na ação de manutenção de posse) ou o *esbulho possessório* (na ação de reintegração de posse). É necessário que sejam descritos os contornos da violação: como ela se efetivou. A juntada de fotografias traduz medida extremamente útil na articulação desta parcela da causa de pedir. A construção de casa, a existência de plantação, a introdução de muros ou cercas etc., tudo deve ser informado na caracterização da agressão da posse.

III – *a data da turbação ou do esbulho*. É de extrema importância que seja indicado o início da violação da posse, porquanto a data indicará se a posse do réu tem força nova ou força velha. A adoção do rito especial, não custa repetir, é reservada à violação da posse que tenha menos de ano e dia (força nova). Ultrapassado aquele prazo, resta a via ordinária.

IV – *a continuação da posse* (no caso da turbação) ou a *perda da posse* (no caso de esbulho).

O autor poderá formular o pedido de concessão de *medida liminar*, na petição inicial (arts. 928 e 929 do CPC). Esta possibilidade é a nota característica do procedimento especial. Sendo assim, se o autor não formular o pedido de liminar, significa que a ação possessória passa a ter o rito comum.

Trata-se de liminar com natureza de antecipação da tutela possessória com requisitos próprios: prova dos fatos indicados no art. 927 do CPC.[9] Não se trata de medida cautelar, porque ao autor é antecipado o direito material perseguido na sentença. Obtida a liminar, o autor é restituído ao estado anterior, sendo mantido ou reintegrado na posse do bem disputado.

Importante frisar, desta forma, que a liminar prevista nas ações possessórias de rito especial não se sujeita aos requisitos do art. 273 do CPC, em especial do *periculum in mora*.

O *valor da causa* na ação possessória deve guardar relação com o conteúdo econômico da disputa. Em caso de ação judicial para a tutela possessória de um bem móvel, aquele valor da causa coincide com o próprio valor de mercado do bem. Em relação a um imóvel, é possível fazer uma ligação

9 Em situação semelhante, dizendo respeito a um interdito proibitório contra a União, confira-se o precedente do STJ, REsp nº 638.340-PR, Terceira Turma, Rel. Min. Carlos Alberto Menezes Direito, julgado em 10/11/2005, DJ 03/04/2006, destacando-se: "o mandado proibitório previsto no art. 932 do Código de Processo Civil tem pressupostos diversos daqueles exigidos para a tutela antecipada do art. 273, com esta não se confundindo."

com o valor de mercado do bem, porém com uma proporção – a posse não coincide inteiramente com a propriedade. Por isso, defendemos que, na ação possessória de um bem imóvel, o valor da causa seja um terço do valor de mercado do bem ou, na sua falta, do valor venal que serve de cálculo para o imposto territorial (IPTU).[10]

6.5.2. Decisão sobre o Pedido de Liminar. Audiência de Justificação

Se o autor deduzir pedido de liminar, cabe ao juiz decidir sobre sua concessão com as seguintes opções:

a) *Deferimento inaudita altera pars* (sem ouvir a parte contrária). A liminar é de pronto concedida, se entender presentes os requisitos do art. 927 do CPC, em especial que houve prova de que o autor tinha posse anterior e a turbação ou esbulho ocorreu há menos de ano e dia.

Há situações de repercussão social que recomendam cautela na concessão da liminar. Nas disputas possessórias de imóvel com o envolvimento de inúmeras famílias, o juiz precisa ter sensibilidade para evitar confrontos desnecessários. Mesmo que dos autos constem indicações de preenchimento dos requisitos para a imediata concessão da liminar, torna-se prudente a designação de audiência de justificação – que pode se prestar à relevante tentativa de conciliação das partes.

Nos conflitos fundiários, sempre que necessário e eficiente para a prestação jurisdicional, o juiz comparecerá ao local do litígio (art. 126, parágrafo único, da CF). A presença do juiz funciona como um ato a ser praticado, em qualquer fase do processo. Não se trata de simples inspeção judicial (art. 440 do CPC).

Pensamos que o comando constitucional se harmoniza com a necessidade de um juiz participativo e capaz de informar às partes sobre os rumos do conflito e a conveniência de uma solução pacífica. A oportunidade da medida traduz mais do que uma produção de prova, abrangendo a função conciliadora do magistrado. Sua presença no local do conflito deve servir para direcionar as partes em busca de um acordo, como melhor forma de solução do conflito.

10 O tema é polêmico na doutrina e nos tribunais. Colhe-se valioso precedente do TJSP, AI nº 7.136.879-7, 22ª Câmara de Direito Privado, Rel. Des. Roberto Bedaque, julgado em 29/05/2007, acolhendo-se a fixação do valor em um terço do valor venal do imóvel e expondo a divergência da doutrina e da jurisprudência.

b) *Rejeição imediata da liminar.* Se o juiz entende que não se encontram presentes os requisitos para a concessão da liminar e que a prova daqueles requisitos não pode ser feita nem mesmo numa audiência de justificação. Por exemplo, se com os documentos trazidos pelo autor, o juiz verifica que a posse do suposto invasor tem mais de ano e dia, deverá indeferir a liminar, prosseguindo-se a ação pelo rito ordinário.

A doutrina não costuma abordar com clareza tal possibilidade de indeferimento imediato do pedido de liminar, dando a entender que, havendo requerimento do autor, o juiz estaria obrigado a designar audiência de justificação para a complementação das provas dos requisitos do art. 927 do CPC. Nesta linha, parece caminhar Theodoro Júnior (2006, vol. III, p. 134).

Entendemos que assim não pode ser, já que o juiz pode concluir desde logo, a partir dos elementos de prova apresentados pelo autor, ser o caso de indeferimento da liminar por um fato impeditivo intransponível, tornando-se desnecessária a realização de uma audiência de justificação.

c) *Designar audiência de justificação.* Quando o juiz entender ainda não demonstrados os requisitos da lei (art. 927 do CPC) e deliberar recolher prova suplementar (documentos e testemunhas) sobre eles, designa a audiência de justificação. Trata-se de audiência com a finalidade exclusiva para a produção de provas necessárias à apreciação do pedido de liminar.

Na audiência de justificação, são ouvidas as testemunhas arroladas pelo autor. Apesar da omissão da lei, entendemos que o autor deve arrolar as testemunhas, no prazo fixado pelo juiz ou, na omissão, ao menos com dez dias de antecedência da aludida audiência (art. 407 do CPC aplicado por extensão). O mesmo vale para o réu, observada a citação prévia e com antecedência necessária.

Há precedentes nos tribunais, como lembra Marcato (2004, pp. 122-23), que autorizam o réu a arrolar testemunhas, para inquirição naquela audiência de justificação.

Em sentido contrário, Fabrício (1995, pp. 411-12), Nery Júnior e Andrade Nery (2006, p. 996) e Gonçalves (2005, p. 76) defendem a impossibilidade de o réu arrolar testemunhas, mas reconhecendo-se uma participação limitada à possibilidade de acompanhar a inquirição das testemunhas arroladas pelo autor e formular reperguntas. Para o primeiro autor, não se pode admitir a instrução probatória antes de produzidas as alegações pelo réu e definidos os limites da controvérsia. O segundo autor afirma que o juiz ouve as testemunhas, se quiser.[11]

Entendemos que, além de arrolar testemunhas, fundamentando a pertinência, pode o réu juntar documentos na audiência de justificação, tudo com a finalidade de demonstrar que o autor não preenche os requisitos para a concessão da liminar. A amplitude da prova na audiência de justificação é a mesma para o autor e para o réu: os fatos ligados à liminar solicitada, na petição inicial. Por isso, não há que se falar em ausência das questões controvertidas, ante a inexistência da defesa do réu, como fundamento para a negativa do direito de arrolar testemunhas. É interesse legítimo do réu contrapor-se aos fundamentos – de direito e de fato – ligados exclusivamente à concessão da liminar, no momento da audiência de justificação. Trata-se a nosso ver da concretização dos direitos constitucionais da ampla defesa e do contraditório, no ambiente próprio daquela fase processual.

A ausência do réu não prejudica a realização da audiência. Porém, não implica a imediata concessão da liminar e nem tampouco a aplicação dos efeitos da revelia. A justificação prossegue, colhendo-se as provas necessárias ao convencimento do juiz sobre a oportunidade ou não do deferimento da liminar.

Ao término da audiência, julgando procedente a justificação, o juiz determina a manutenção da posse (impondo-se ao réu a ordem de não turbar a posse do autor) ou ordena a reintegração de posse (impondo-se ao réu a saída e a restituição da posse ao autor), nos termos do art. 929 do CPC.

Se entender não demonstrados os requisitos da lei (art. 927 do CPC), o juiz indefere a liminar e o processo prossegue, sendo o réu intimado na forma exposta no item 6.5.4, a seguir, para a oferta de contestação.

Por fim, observamos que a decisão sobre a concessão ou não da liminar tem natureza de decisão interlocutória e, portanto, sujeita a agravo.

11 Neste sentido: a) Ag nº 745.044-SP, Rel. Min. César Asfor Rocha, decisão monocrática de 07/03/2006, DJ 15/03/2006 e b) Ag nº 685.134-MG, Rel. Min. Fernando Gonçalves, decisão monocrática de 18/10/2005, DJ 26/10/2005.

6.5.3. Pessoa Jurídica de Direito Público como Ré

Nas ações possessórias manejadas contra as pessoas jurídicas de direito público, não há concessão de medida liminar sem a realização da audiência de justificação (art. 928, parágrafo único, do CPC). Trata-se de um ato obrigatório, se houver indicação da presença dos requisitos legais para o deferimento da liminar.

Novamente, ressaltamos que, se ausentes os requisitos da lei sem possibilidade de complementação das provas, nada impede que desde logo o juiz indefira o pedido de liminar, dispensando-se a realização da audiência de justificação.

6.5.4. Citação e Prazo de Contestação

O réu é citado uma única vez para o processo, concedida ou não a liminar antes da sua citação.

O prazo de contestação será de 15 (quinze) dias. É necessário frisarmos, mais uma vez, que o juiz poderá conceder a liminar sem ouvir o réu ou designar audiência de justificação (na qual decidirá sobre a concessão ou a rejeição do pedido de liminar).

Se concedida a liminar *inaudita altera pars*, expede-se mandado para execução da mesma e para a citação do réu, que terá o prazo de 15 dias para resposta, contado na forma da lei processual (art. 241 do CPC).

Se designada audiência de justificação, expede-se mandado de citação e de intimação do réu para comparecer na audiência de justificação. O prazo de 15 dias para a defesa conta-se da intimação do réu da decisão sobre o pedido de liminar, deferindo-o ou rejeitando-o (art. 930, parágrafo único, do CPC). A intimação do réu para contestar será feita: a) na pessoa do advogado (se já constituído pelo réu); b) pessoalmente, na audiência, se nela foi decidida a concessão ou não da liminar; ou c) pessoalmente por mandado ou pelo correio com entrega em mão própria (se o réu não tiver constituído o advogado e também se não compareceu à audiência de justificação). Nesta última hipótese, mesmo com a prévia citação do réu para a audiência de justificação – e ainda que advertido da apresentação de defesa – entendemos necessária sua intimação pessoal, para que tenha início a fluência do prazo de resposta.

Esta parece ser também a posição do professor Fabrício (1995, p. 419), para quem a intimação do réu para defesa é de extrema importância e não pode ser relegada a segundo plano.[12]

6.5.5. Resposta do Réu. Indenização por Benfeitorias. Direito de Retenção

O réu pode contestar, apresentar impugnação ao valor da causa e exceções (incompetência relativa, suspeição e impedimento).

Como já explicado, pelo fato da ação possessória ter natureza dúplice na proteção possessória e na reparação de danos, o cabimento da reconvenção apresenta limitação da matéria (fora daquelas hipóteses de pedido contraposto).

Discute-se, ainda, o direito do réu à *indenização por benfeitorias* (art. 96 do CC) e acessões (art. 1.255 do CC) introduzidas no imóvel, bem como o exercício do *direito de retenção.*

A indenização pelas benfeitorias úteis e necessárias e o direito de retenção constituem direitos reconhecidos pela lei (art. 1.219 do CC) em favor do possuidor de boa-fé. Por interpretação extensiva, o mesmo pode ser dito para as acessões. Citando magistério de Beviláqua, Azevedor Júnior (1993, pp. 183-85) também sugere igual tratamento jurídico entre as benfeitorias e as acessões. Na mesma direção: Rizzardo (1987, p. 132). Se o reparo de uma janela (benfeitoria útil) dá ensejo à indenização e à retenção da coisa litigiosa, igual situação deve ser concebida para a construção de uma casa (acessão).[13] Logicamente, na análise da acessão, deve ser verificada a função social da propriedade como critério para definição da utilidade e do aproveitamento da mesma para o proprietário.

Ao possuidor de boa-fé, a indenização é estipulada a partir do valor atual das benfeitorias ou das acessões (art. 1.222 do CC). O possuidor de má-fé tem direito somente à indenização pelas benfeitorias necessárias e não lhe assiste o direito de retenção pela importância desembolsada (art. 1.220 do CC). Assim, pode surgir como matéria de defesa.

12 Na mesma linha da necessidade da intimação pessoal: REsp nº 68.061-RJ, Quarta Turma do STJ, Rel. Min. Ruy Rosado de Aguiar, julgado em 17/10/1995, DJ 18/12/1995.

13 Confira-se interessante precedente sobre o tema, no STJ, REsp nº 565.483-SP, Terceira Turma, Rel. Min. Carlos Alberto Menezes Direito, julgado em 08/11/2005, DJ 20/03/2006, consignando-se: "possível equiparar as acessões artificiais às **benfeitorias** necessárias, porquanto podem representar instrumento adequado para a conservação da coisa, evitando que se deteriore".

Porém, ao autor da ação será dado optar entre apurar o valor da indenização pelo valor atual ou pelo seu custo (art. 1.222 do CC). A opção do autor deve ser exercida durante o processo de conhecimento (réplica, manifestação sobre o laudo pericial, alegações finais etc.), sempre antes da sentença.[14]

Mas não é só. O *momento de alegação* pela parte do direito de indenização e do direito de retenção tem causado polêmica na doutrina e nos tribunais. Entendemos que os direitos podem ser invocados em contestação ou reconvenção. Insistimos na opção de um processo guiado pela instrumentalidade e pela efetividade do direito material, o que torna adequada qualquer das duas iniciativas.

O fato de a ação possessória ser executiva traduz motivo suficiente para que se imponha a resposta – numa de suas modalidades – como o momento adequado daquela iniciativa.[15] A nova sistemática processual de cumprimento da sentença não prevê para a impugnação de sentença ou mesmo os embargos do devedor, para a discussão de indenização por benfeitorias ou direito de retenção na obrigação de entrega de coisa, como será visto adiante.

Oportuno destacar, todavia, que o pedido de indenização fundamenta-se na realização das benfeitorias (úteis e necessárias), exigindo-se a descrição completa das mesmas, a época de introdução, e o valor pago.[16] A medida é necessária para viabilizar a fixação do valor da indenização e dar a dimensão do direito de retenção.

14 A propósito, colhe-se precedente do STJ: REsp nº 468.241-SP, Quarta Turma, Rel. Min. Jorge Scartezzini, julgado em 09/11/2004, DJ 17/12/2004, destacando-se: "Como salientado pelo v. acórdão recorrido, em nenhum momento durante a instrução processual, apesar de intimados, os recorrentes se manifestaram acerca da opção prevista no art. 519 do CC/16, razão pela qual agiu corretamente o magistrado local ao fixar os parâmetros para **indenização.** Assim, não tendo os recorrentes no curso da lide exercido tal direito, ainda que diante de várias oportunidades, deu-se a sua preclusão, mormente pelo fato de terem acolhido a perícia, que avaliou as **benfeitorias** para fins de eventual **indenização**, sem fazerem qualquer ressalva ou uso da sobredita prerrogativa."

15 Neste sentido, confiram-se os seguintes precedentes do STJ: a) REsp nº 649.296-DF, Quarta Turma, Rel. Min. César Asfor Rocha, julgado em 21/09/2006, DJ 06/11/2006, b) REsp nº 424.300-MA, Terceira Turma, Rel. Min. Castro Filho, julgado em 15/12/2005, DJ 04/02/2006, c) REsp nº 549.711-PR, Quarta Turma, Rel. Min. Barros Monteiro, julgado em 16/12/2003, DJ 05/04/2004 e d) AgRg no Ag nº 46177-MG, Terceira Turma, Min. Costa Leite, julgado em 06/08/1996, DJ 02/12/1996.

16 RT 823/287 (TJBA): rejeição de pedido de indenização de benfeitorias, porque apenas genérica a menção à existência sem descrição dos seus contornos, do custo, do estado anterior, do estado atual e da valorização delas decorrente.

Finalmente, convém destacar que o autor da ação possessória pode invocar a *compensação* entre a importância por ele devida pela indenização das benfeitorias ou acessões com a reparação dos danos experimentados pela indevida ocupação promovida pelo réu (art. 1.221 do CC). O pleito de compensação somente é possível, se da petição inicial constou o pedido – cumulativo – de indenização.

Caso o autor não tenha formulado aquela pretensão, a compensação ainda se afigura possível, desde que ajuizada ação autônoma – por dependência à ação possessória e para processamento e julgamento conjuntos. Na ausência daquelas iniciativas do autor, inviabiliza-se a compensação.

6.5.6. Prosseguimento da Ação pelo Rito Ordinário

A partir da resposta, o procedimento segue o rito ordinário (art. 931 do CPC). No mais, compete ao juiz verificar a oportunidade de julgamento conforme o estado (arts. 329 e 330 do CPC) ou de instrução (art. 331 do CPC) do processo.

A alegação de benfeitorias ou acessões na resposta impõe ao juiz permitir a demonstração dos fatos correspondentes, em instrução probatória, porque modificativos do direito do autor, ao implicarem os direitos de indenização e retenção.

6.5.7. Sentença

O julgamento do pedido do autor pelo juiz poderá ensejar: a) *procedência* ou b) *improcedência*. Na sentença, o juiz aprecia a quem será deferida a posse sobre a coisa litigiosa e resolve os demais pedidos, se houver.

Antes mesmos das modificações da lei processual (art. 461-A do CPC), as ações possessórias eram qualificadas como *ações executivas*, porque a atividade jurisdicional do processo de conhecimento possibilitava a concretização do direito material – tutela da posse – independentemente da instauração do processo de execução. Tornando-se exigível a sentença, bastava a expedição do mandado de manutenção de posse ou de reintegração de posse com a finalidade de cumprir a decisão judicial.

Na *procedência da ação*, a sentença que acolhe o pedido possessório pode limitar-se a ratificar a liminar já concedida e executada. Logo, desnecessária qualquer outra providência suplementar para seu cumprimento.

Acolhido um pedido de indenização, o cumprimento da sentença faz-se pela aplicação da lei processual relativa à obrigação de pagamento (art. 475-I do CPC). E se procedente o pedido de condenação do réu ao cumprimento de obrigação de fazer (demolição, por exemplo) ou de não fazer (prosseguimento da construção para além dos limites do imóvel, por exemplo), o cumprimento da sentença faz-se pelas normas processuais pertinentes (art. 461 do CPC).

Na sentença de procedência, ainda, viável cogitar-se da concessão de antecipação de tutela na forma do art. 273 do CPC. Aliás, após a contestação, adotado o rito ordinário, incidem as hipóteses gerais da tutela antecipada. Uma vez deferida na sentença, a sua execução é imediata, diante da inexistência de efeito suspensivo do recurso (art. 520, VII do CPC).

Oportuno abordar-se a situação em que a sentença permite o exercício do *direto de retenção* do réu e a *compensação* com os danos causados ao autor. Nem sempre a operacionalização é tranqüila.

De um lado, a sentença proclama o direito do autor ser indenizado pelos danos causados pela ocupação do réu. Se fixados os parâmetros da indenização, o caminho para a compensação fica aberto e facilitado. Caso contrário, a apuração do valor depende de perícia em liquidação de sentença (por arbitramento ou artigos). É conveniente que a sentença exponha os critérios para o estabelecimento da indenização como, por exemplo, o valor de um aluguel mensal para ressarcimento do autor pela ocupação (usualmente, a partir da notificação ou da citação). No exemplo, bastará que seja aferido o valor do aluguel, durante o período de ocupação (determinando-se o termo final, usualmente até satisfação da obrigação).

Por outro lado, quando a sentença reconhece em favor do réu os direitos de indenização pelas benfeitorias ou acessões e da retenção até o pagamento das mesmas, se fixado desde logo o *quantum* da indenização, nenhuma dificuldade se apresenta. Basta que tenha início o cumprimento da sentença, aguardando-se que o autor efetive o ressarcimento das benfeitorias ou acessões, dando-se efetividade ao direito de retenção. E, mesmo que a apuração do valor da indenização dependa de liquidação de sentença (por arbitramento ou artigos), o exercício do direito de retenção não fica prejudicado – é exercido até que ultimada a mesma.

Em caráter excepcional, como ensina Zavascki (2002, p. 177), o próprio autor (devedor) pode iniciar a liquidação, se a aludida apuração exige apenas a exibição de um documento ou a realização de uma perícia. Do contrário, a liquidação deve ser iniciativa do réu (credor), cuja inércia não pode ser premiada – cabe ao juiz intimá-lo a ofertar o pedido de liquidação com os dados e informações necessários, sob pena de dar cumprimento aos demais itens da sentença (manutenção ou reintegração de posse).

A compensação (art. 368 do CC) dos créditos pode ser autorizada na sentença ou ainda na sua fase de cumprimento. Como dito, exige a apuração dos valores devidos a cada uma das partes (art. 369 do CC). Operada a liquidação das dívidas, basta que o juiz proclame a extensão da compensação, como forma de extinção (parcial ou total) das obrigações. Enquanto restar saldo a favor do réu, autoriza-se o exercício do direito de retenção.

Entendemos que, durante o período de exercício pelo réu do direito de retenção, não pode ocorrer uma simultânea incidência do direito de reparação de danos em favor do autor como resultado da indevida ocupação. Nesta linha de pensamento, enquanto o autor não efetivar o pagamento, a posse do réu torna-se legítima como fruto do exercício da retenção.

Na esteira do magistério de Alvino Lima (1995, pp. 39-45), sustemos que o direito de retenção tem fundamento num ato de justiça privada autorizado pela lei. É uma faculdade que pode ou não ser exercida pelo réu, de modo a coagir o autor a fazer o pagamento da indenização. Porém, como faculdade, pode ou não ser exercida. Se o réu optar pela entrega imediata do imóvel, nada poderá fazer o autor para impedi-lo, remanescendo o crédito em favor do primeiro. Se a alternativa escolhida pelo réu for o exercício da retenção da coisa litigiosa, não pode ser compelido a pagar pela legítima ocupação, sob pena de tornar inócuo o meio coativo autorizado pela lei.

Necessário, por isso, a definição na sentença dos períodos de incidência da indenização em favor do autor e do exercício do direito de retenção. Pensamos que a indenização em favor do autor pela indevida ocupação do imóvel pelo réu apresenta os seguintes termos: a) o termo inicial localiza-se na citação (ou a prévia notificação, conforme o caso) e b) o termo final, na data em que o réu pedir o pagamento da indenização por benfeitorias ou acessões. E o direito de retenção será exercido no seguinte período: a) o termo inicial se dá na data em que o réu pedir o pagamento da indenização ou em que ele oferece resistência ao pedido de cumprimento da sentença no capítulo da providência possessória (reintegração de posse, por exemplo) e b) o termo final, na data em que o autor pagar a dívida, extinguindo a obrigação de indenizar as benfeitorias ou acessões.[17]

Quando se preconiza a utilização da data em que o réu pede o pagamento da indenização ou oferece resistência à providência possessória, na fase de cumprimento da sentença (ou acórdão), como o termo inicial do direito de retenção, cria-se uma situação de eqüidade. Se o réu demorar a pedir a indenização das benfeitorias ou acessões, acaba por permitir a maior extensão da compensação com as perdas e danos que são devidas ao autor. Troca uma coisa pela outra. E para o autor não ficar nas mãos do réu, basta que peça a execução da medida possessória, o que implica a iniciativa do último em solicitar a indenização – ou o início da liquidação da sentença com exercício do direito de retenção. O juiz deve ficar atento, de modo a reprimir a conduta desleal ou de má-fé de qualquer das partes no cumprimento da sentença e na operacionalização da compensação.

Importante destacar que, na hipótese de *improcedência*, revoga-se, quando concedida, a liminar. As partes devem retornar ao estado anterior – restituindo-se o réu ao estado anterior ao cumprimento da liminar. Se o réu perdeu a posse da coisa litigiosa por força da execução da liminar, deve ser reintegrado na posse da mesma. A revogação da liminar produz efeito imediato e independente da interposição de recurso pelo autor. Portanto, tão logo publicada a sentença de improcedência com revogação da liminar, expede-se o mandado para que as partes retornem ao primitivo estado de posse.

Ainda no caso de improcedência, tem o réu direito à reparação dos prejuízos materiais experimentados pela eficácia da liminar e a caução serve como garantia do ressarcimento. A caução destina-se a ser objeto de penhora na fase de execução da indenização.

17 A respeito, colhe-se precedente do STJ, REsp nº 279.303-BA, Quarta Turma, Rel. Min. Ruy Rosado de Aguiar, julgado em 14/02/2000, DJ 12/03/2001, destacando-se: "Porém, no momento em que os possuidores, vencidos na ação de imissão, manifestaram sua pretensão de serem indenizados pelas benfeitorias, e esse direito veio o ser reconhecido na sentença e no acórdão ora em exame, o direito de retenção que lhes foi assim assegurado significa que a posse por eles exercida depois disso (e a pretensão de retenção somente foi formulado nos presentes embargos) é legitima, e decorre do direito de retenção. Desde que apresentado o pedido de indenização por benfeitorias foi a negativa dos autores da ação de imissão, ora embargados que ocasionou a demora na transferência da posse e cumprimento do imissão que teria logo ocorrido desde que os imitidos pagassem as benfeitorias. Com isso quero dizer que a compensação com os danos causados aos embargados quanto aos aluguéis, deve compreender apenas o período entre o citação da ação de imissão, como deferido no r. acórdão, em 02/05/1990, até a data do requerimento de indenização por benfeitorias, com direito de retenção, em 21/10/1993".

Logicamente, à parte perdedora impõe-se o pagamento das *verbas de sucumbência*: custas judiciais e honorários advocatícios.

Da sentença, caberá o recurso de *apelação*.

Como dito anteriormente, a atual sistemática processual de cumprimento da sentença (art. 461-I do CPC) não prevê a *impugnação de sentença* ou mesmo os embargos do devedor, na imposição de obrigação de fazer, não fazer e entrega de coisa. A impugnação de sentença é reservada a assuntos distintos.

A interpretação combinada entre os arts. 461, 461-A e 475-I, todos do CPC conduz, num primeiro momento, à conclusão de que, nas obrigações de fazer, não fazer e entrega de coisa, a fase de cumprimento de sentença não comporta impugnação. Entendemos que a tese não se sustenta, porque os motivos para a impugnação de sentença da obrigação de pagamento (art. 475-L do CPC) também podem ocorrer nas modalidades de obrigações: a) falta ou nulidade de citação, se o processo tramitou à revelia; b) inexigibilidade do título; c) ilegitimidade das partes etc.

Assim, numa reflexão mais aprofundada, nos parece correto que possa haver a impugnação de sentença das ações possessórias, desde que exista compatibilidade entre a natureza da obrigação (entrega de coisa) e o elenco da lei processual (art. 475-L do CPC).

Os embargos do devedor são destinados à execução de título extrajudicial, inclusive para a discussão da retenção por benfeitorias úteis ou necessárias (arts. 621 e 745, IV, ambos do CPC).

6.6. PROCEDIMENTO DA AÇÃO DE INTERDITO PROIBITÓRIO

O rito da *ação de interdito proibitório* em nada se diferencia do procedimento especial das ações de reintegração de posse ou de manutenção de posse. Por isso, a ela são aplicáveis as explicações dadas sobre características gerais, legitimidade, competência e procedimento.

A finalidade do interdito proibitório é *prevenir*, diante da ameaça de turbação ou de esbulho. Isto é, trata-se de uma ação de natureza mandamental, para cumprir sua função preventiva de impedir a concretização da lesão.

Importante apontar que o Superior Tribunal de Justiça fixou entendimento sobre o não cabimento do interdito para a tutela dos direitos autorais, conforme Súmula nº 228, *in verbis*: "é inadmissível o interdito proibitório para a proteção do direito autoral".

6.6.1. Justo Receio

Cabe ao autor do interdito proibitório provar o justo receio de que a posse seja molestada - por turbação ou esbulho. Para Fabrício (1995, pp. 427-28), justo receio "é o temor justificado, no sentido de estar embasado em fatos exteriores, em dados objetivos".

A ameaça da outra parte de propor uma ação reivindicatória ou mesmo uma ação possessória não configura uma ameaça capaz de autorizar a proteção por interdito proibitório. O justo receio tem como pressuposto uma ameaça de conduta ilegal ou ilegítima.

6.6.2. Iminência

A ameaça praticada pelo réu necessita deixar transparecer que a turbação ou o esbulho está próximo de ocorrer. A petição inicial deve indicar a época em que os atos de ameaça da transgressão da posse tiveram início.

O conceito de iminência torna impossível que a ameaça tenha mais de ano e dia. Ou seja, não é possível se admitir que o réu faça ameaça por longo período. O próprio receio deixa de ser justo, quando prolongado o tempo.

Entendemos, porém, que a função preventiva do remédio processual exige do juiz uma postura flexível na exigência da prova da ameaça. Não se pode exigir que o autor espere até a última hora para ver concretizada ou não a ameaça de turbação ou de esbulho.

6.6.3. Estrutura da Ação

Como salienta Theodoro Júnior (2006, p. 148), a estrutura do interdito proibitório é de uma *ação cominatória*. Na *petição inicial*, além de demonstrar o justo receio e a iminência da prática da turbação ou do esbulho, deve-se deduzir pedido de imposição de obrigação de não fazer consistente na abstenção de moléstia à posse.

Lembramos que a liminar e a sentença deverão impor ao réu acaso acolhido o pedido do autor, que se abstenha (uma ordem de não fazer) de turbar ou esbulhar a posse do primeiro.

E, como ação de conteúdo de obrigação de não fazer, o interdito proibitório pode reclamar toda sorte de medidas de apoio previstas genericamente na lei processual (art. 461 do CPC). Não se limita à aplicação da pena pecuniária (art. 932 do CPC).

Capítulo 7
Ação de Nunciação de Obra Nova

7.1. INTRODUÇÃO

7.1.1. Amplitude da Ação

A ação de nunciação (ou embargo) de obra nova está ligada ao direito de vizinhança, tendo como função impedir que o vizinho promova a construção de "obra nova" que prejudique o prédio do autor ou que esteja em desacordo com as posturas municipais. O ato de embargar visa obstar o prosseguimento da obra.

7.1.2. Normas de Direito de Vizinhança

Dispõe o art. 1.299 do CC: "o proprietário pode levantar em seu terreno as construções que lhe aprouver, salvo o direito dos vizinhos e os regulamentos administrativos". Ou seja, o direito de construção do proprietário não pode violar o direito de vizinhança e nem tampouco as posturas municipais.

Há, ainda, outras normas do Código Civil que dizem respeito aos direitos de construção e vizinhança: a) a construção não pode ensejar que águas sejam despejadas diretamente sobre o prédio vizinho (art. 1.300 do CC); b) abertura de janelas não poderá ocorrer à distância inferior a metro e meio do terreno vizinho (art. 1.301 do CC); c) regramento para o uso da parede divisória (arts. 1.304 a 1.308 do CC); d) vedação de poluição ou inutilização de poço ou nascente (arts. 1.309 e 1.311 do CC); e e) vedação de escavações ou movimentação de terra que comprometa a segurança do prédio vizinho (art. 1.311 do CC).

Importante salientar a importância da Lei Federal nº 10.257, de 10 de julho de 2001, denominada Estatuto da Cidade, e que estabelece as diretrizes gerais da política urbana.

Há ainda as leis municipais com normas que regulamentam e limitam o direito de construção dos proprietários.

Sendo assim, sempre que houver violação do direito de vizinhança (inclusive na parte do direito de construir) ou das posturas municipais, o autor poderá ingressar com ação de nunciação de obra nova.[1]

7.1.3. Conceito de 'Edificação'

Como ressalta o professor Marcato (2004, p. 181), o legislador não foi feliz ao escolher o vocábulo "edificação", pois enseja uma interpretação restritiva. Na verdade, tem-se como correta a interpretação ampla daquele termo, incluindo-se qualquer atividade que represente violação do direito de vizinhança ou das posturas municipais. Exemplos: reforma, remodelação, escavação, terraplanagem, extração de minérios, colheita, corte de madeira etc.

7.1.4. Conceito de 'Obra Nova'

Como explica o professor Fabrício (1995, p. 439), "nova é qualquer obra que altere o estado das coisas anteriormente existentes", abrangendo o período entre o início efetivo (não apenas no campo das intenções, mas já representando uma exteriorização de fatos, tais como a colocação de materiais de construção, a execução de marcações, a preparação de canteiros etc.) e a conclusão da obra.

A obra é "nova" até que esteja, portanto, concluída, assim considerada a fase da construção em que fique faltando apenas arremate, pintura ou acabamento.[2] Todavia, forçoso reconhecer-se que há julgados que consideram a obra nova, ainda que esteja ela em fase de acabamento (faltando pintura ou outros arremates).

1 Neste sentido, confira-se precedente do STJ, Quarta Turma, Rel. Min. Sálvio de Figueiredo Teixeira, julgado em 23/09/1998, DJ 18/12/1998, destacando-se: "ação de nunciação de obra nova à disposição do proprietário ou do possuidor tem por escopo evitar que a obra em construção prejudique o prédio já existente. Esse prejuízo, que constitui o fundamento maior da referida demanda, pode se dar tanto pelo descumprimento das normas do direito da vizinhança quanto das normas municipais de uso e ocupação do solo urbano, haja vista a inexistência de restrição no inciso I do art. 934 do Código de Processo Civil".

2 A respeito: REsp nº 311.507-AL, Quarta Turma do STJ, Rel. Min. Ruy Rosado de Aguiar, julgado em 11/09/2001, DJ 05/11/2001 (RT 789/239).

7.1.5. Conceito de 'Imóvel Vizinho'

Como ensina o professor Fabrício (1995, pp. 440-41), o conceito de vizinho prejudicado pela obra nova é amplo, de forma a abranger, além do dono ou possuidor do prédio contíguo, também aqueles proprietários ou possuidores de prédios próximos. Como diz o ilustre mestre da Universidade Federal do Rio Grande do Sul, "basta que a distância entre um e outro seja suficientemente curta para que a obra feita em um deles prejudique o outro".

7.2. COMPETÊNCIA

Usualmente, a ação de nunciação de obra nova tem como objeto a prestação de uma obrigação de fazer ou não fazer, a partir das violações do direito de construir e para que o mau uso de propriedade cesse e não prejudique o prédio vizinho. Ainda que também seja possível identificá-la como inserida no âmbito do direito do vizinho, o fato é que ela procura obstar um uso nocivo da propriedade.

Entendemos, por isso, que se trata de uma ação pessoal que envolve um imóvel. Daí a competência do foro da situação do imóvel (art. 95 do CPC). Neste sentido: Gonçalves (2005, p. 81) e Alves (1992, pp. 450-51).

Em sentido diverso, Theodoro Júnior (2006, p. 163) sustenta que se trata de uma ação de direito real imobiliário e, por isso, a competência recai sobre o foro da situação do imóvel.

De qualquer forma, independentemente do direito abrangido no litígio, real ou pessoal, tem-se que a competência é absoluta por envolver um imóvel.[3] Não comporta prorrogação e pode ser conhecida de ofício, a qualquer grau de jurisdição.

7.3. LEGITIMIDADE DE PARTES

Nos termos do art. 10 do CPC, no pólo ativo, deve haver participação – autorização – do cônjuge para o ajuizamento da ação de nunciação de obra nova.

3 Neste sentido: REsp nº 819.225-PR, Terceira Turma do STJ, Rel. Min. Nancy Andrighi, julgado em 25/09/2006, DJ 16/10/2006.

Nos termos do art. 934 do CPC, pode ser *autor* da ação:

I – *O proprietário ou o possuidor de um prédio prejudicado pela obra*. Tem-se que a ação não é exclusiva do proprietário, mas também pode ser manejada pelo possuidor. Sendo assim, não se pode ter dúvida de que ao compromissário comprador, na qualidade de possuidor (direto ou indireto), deve ser admitida a legitimidade ativa. No mesmo sentido: Fabrício (1995, p. 444).

Note-se que a legitimidade ativa, neste passo, liga-se ao seu objeto, uma vez que, nas felizes palavras de Alves (1992, p. 572), "tem ela pertinência se o prejuízo é à segurança material ou ao livre desfrute do bem imóvel na vizinhança, inclusive se é o caso de comunhão". Ou seja, há legitimidade para quem, sendo proprietário ou possuidor, veja o uso do próprio imóvel – desfrute em todos os aspectos – prejudicado em razão da obra nova iniciada pelo vizinho.

II – *O condômino*. Em ação dirigida pelo condômino contra outro condômino. Configura exceção à regra, porque versa sobre condomínio e não lida propriamente com um direito de vizinhança ou com a violação das posturas municipais.

III – *O município*. Para proteger o respeito às normas de uma maneira geral, abrangendo leis, decretos e posturas das várias esferas de competência (União, Estados ou Municípios). Isto é, a legitimidade ativa do Município vai além do respeito às normas e posturas municipais, para abranger a defesa do respeito a quaisquer normas que interessem na realização das obras. Exemplo: uma construção que acabe por violar lei estadual que protege o meio ambiente pode ser objeto de uma ação de nunciação de obra nova promovida pelo Município.

A *legitimidade passiva* recai sobre o *dono da obra*. Nas palavras do professor Fabrício (1995, p. 448), dono da obra "é aquele por conta de quem executa a mesma". O professor Marcato (2004, p. 183) adverte que a legitimidade não recai sobre o construtor ou sobre o possuidor. A intimação do construtor e dos operários tem a finalidade de dar a eles conhecimento do embargo, não modificando a legitimidade passiva. Nos termos do art. 10, § 1º do CPC, se o réu for casado, também deve haver inclusão do cônjuge, no pólo passivo da demanda.

7.4. EMBARGO EXTRAJUDICIAL

Dispõe o art. 935 do CPC: "ao prejudicado também é lícito, se o caso for urgente, fazer o embargo extrajudicial, notificando verbalmente, perante duas testemunhas, o proprietário ou, em sua falta, o construtor, para não continuar a obra". A finalidade desta providência extrajudicial é fazer com que a construção seja imediatamente paralisada, antes mesmo da promoção da ação de nunciação de obra nova.

A *providência extrajudicial* tem como requisitos: a) o prejudicado (futuro autor da ação de nunciação de obra nova) fazer-se acompanhar por duas testemunhas; b) notificar verbalmente ou por escrito com o conteúdo específico: não prosseguir na obra; c) dirigir a notificação ao dono da obra ou, na sua falta, ao construtor; e d) ingressar com a ação judicial, em três dias.

Importante destacar o *prazo de três dias* para que seja promovida a ação judicial. A lei processual é clara, estabelecendo o referido prazo para o prejudicado ingressar com a ação de nunciação de obra nova, sob pena de cessar o efeito do embargo extrajudicial (art. 935, parágrafo único do CPC). Escoado o prazo, apesar de cessado o efeito daquele embargo extrajudicial, nada impedirá que o prejudicado ingresse com a ação de nunciação de obra nova, renovando o pedido de embargo judicial da obra, como será visto adiante.

7.5. PROCEDIMENTO DA AÇÃO

Segundo dispõe o art. 936 do CPC, além dos requisitos do art. 282 do CPC, a *petição inicial* da ação de nunciação de obra nova deve conter:

I – *Requerimento de embargo*. O autor poderá solicitar o embargo da obra, para que ela fique suspensa. Pode formular, cumulativamente, os seguintes pedidos em relação à obra: a) reconstituição; b) modificação; e c) demolição.

Ou seja, a finalidade da ação judicial é propiciar que o imóvel do autor (prejudicado) fique livre das violações perpetradas pelo réu (dono da obra). Nada impede que a pretensão do autor seja restrita à paralisação da obra, não cumulando ele qualquer pedido de demolição.

II – *Imposição de multa*. Como ensina o professor Greco Filho (2003, pp. 228-29), trata-se de uma ação de preceito cominatório, impondo sanção para o descumprimento da obrigação de não fazer consistente na suspensão da obra ou da obrigação de fazer consistente na modificação, reconstituição ou demolição da mesma. A obrigação de fazer ou a obrigação de não fazer podem atingir total ou parcialmente a obra.

III – *Condenação em perdas e danos*. O autor poderá solicitar o pedido de indenização por perdas e danos materiais (danos emergentes e lucros cessantes) e morais.

IV – *Pedido de liminar*. Entendemos, com apoio nos magistérios de Fabrício (1995, p. 457) e Gonçalves (2005, p. 87-88), que o pedido de liminar (embargo liminar) é indispensável para recebimento da inicial. A ausência do pedido de liminar descaracteriza o rito especial da ação de nunciação de obra nova.

A pretensão de liminar pode consistir na ratificação do embargo extrajudicial. Nada impede que o juiz simplesmente confirme a medida extrajudicial de embargo, o que faz retroagir seus efeitos à data em que o autor promoveu a notificação verbal.

Se necessário, como alerta Fidélis dos Santos (2006, p. 64), na ratificação o juiz examina os aspectos formais do embargo extrajudicial e analisa a oportunidade (urgência) da medida, sendo-lhe facultado realizar audiência de justificação para complementação da prova documental e produção da prova oral. Também pode modificar o alcance do embargo, ampliando-se ou reduzindo-se seus efeitos.

O *pedido* do autor envolve a imposição da obrigação de fazer consistente na interrupção da obra, o que implica a obrigação de não fazer um mau uso da propriedade – contrariando as normas do direito de vizinhança ou do direito de construção. Nesta linha, entendemos que o pedido em termos amplos viabiliza a imposição de medidas de apoio previstas, no art. 461 do CPC, para obtenção do resultado equivalente, não se limitando à imposição de multa.

O *valor da causa* traduz o conteúdo econômico da demanda. Pode-se ligar à parcela das perdas e danos ou refletir proporção do valor venal do imóvel prejudicado pela obra nova.

O juiz concede a liminar para embargar a obra em dois momentos: a) *inaudita altera pars* ou b) após audiência de justificação. Trata-se de uma medida urgente que tem como requisito principal o *periculum in mora* (isto é, o perigo de dano de difícil reparação ou de dano irreparável) para o autor. Se a decisão antecipa a tutela pretendida pelo autor – ao menos parcialmente –, ao determinar a paralisação da obra, sua natureza é de antecipação de tutela com requisitos diferentes do art. 273 do CPC.

A execução da liminar merece destaque e o art. 938 do CPC dispõe que: "o oficial de justiça encarregado de seu cumprimento lavrará auto circunstanciado, descrevendo o estado em que se encontra a obra; e, ato contínuo, intimará o construtor e os operários a que não continuem a obra sob pena de desobediência". Ao descrever o atual estado da obra, inclusive fazendo uso de fotografia ou filmagem, o oficial de justiça viabiliza o pleno controle da eficácia da decisão liminar. O autor pode fornecer ao meirinho os recursos materiais necessários àquelas providências.

É imprescindível que o construtor, o chefe da obra e os operários sejam intimados do conteúdo da decisão judicial, a fim de que surja para eles a obrigação jurídica de cessação dos trabalhos. A eles são impostas as medidas de apoio do art. 461 do CPC, a multa prevista no art. 14, V, do CPC e a prisão por crime de desobediência.

Ademais, se constatado que o réu – ou seus funcionários ou prepostos – desrespeitou o embargo extrajudicial ou a ordem da liminar, tem-se como praticado o atentado (art. 879, II, do CPC). O autor pode, então, valer-se da ação cautelar incidental de atentado para fazer a obra retornar ao estado anterior.[4]

Pensamos, ainda, que, se há manifesta violação do embargo ou da liminar, o retorno da obra ao estado anterior e o cumprimento da ordem judicial também se efetivam no âmbito do processo de conhecimento, com as medidas de apoio (art. 461, § 5º, do CPC), tais como remoção de coisas ou pessoas, demolição, interdição de atividade etc. É dispensável, nas referidas circunstâncias processuais, a instauração do processo cautelar de atentado.

Uma vez indeferido o embargo liminar, há polêmica na doutrina sobre o prosseguimento da ação. O indeferimento pode ocorrer no recebimento da petição inicial ou após a realização de audiência de justificação.

Entendemos que o prosseguimento da obra em virtude da tramitação do processo sem concessão da liminar ou até por sua ineficácia, diante da não observância pelo réu, não prejudica o deslinde do feito.[5] Como salienta Gonçalves (2005, pp. 88-89), interessa que a nunciação da obra nova te-

---

4 Neste sentido: REsp nº 819.225-PR, Terceira Turma do STJ, Rel. Min. Nancy Andrighi, julgado em 25/09/2006, DJ 16/10/2006.

5 Neste sentido, colhem-se os precedentes do STJ: a) REsp nº 161.398-MG, Quarta Turma, Rel. Min. Barros Monteiro, julgado em 05/04/2005, DJ 30/05/2005, afirmando-se que "para a apreciação do mérito, nas ações de nunciação de obra nova, basta que a ação tenha sido proposta quando não integralmente terminada a obra, pouco importando que à época da prolação da sentença já esteja ela concluída" e b) REsp nº 440.167-MA, Quarta Turma, Rel. Min. Ruy Rosado de Aguiar, julgado em 03/10/2002, DJ 25/11/2002, sublinhando-se "a conclusão da obra, que poderia ter ocorrido no curso da ação em que se denegou o pedido liminar, também não é motivo para a extinção do processo, que tem pedidos alternativos". Em igual direção, no TJSP: Ap. Cível nº 018.065-4/7-00, Oitava Câmara Direito Privado, relator Desembargador Egas Galbiatti, julgado em 11/02/1998.

nha sido promovida enquanto não terminada a obra. Na sentença, temse como viável que o juiz ordene a suspensão da obra, a qual, se estiver finalizada, deverá ser modificada para atender ao comando judicial.

Isto é, pensamos que a ação de nunciação de obra pode assumir o caráter de ação demolitória, quando indeferido o embargo liminar. Nenhum prejuízo advém para o réu que vê respeitado seus direitos constitucionais à ampla defesa e ao contraditório, porquanto o prazo de resposta se inicia com a sua intimação acerca do conteúdo da decisão sobre a liminar. A conversão da ação de nunciação de obra nova em ação demolitória encontra respaldo nos tribunais.[6]

Para os professores Fabrício (1995, pp. 463-64) e Marcato (2004, p. 186), uma vez indeferido o embargo, a ação não terá condições de prosseguimento por ausência de pressuposto ao válido desenvolvimento da relação processual, devendo ser extinto o processo sem apreciação do mérito (art. 267, inciso IV do CPC).

O *prazo de resposta* é cinco dias (art. 938, parte final do CPC). Se houver designação de audiência de justificação, o réu será citado e intimado da realização da audiência. O prazo de defesa fluirá da data em que o réu for intimado da decisão sobre a concessão ou não da liminar, assim como ocorre nas ações possessórias.

Discordamos da posição de Marcato (2004, p. 186) que sustenta, no caso do deferimento da liminar, que a abertura do prazo de defesa se faz com a execução do embargo, a partir do art. 938 do CPC.

A interpretação da disposição não é isolada, mas deve levar em conta a diversidade das situações em que a liminar de embargo é deferida: a) sem ouvir a parte contrária, no limiar do processo e b) com a realização prévia de audiência de justificação.

Para nós, a parte final do art. 938 do CPC refere-se à situação em que há deferimento da liminar, *inaudita altera pars*. Isto é, expede-se, desde logo, o mandado para execução do embargo e que também se presta à

6 A propósito, confira-se o precedente do STJ, REsp nº 851.013-RS, Quarta Turma, Rel. Min. Hélio Quaglia Barbosa, julgado em 0512.2006, DJ 05/02/2007 , destacando-se: "A diversidade de requisitos entre a ação de nunciação de obra nova e a ação demolitória não impede possa ser feita a conversão de uma em outra, quando erroneamente ajuizada; 2. A pretensão deduzida na ação demolitória se reproduz na inicial da nunciação de obra nova (art. 936, I, *in fine*, do CPC), de modo que não seria concedido ao autor nenhum outro bem jurídico que ele já não houvesse pleiteado; daí porque não se há falar em alteração do pedido, após a estabilização da lide".

citação do réu para a oferta de resposta. Aqui, o prazo flui com a juntada aos autos do mandado de citação e execução da liminar, devidamente cumprido. Se houve somente a execução, deve se aguardar a citação. A peculiaridade do conflito torna incorreta a citação antes da execução da liminar. Mas se tal falha ocorrer e considerando-se a concessão da liminar, o prazo de defesa flui com a juntada aos autos do mandado de citação. Na situação em que há designação de audiência de justificação, à semelhança das possessórias, o prazo de defesa flui com a intimação da decisão sobre a concessão da liminar. Se a decisão sobre a liminar é proferida em audiência, todos os presentes – partes e advogados – saem intimados, dispensando-se qualquer outra providência. Se o réu ou seu advogado constituído não comparece à audiência, ou se a decisão é proferida fora daquele ato processual, a intimação se faz exclusivamente na pessoa do advogado (pela imprensa). Se o réu não compareceu à audiência e não se tem notícia da constituição de advogado, o primeiro é intimado pessoalmente, por mandado ou pelo correio.

Entendemos que, além da contestação, não podem ser excluídas outras *formas de resposta*: impugnação ao valor da causa, exceções (de incompetência relativa, suspeição e impedimento) e reconvenção. Neste sentido: Fabrício (1995, pp. 467-68) e Marcato (2004, p. 187).

Respeitada a conexidade de matérias, o réu pode ofertar reconvenção com pedidos ligados à reparação de danos causados pela conduta do autor (iniciativa do embargo extrajudicial ou pela obtenção de ordem indevida para paralisação das obras)[7] ou mesmo para trazer à baila outra questão relativa ao uso nocivo da propriedade pelo último.

O nunciado (réu da ação) poderá, a qualquer tempo e grau de jurisdição, requerer o prosseguimento da obra mediante *caução* (art. 940 do CPC). O professor Theodoro Júnior (p. 168) deixa claro que o pedido de substituição do embargo liminar pela prestação de caução se contenta com a demonstração de prejuízo para o réu. O prejuízo é para a parte, não para a obra. Não necessita o réu provar que a decisão concessiva da liminar era ilegal ou injusta.

7 No mesmo sentido, precedente do TJSP, admitindo a reconvenção, embora a tenha julgado improcedente por ausência de prova do prejuízo: Ap. Cível nº 006.891-4/3, Sexta Câmara D. Privado, Rel. Des. Mohamed Amaro, julgado em 19/02/1998.

Para a obtenção da *caução*, o réu deve preencher os seguintes requisitos:

a) *Justificar a razão pela qual a paralisação é prejudicial.* Na construção inserida em empreendimentos imobiliários, visível o prejuízo acarretado pela interrupção da obra. Basta que o autor traga a Juízo as indicações de comercialização ou do lançamento de unidades imobiliárias em futuro próximo.
b) *Provar que a obra não viola as normas administrativas* (posturas municipais, normas ambientais etc.). Não se trata de exigir prova inequívoca, mas de fundamento razoável de que a obra não viola a lei.
c) *Demonstrar que a caução é idônea.* A caução é sempre prestada em primeiro grau de jurisdição, ainda que o processo já esteja em fase de recurso. A idoneidade está ligada à suficiência da garantia, em caso de reconhecimento de perdas e danos em favor da parte contrária. A prestação de caução deverá seguir o disposto no art. 829 do CPC.

Se deferida a prestação da caução, o réu fica sujeito ao resultado da sentença, quando poderá, em caso de prosseguimento da obra e sua finalização, ser condenado a demolir a construção.

Uma vez superada a fase da apreciação da liminar, o processo adota o *rito cautelar* (art. 939 do CPC). Trata-se de impor o rito genérico das ações cautelares ao procedimento especial da ação de nunciação de obra nova com a finalidade de lhe emprestar celeridade, como anotado pelo jurista Greco Filho (2003, p. 236).

Em outros termos, a ação de nunciação de obra nova é de processo de conhecimento, mas apenas com o "empréstimo" do rito cautelar. Nada se altera, friso, na natureza da ação. Pode haver instrução do processo (com provas oral, documental e pericial) ou julgamento antecipado da lide, tudo na forma dos arts. 803 e seguintes do CPC.

Na *sentença*, cabe ao juiz apreciar os pedidos formulados pelo autor, além da paralisação da obra, usualmente, a demolição e as perdas e danos. Se procedente, confirma o embargo, além de acolher parcial ou integralmente os demais pedidos (demolição e indenização), se houver. Se improcedente, rejeita o pedido inicial, revogando a ordem judicial de embargo. Logicamente, a parte que sucumbir arca com as custas judiciais e os honorários advocatícios.

Capítulo 8
Ação de Usucapião

8.1. INTRODUÇÃO. DISPOSIÇÕES NORMATIVAS DA USUCAPIÃO

A *usucapião*[1] é um modo originário de *aquisição da propriedade* pelo exercício prolongado da posse. Fala-se em *prescrição aquisitiva* justamente porque a usucapião se opera pelo decurso de um prazo. São objeto de usucapião os seguintes bens: a) móveis e b) imóveis.

Observamos que não são passíveis de usucapião os bens fora de comércio: a) bens inalienáveis; b) bens insuscetíveis de apropriação; e c) bens públicos.

São considerados *requisitos gerais* para o reconhecimento da usucapião, em qualquer modalidade:

I – *Posse ad usucapionem*. É aquela que tem a característica de ser uma posse com *animus domini*, na sua forma objetiva – exteriorizada. O possuidor usa, goza e dispõe da coisa. Mas a posse que conduz à propriedade tem características próprias. Ribeiro (1992, pp. 629-631) esclarece que a posse *ad interdicta* (para efeito de interditos) necessita ser justa – não contaminada pelos vícios da violência, clandestinidade e precariedade. Porém, a posse *ad usucapionem* tem como nota característica o fato do possuidor mostrar-se imbuído da convicção de ter a coisa para si.

Neste passo, apontam-se algumas situações em que não se verifica a posse *ad usucapionem*. Como não praticam a posse por ato próprio (e sim por intermédio de outrem) e não têm consciência da posse sobre a coisa:

1 Sem desconhecer a polêmica sobre o gênero da palavra usucapião, se feminina ou masculina, resolvemos adotar a primeira opção. Entendemos que, ainda que se diga que a tradição jurídica brasileira consagra o gênero masculino, temos a inclinação do CC de 2002 pelo gênero feminino, ao dar como nome da Seção I do Capítulo II, do Título III, do Livro III, da Parte Especial: "Da Usucapião". Sobre o assunto, colham-se os magistérios de Ribeiro: (1992, pp. 164-78) e Salles: (2005, pp. 47-48). A tradição deve ser modificada, ajustando-se à opção legal.

incapazes (menores totalmente incapazes e pessoas interditadas). Por não exercerem a posse com ânimo de dono, enquanto vigente e eficaz o respectivo negócio jurídico: locatário, credor pignoratício, comodatário e usufrutuário. Também por exercerem a posse em nome de outrem, a partir de uma relação de trabalho: empregados domésticos, zeladores, guardas, porteiros, caseiros, motoristas, jardineiros. Os agregados familiares que usam a coisa como fruto da convivência: amigos, tios, primos, afilhados, irmãos.

Alguns fatos evidenciam o *animus domini*. A análise é conjunta, não servindo um fato isolado para caracterizar, em todas as situações, a posse *ad usucapionem*. A colocação de cercas ou muros no imóvel; o pagamento de tributos que pesam sobre a titularidade imobiliária; a construção de acessões ou a introdução de benfeitorias nos prédios existentes; a constituição de residência no imóvel; a plantação de flores, árvores ou plantas no local; a criação de animais, tudo pode significar a ocupação do imóvel com ânimo de dono.

II – *Posse contínua e ininterrupta*. A lei exige uma posse prolongada no tempo, mas sem solução de continuidade pelo possuidor e sem ser interrompida por terceiros. Seguindo o magistério de Ribeiro (1992, p. 651), a posse é contínua "quando os atos, de que resulta o gozo, não apresentam omissões da parte do possuidor". Não se trata de exigir a prática de atos diários para a caracterização da posse, mas de atos freqüentes e regulares numa situação de harmonia com a natureza da coisa.

As causas de interrupção do prazo estão previstas no art. 202 do CC e funcionam como fatos impeditivos da aquisição da propriedade. Uma vez interrompida a prescrição, o prazo volta para a estaca zero.

III – *Posse pacífica e pública*. Ainda que tenha se iniciado de forma injusta, violenta ou clandestina, a posse passa a ser *ad usucapionem*, quando cessadas a violência ou a clandestinidade. A posse pacífica é aquela que não sofre oposição. A publicidade da posse é requisito para que seja aferida a própria tranqüilidade – enquanto clandestina a posse não pode ser qualificada como pacífica.

E, novamente, manifestamos concordância com Ribeiro (1992, p. 656), atribuindo sentido jurídico à oposição, quando manifestada por medidas judiciais – de ação ou de defesa – pelos terceiros interessados na interrupção da prescrição aquisitiva. Não basta que o terceiro interessado procure manter conversas ou pratique atos na esfera extrajudicial. Porém, se o possuidor for mantido na posse e sair vencedor no litígio judicial, sua posse continua, para fins jurídicos, pacífica.

O art. 1.238 do CC dispõe sobre as subespécies de *usucapião extraordinária*, sempre com a dispensa do justo título e da boa-fé: a) a posse por 15 (quinze) anos, qualquer seja o uso ou a destinação do imóvel e b) a posse por 10 (dez) anos, desde que o imóvel seja usado para moradia, ou realização de obras ou serviços de caráter produtivo.

O art. 1.242 do CC disciplina duas subespécies de *usucapião ordinária*, sempre com a exigência do justo título e boa-fé: a) para um período de posse de dez anos e b) para a posse exercida por cinco anos, quando o justo título diz respeito a uma alienação onerosa e registrada no Cartório de Registro de Imóveis (cancelada posteriormente), tendo o possuidor feito uso do imóvel para moradia ou para realização de obras de interesse econômico e social.

Deve ser mencionada a *usucapião rural*. O art. 191 da CF disciplinou aquela espécie de usucapião com os seguintes requisitos: a) área rural até 50 hectares; b) posse ininterrupta e sem oposição; c) exercício da posse de cinco anos; d) uso produtivo por trabalho seu ou de sua família; e) não ser proprietário de outro imóvel urbano ou rural. A norma constitucional foi repetida pelo art. 1.239 do CC. Importante observar que a Constituição de 1934, a Constituição de 1946, o Estatuto da Terra (Lei nº 4504/1964) e a Lei nº 6.969/1981 já disciplinavam a usucapião rural com a previsão de tamanhos diversos de área e prazos distintos.

Houve, ainda, a disciplina constitucional da *usucapião urbana*. O art. 183 da CF impôs as seguintes exigências: a) área urbana de até 250 metros quadrados; b) posse ininterrupta e sem oposição; c) exercício da posse de 5 anos; d) uso para moradia ou de sua família; e) o possuidor não pode ser proprietário de outro imóvel urbano ou rural. O dispositivo foi praticamente repetido no art. 1.240 do CC e no art. 9º do Estatuto da Cidade.

Finalmente, deve ser sublinhada a *usucapião coletiva*. O Estatuto da Cidade (Lei nº 10.257/2001) em seu art. 10 prevê a possibilidade de usucapião coletivo com os seguintes requisitos: a) área urbana com mais de 250 metros quadrados; b) possuidores de baixa renda; c) uso para moradia; d) exercício da posse por mais de 5 anos; e) ocupação ininterrupta e sem oposição; f) os possuidores não podem ser proprietários de outro imóvel rural ou urbano.

O art. 1.228, § 4º, do CC apresenta uma hipótese peculiar de *usucapião coletiva*, chamada desapropriação indireta (e, por isso, mediante justa indenização pelo Poder Público) por Viana (2003, p. 49). Nela se prevê a perda da propriedade, desde que atendidas as seguintes exigências: a) a posse se dê numa área extensa (sem distinção, se rural ou urbana); b) posse ininterrupta e de boa-fé; c) o exercício da posse ultrapasse cinco anos; d) a ocupação feita por número considerável de pessoas, com a realização de obras e serviços, isolada ou conjuntamente, voltados para um relevante interesse social e econômico.

Observamos que, nas várias modalidades de usucapião, há um novo sentido da propriedade – e do instituto da usucapião – que está ligado à função social da mesma. Na apreciação das ações, o juiz deve ficar atento à nova concepção jurídica da propriedade, concretizando sua função social.

Por fim, há que se apontar o problema da *eficácia da lei no tempo*. O art. 2.029 do CC dispõe sobre uma regra de transição para a usucapião extraordinária e para a usucapião ordinária, impondo-se um prazo adicional de 2 (dois) anos nos períodos da prescrição aquisitiva trazida pela novel legislação. A regra de transição tem aplicação nos dois primeiros anos de vigência do Código Civil de 2002.

Entendemos que a regra é *inconstitucional* por afetar o direito de propriedade e o ato jurídico perfeito. A nova forma de aquisição de propriedade trazida por uma novel legislação não pode ter efeitos retroativos.

Assim, como *regra geral*, a redução de prazos somente tem efeito, para as posses iniciadas depois da entrada em vigor do diploma normativo correspondente (Constituição Federal, Estatuto da Cidade ou Código Civil). As posses iniciadas em período anterior continuam disciplinadas, em relação à usucapião, pela lei primitiva e então vigente.

O que admitimos, como *exceção*, é que a continuidade da posse tenha a disciplina da nova legislação, desde que todo o novo prazo de prescrição aquisitiva inserido pela modificação normativa tenha fluência na sua vigência.

Duas situações são tomadas como exemplos, na compreensão da tese ora defendida.

A *primeira situação* diz respeito a alguém que, pretendendo obter a aquisição da propriedade pela usucapião extraordinária, tenha iniciado a posse em 01/01/1985, ainda na vigência do Código Civil de 1916. Pelo disposto no art. 550 daquele diploma legal, o prazo aquisitivo tem fluência até 01/01/2005.

Se aplicada, todavia, a regra de transição do CC de 2002 (art. 2029), a primeira situação implica a obtenção da usucapião extraordinária, logo no minuto de vigência da novel legislação (11/01/2003). Isto porque o acréscimo de dois anos ao novo prazo – dez anos (art. 1.238, parágrafo único) – para a usucapião extraordinária perfaz um período total de 12 anos. E, se considerado o início da posse (01/01/1995), a entrada em vigor do CC de 2002 implica a imediata perda de propriedade.

Pensamos que assim não pode ser. O proprietário de um imóvel não pode ver-se despojado do direito pelo efeito retroativo da lei. Verificam-se duas violações a normas constitucionais, a um só tempo (art. 5º, XXIII e XXXVI). Pode-se dizer que o proprietário que tinha o direito de interromper o prazo aquisitivo durante 20 anos viu-se surpreendido com a diminuição do prazo da noite para o dia.

Na situação dada, é mais justo que se aguarde o prazo original do Código Civil de 1916 (01/01/2005) da usucapião extraordinária, respeitando-se o direito adquirido do proprietário. Aplica-se o prazo da lei anterior, quando reduzidos pelo CC de 2002 os prazos de prescrição aquisitiva.

Em sentido distinto, Diniz (2003, pp. 85-90) também não vê possibilidade de aplicação do art. 2.029 do CC para os prazos aquisitivos iniciados na vigência do CC de 1916, quando a incidência do CC de 2002 implica efeito retroativo total, mas desde que ultrapassado mais da metade do período. Isto é, a nobre professora sustenta que, para se evitar a vigência retroativa, se aplique o art. 2.028 do CC.

Mas uma *segunda situação* precisa ser resolvida. Alguém que, pretendendo obter a aquisição da propriedade pela usucapião extraordinária, tenha iniciado a posse em 01/01/2003, ainda na vigência do Código Civil de 1916. Pelo disposto no art. 550 daquele diploma legal, o prazo aquisitivo tem fluência até 01/01/2023.

Se aplicada, todavia, a regra de transição do CC de 2002 (art. 2.029), a segunda situação implica a obtenção da usucapião extraordinária, em 01/01/2012. Isto porque o acréscimo de dois anos ao novo prazo – dez anos (art. 1.238, parágrafo único) – para a usucapião extraordinária perfaz um período total de 12 anos.

Uma variação de interpretação também razoável para o art. 2.029 do CC de 2002 é a de que o prazo adicional de dois anos somente tem incidência, quando os prazos de prescrição aquisitiva terminarem naquele período. Se terminados depois dos primeiros dois anos de vigência do CC de 2002, mas sem possibilidade de término neste período mesmo com a aplicação dos novos prazos da lei, não se conta o prazo adicional. Nesta interpretação de alcance da norma de transição, inferimos que subsiste o problema da inconstitucionalidade antes apontado.

Entendemos que a dicção da norma de transição do art. 2.029 permite sua aplicação somente para a posse iniciada após a vigência do CC de 2002. Despreza-se aquela parte da norma que autoriza a contagem de posse iniciada na vigência do diploma anterior (CC de 1916), como forma de chegar-se à constitucionalidade da norma.

Explica-se: como houve uma significativa redução dos prazos de prescrição aquisitiva, posto que baseada em relevante motivação social, a alteração da realidade social – conhecimento pelos proprietários e pelos interessados de uma maneira geral – é razoável a fixação de um prazo de transição para o futuro. Nos primeiros dois anos de vigência do art. 1.238, parágrafo único, e do art. 1.242, parágrafo único, ambos do CC de 2002, o prazo da prescrição aquisitiva da propriedade é fixado para 12 anos para a usucapião extraordinária e para sete anos para a usucapião ordinária. Somente depois, aqueles prazos são reduzidos, respectivamente, para dez anos e para cinco anos.

Entretanto, devemos voltar à segunda situação da usucapião extraordinária. Há uma situação injusta causada pelo início da posse. Isto porque, se o possuidor abandonar o imóvel – abrir mão da posse primitiva *ad usucapionem* – durante algum tempo e depois voltar, terá de cumprir um prazo bem menor de prescrição aquisitiva. Se ingressar no imóvel em 01/01/2003, o possuidor tem um prazo de prescrição aquisitiva até 01/01/2023, respeitada a tese de que a novel legislação não pode atingir a propriedade e o direito adquirido. Mas se ele (possuidor) simplesmente sair e abandonar o local por um mês, e retornar em 01/02/2003, terá o prazo de prescrição aquisitivo da nova lei: até 01/02/2015.

Em outras palavras, é necessário ter uma cautela extrema na análise do período de transição de normas que digam respeito a direitos complexos – a obtenção da posse pela usucapião é exemplo típico – que se formam e integram por diversos atos ou elementos (a fluência do prazo aquisitivo se dá dia-a-dia e traduz apenas um dos requisitos na obtenção da propriedade pela aludida forma).

A situação causa perplexidade, se imaginarmos que, tivesse a posse se iniciado em 01/02/2003, em razão da plena vigência do CC de 2002 (art. 1.238), a prescrição aquisitiva teria fim em 01/02/2015.

Sintetizando e concluindo, entendemos que o possuidor – no caso da prescrição aquisitiva exclusivamente – pode abrir mão do prazo anterior de posse e valer-se exclusivamente do prazo posterior à vigência da lei nova.

Trata-se de uma exceção que se apresenta com a seguinte formulação: o possuidor pode utilizar o prazo de uma legislação nova (CF, Estatuto da Cidade e do CC de 2002), desde que sua fluência se dê por inteiro na vigência da nova lei. Aqui, admite-se que a posse – mesmo sem cômputo do prazo anterior – tenha se iniciado na vigência do diploma anterior. Neste sentido, manifesta-se Venosa (2003, p. 204), ao abordar a usucapião constitucional.[2]

8.2. CARACTERÍSTICAS DA AÇÃO DE USUCAPIÃO

Dispõe o art. 941 do CPC: "compete a ação de usucapião ao possuidor para que se lhe declare, nos termos da lei, o domínio do imóvel ou a servidão predial". Logo, tem-se que o rito especial da ação de usucapião é destinado exclusivamente à declaração do domínio dos bens imóveis particulares ou à servidão predial.

A ação tem natureza *declaratória* da propriedade – adquirida pela usucapião – ou da servidão. Busca-se o reconhecimento judicial do domínio ou da servidão, para fins de regularização no Cartório de Registro de Imóveis. Por isso, não se pode confundir o provimento jurisdicional perseguido: declaratório e não constitutivo.

Marcato (2004, p. 194) e Nery Júnior e Andrade Nery (2006, p. 1.004) assinalam que, antes da reforma introduzida pela Lei nº 8.951/1994, havia previsão para uma audiência de justificação de posse que tornava o rito da ação de usucapião especial. Com a modificação, a ação passa a ser de rito comum (ordinário).

Com o devido respeito. A ação continua a ser de rito especial, embora com poucas diferenças para o procedimento comum (ordinário). Como será visto adiante, a peculiaridade do direito material que reclama uma diferença no rito – e o transforma em especial – encontra-se na imposição de requisitos específicos para a petição inicial, a citação e a intervenção da Fazenda Pública.

2 Em sentido contrário, colhe-se precedente do TJ-SP, admitindo-se a aplicação imediata da usucapião constitucional, aproveitando-se a posse anterior à vigência da norma constitucional: RT 690/1973.

Para o reconhecimento da usucapião de bens móveis, o possuidor deve ajuizar uma ação de rito comum, que será sumário para os bens de valor até 60 (sessenta) salários mínimos (art. 275, I, do CPC) e ordinário para os demais.

8.3. COMPETÊNCIA

Tratando-se ação real imobiliária, a competência recairá sobre o foro da situação do imóvel (art. 95 do CPC). A competência é absoluta e, portanto, improrrogável com possibilidade de conhecimento de ofício pelo juiz.

Como assinalam os professores Marcato (2004, p. 193) e Gonçalves (2005, p. 94), na Comarca de São Paulo (capital), onde há vara especializada, será competente a Vara de Registros Públicos.

Se houver intervenção da União, a competência para processamento da usucapião será da Justiça Federal. A Súmula nº 11 do STJ explicita: "a presença da União ou de qualquer de seus entes, na ação de usucapião especial, não afasta a competência do foro da situação do imóvel". Sendo assim, a competência será da Seção Judiciária em que estiver situado o imóvel.

8.4. LEGITIMIDADE DE PARTES

No pólo ativo, como *autor* da ação de usucapião, tem-se o *possuidor usucapiente*, que se tornou proprietário pela usucapião. Deve haver obrigatória participação do cônjuge (art. 10 do CPC).

No pólo passivo, há *réus certos* e *réus incertos*. Forma-se um litisconsórcio necessário. Portanto, a falta de citação conduz à invalidade do processo. O juiz pode ordenar, de ofício, a citação do litisconsorte necessário.

São réus certos: proprietários e confinantes. Se o autor da usucapião tiver perdido a posse, também será réu (litisconsorte necessário) o possuidor atual, nos termos da Súmula nº 263 do STF ("O possuidor deve ser citado, pessoalmente, para a ação de usucapião"). Deve haver obrigatória participação dos cônjuges dos réus, na forma do art. 10, § 1º, I, do CPC.

E são réus incertos: eventuais interessados. Como será visto adiante, eles acabam citados por edital.

8.5. PROCEDIMENTO

Além dos requisitos do art. 282 do CPC, a *petição inicial* da ação de usucapião deve conter, de acordo com o art. 942 do CPC:

I – *Planta do imóvel*. O autor deverá descrever o imóvel usucapido, trazendo, para tanto, a planta do mesmo.

II – *Citação* das seguintes pessoas: a) titular do domínio, de acordo com o registro de imóveis; b) confinantes; e c) eventuais interessados e réus incertos, estes citados por edital (art. 232 do CPC).

O professor Marcato (2004, p. 194) menciona, com razão, que o autor deve juntar ainda: a) certidão de cartório de registro de imóveis, para fazer prova de quem é o titular do domínio e b) certidões negativas de existência de ações possessórias, para comprovar que a posse era ininterrupta e sem oposição.

O pedido é *declaratório* do reconhecimento da aquisição da propriedade pela forma da usucapião. A doutrina não aborda a possibilidade de cumulação com outros pedidos, o que nos parece viável, desde que exista conexão com aquela finalidade precípua da ação. A adoção do rito ordinário facilita a compatibilidade com a articulação de uma pretensão conexa.

O *valor da causa* será o valor de mercado do imóvel. Na falta de prova específica sobre o aludido valor, a estimativa oficial para fins de imposto territorial e predial urbano (IPTU) pode servir de critério ao estabelecimento do valor da causa, por extensiva aplicação do art. 259, VII do CPC.

O ilustre professor Fabrício (1995, pp. 511-12), esclarece que, à míngua de previsão legal específica, aplica-se o prazo de defesa, que é o prazo geral de 15 dias, contado na forma da lei processual (art. 241 do CPC).

O procedimento terá, ainda, as *seguintes providências*: a) intimação postal das Fazendas Públicas da União, Estados, Distrito Federal, Territórios e Municípios e b) intervenção do Ministério Público (que atua como fiscal da lei). A falta delas implica a nulidade do processo.

Entendemos que a citação ficta dos eventuais interessados não impõe a *intervenção do curador*.[3] O art. 9º, II do CPC permite a conclusão de que o réu ausente – citado por edital – tem em seu favor a nomeação do curador para se desenvolver o contraditório e a ampla defesa, facultando-se ao curador a contestação por negativa geral (art. 302, parágrafo único do CPC). Não é o caso dos eventuais interessados, que são desconhecidos, e que, por isso, não sofrem os efeitos da revelia. Não são réus do processo.

3 Para os réus certos – identificados na inicial como os confrontantes, antecessores ou possuidores atuais do imóvel – não há dúvida de que a ficta citação (por edital ou com hora certa) impõe a intervenção do curador. A respeito, por todos os precedentes: a) REsp nº 488.712-RJ, Terceira Turma do STJ, Rel Min. Ari Pargendler, julgado em 06/06/2003, DJ 10/05/2004 e b) Ap. Cível nº 700133175 5, 17ª Câmara Cível do TJRS, Rel. Des. Marco Aurélio dos Santos Caminha, julgado em 25/05/2006.

Observamos que a citação dos eventuais interessados explica-se pelo fato do reconhecimento da propriedade produzir efeitos e eficácia *erga omnes*, atingindo a todos da sociedade. A citação por edital, embora ficta, tem a missão de dar publicidade ao processo. Não transforma todos em réus.

Alias, como esclarecem Fabrício (1995, pp. 514-516), Marcato (2004, p. 195), Theodoro Júnior (2006, p. 195)[4] a não aplicação a eles (eventuais interessados) do efeito da revelia, torna-se inútil a intervenção do curador. Quem não fez parte da demanda de usucapião terá a seu favor a ação rescisória, a ação reivindicatória (para ele interessado provar que é o proprietário) ou uma ação possessória (para ele interessado manter ou recuperar a posse).

Nery Júnior e Andrade Nery (2006, p. 1003) afirmam que o art. 942 do CPC exige apenas a citação dos réus que estão em local incerto ou desconhecido. Não há lugar, diante da reforma introduzida pela Lei nº 8.591/1994, para a citação dos réus incertos. Entendemos que a lei não dá margem àquela interpretação, porque exige a citação dos "eventuais interessados", não os transformando em "réus incertos" (locução inapropriada e usada na primitiva redação daquele dispositivo legal).

Acolhemos a posição de Fidelis dos Santos (2006, pp. 76-77) que vê nos eventuais interessados a figura de terceiros e não réus. A manifestação deles é qualificada como oposição e não como contestação.

Há uma situação que merece referência: em caso de falecimento – provado ou presumível pela idade – de um dos litisconsortes necessários, sem que se conheçam os herdeiros. Em situações que um litisconsorte necessário (proprietário, possuidor atual ou confinantes) é identificado, o fato dele se encontrar em local desconhecido, como exposto, impõe a citação por edital, sob pena de nulidade do processo.

Entendemos que a mesma situação se apresenta, quando se tem demonstrada a morte de um litisconsorte, ou quando presumível seu acontecimento pela idade, tornando necessária a citação dos herdeiros ou sucessores. Se desconhecidos os nomes ou paradeiros, sob pena de nulidade do processo, deve haver citação por edital com nomeação de curador.[5] Não são eles apenas "eventuais interessados".

4 No mesmo diapasão: Ag nº 681-583-ES, decisão monocrática do Ministro Aldir Passarinho Júnior, em 22/08/2005, DJ 31/08/2005.

5 Neste sentido: Ap. Cível nº 70009851734 , TJRS, 18ª Câmara Cível, Rel. Des. Pedro Celso Dal Pra, julgado em 31/03/2005, processo em que houve citação por edital com nomeação de curador em favor de eventuais sucessores do litisconsorte citados por edital, o qual, inclusive, apresentou recurso.

Além da *contestação*, não podem ser excluídas outras formas de resposta: a impugnação ao valor da causa e as exceções (apenas de impedimento e de suspeição). Se a competência é absoluta, não é possível a dedução de exceção de incompetência relativa e impugnação.

Sobre reconvenção uma nota interessante. Há resistência de doutrina autorizada, como Salles (2005, p. 232), utilizando-se como argumento que a reconvenção não se revela cabível para a discussão de outros pontos, em especial porque a ação de usucapião volte-se à declaração da propriedade com uma peculiar função de ordem pública (regularizar o registro imobiliário).

Contudo, pensamos que a reconvenção é possível. Qualquer dos litisconsortes necessários pode formular um pedido reconvencional de reivindicação do imóvel, por exemplo.[6] Não se descartam a proteção possessória[7] ou mesmo a discussão de indenização por benfeitorias úteis ou necessárias. E também pode a reconvenção ter a missão de declaração da usucapião em favor do contestante. O réu reconvinte deve, nesta última hipótese, cumprir as exigências da lei (art. 942 do CPC), aproveitando-se tudo aquilo já providenciado pelo autor reconvindo.

No mais, o processo segue o *rito ordinário*. O juiz verificará a oportunidade de julgamento conforme o estado (art. 329 do CPC), de julgamento antecipado da lide (art. 330 do CPC) ou de instrução processual.

Nos termos do entendimento predominante na doutrina e nos tribunais acerca do art. 923 do CPC, se pendente uma ação possessória, veda-se o ajuizamento de ação de domínio. Como a ação de usucapião tem a finalidade de reconhecimento – declaração – do domínio, se houver pendência de uma ação possessória, a primeira ação fica suspensa até o julgamento da última.

Na *sentença*, cabe ao juiz apreciar o pedido formulado pelo autor. Se *procedente*, reconhece a aquisição da propriedade por usucapião. Uma vez

6 A respeito, confiram-se precedentes que confirmam o cabimento da reconvenção com pedido de reivindicação do imóvel, em sede de ação de usucapião: a) REsp nº 45.374-7-MG, Quarta Turma do STJ, Rel. Min. Barros Monteiro, julgado em 27/06/1996, DJ 23/09/1996 e b) Ap. Cível nº 70013940705, 17ª Câmara Cível do TJRS, Rel. Des. Alzir Felippe Schmitz, julgado em 22/06/2006.

7 Neste sentido, admitindo a reconvenção para discussão de rescisão de comodato e reintegração de posse: Ap. Cível nº 70014190532, TJRS, 17ª Câmara Cível, Rel. Des. Elaine Harzheim Macedo, julgado em 30/03/2006.

procedente a ação, expede-se o mandado para inscrição da sentença no Cartório de Registro de Imóveis, a fim de registrar a aquisição pelo autor da propriedade pela usucapião (art. 945 do CPC). Se *improcedente* a ação, o pedido de usucapião fica rejeitado nos termos colocados na petição inicial. O prazo insuficiente da posse não impede que, no futuro, observado o período necessário à prescrição aquisitiva, nova ação seja promovida.

Na distribuição dos ônus da sucumbência, o juiz deve verificar, se houve resistência ao pedido. Diante de contestação, reconvenção ou exceção, à parte perdedora impõe-se o pagamento das custas judiciais e dos honorários advocatícios.

Entretanto, diante do caráter declaratório da ação e, se os litisconsortes necessários – o titular do domínio, os confinantes e o possuidor atual – ou a Fazenda Pública não oferecem resistência, o caso não reclama a condenação ao pagamento das verbas de sucumbência. Nesta hipótese, os réus não podem ser qualificados como causadores da lide ou da ação. A distribuição das verbas de sucumbência é regida pelo princípio do interesse e não da sucumbência. Cabe ao autor arcar com as custas judiciais.[8]

8.6. USUCAPIÃO EM DEFESA

A usucapião pode ser alegada em defesa, principalmente nas ações petitórias, conforme jurisprudência estampada na Súmula nº 237 do STF: "o usucapião pode ser argüido em defesa".

Entendemos, contudo, que a alegação de usucapião em defesa traduz-se na argüição por contestação.[9] Não é possível sua alegação em reconvenção ou em ação declaratória incidental, diante da necessidade de intervenções específicas (Fazenda Pública e Ministério Público) e da finalidade própria de ordem pública (declaração da propriedade ou da servidão com inscrição da sentença no registro imobiliário). Neste sentido, confiram-se as posições de Salles (2005, pp. 184-85) e Fabrício (1995, p. 501). Admitimos, como única exceção, como visto, a reconvenção para declaração de usucapião ofertada na própria ação de usucapião.

8 Neste sentido, precedentes do STJ: a) REsp nº 23369-PR, Quarta Turma, Rel. Min. Athos Carneiro, julgado em 22/09/1992, DJ 19/10/1992 e b) REsp nº 10151-RS, Terceira Turma, Rel. Min. Dias Trindade, julgado em 18/12/1991, DJ 24/02/1992.

9 Neste sentido, confiram-se precedentes do STJ: a) REsp nº 761.911-PR, Quarta Turma, Rel. Min. Carlos Alberto Menezes Direito, julgado em 14/11/2006, DJ 12/02/2007 e b) REsp nº 35.145-MG, Quarta Turma, Rel. Min. Sálvio de Figueiredo Teixeira, DJ 16/09/1996.

Importante frisar que a exceção de usucapião – como se denomina a alegação da usucapião em defesa – serve para impedir o acolhimento do pedido da ação reivindicatória. Não servirá, todavia, para inscrição da sentença, no Cartório de Registro de Imóveis. Como frisado anteriormente, a regularização do registro de imóveis passa obrigatoriamente pelo ajuizamento da ação de usucapião.

Finalmente, observamos que somente a usucapião especial rural disciplinada na Lei nº 6.969/81 (art. 7º) permite, se alegado em defesa, a inscrição da sentença que a reconhecer – e julgar procedente a ação possessória ou reivindicatória do imóvel – no Cartório de Registro de Imóveis, dispensando-se nova ação. Nesta situação de alegação da usucapião especial rural em defesa, assume ela o caráter de ação declaratória incidental, o que torna possível a inscrição da sentença no registro imobiliário.

8.7. USUCAPIÃO ESPECIAL RURAL

A Lei nº 6.969/1981 disciplinou aspectos materiais e processuais da *usucapião especial rural*. Ribeiro (1996, p. 525) esclarece que aquelas disposições permaneceram aplicáveis, mesmo com a reforma da lei processual (Lei nº 8.951/1994).

Na ação de usucapião especial rural, há previsão dos seguintes *pontos de distinção* do rito especial da ação de usucapião do CPC:

I – *Adoção do rito sumaríssimo*. A lei faculta ao autor a realização de uma audiência preliminar para justificação da posse e liminar (art. 5º, § 1º da Lei nº 6.969/1981). Se o autor dispensar aquela audiência, de qualquer modo, a ação deve seguir o rito sumário, com designação de audiência de conciliação e prosseguimento com a instrução e julgamento, tudo na forma dos arts. 277 e seguintes do CPC. Se o autor optar pela sua realização, a audiência preliminar deve ser designada, preferencialmente, no prazo de 30 dias, a fim de ser produzida prova acerca da posse. Anote-se que o procedimento da lei é também especial (ainda que denominado "sumaríssimo"), mas que, em razão da peculiaridade e da preferência na tramitação, autoriza o empréstimo das normas processuais do rito sumário.

II – *Não é necessária a juntada da planta*. O documento não é requisito para recebimento da petição inicial. As descrições do imóvel devem ser obtidas por outros meios de prova, inclusive a pericial.

III – *Determina-se a citação dos réus ausentes.* A disposição é idêntica à primitiva redação do art. 942, II do CPC (antes da modificação determinada pela Lei nº 8.951/1994). Aqui, ratificamos nossa posição sobre a necessidade de intervenção do curador para os réus ausentes (art. 9º, II do CPC).

IV – *Previsão de liminar.* A lei prevê, também como faculdade, a formulação de um pedido de liminar, para manutenção do autor na posse do imóvel, até final decisão da ação de usucapião. Trata-se de admissão expressa da cumulação objetiva dos pedidos de usucapião e manutenção de posse. Se não houver pedido de liminar, não há designação da audiência de justificação da posse. Então, o rito sumário é adotado com designação de audiência de conciliação (art. 277 do CPC). Se houver realização da audiência preliminar, que também pode se prestar à conciliação, o rito sumário prossegue, agora com a designação da audiência de instrução e julgamento (art. 278 do CPC).

V – *Prazo de defesa.* A redação do art. 5º, § 4º da Lei nº 9.689/1981, entendemos que ela preserva o direito do réu produzir sua defesa depois da decisão que decidir sobre a liminar. Necessário distinguir as circunstâncias.

Se não houver pedido de liminar, a defesa é apresentada na *audiência* de conciliação (art. 277 do CPC).

Se houver pedido de liminar, a defesa é apresentada na audiência de instrução e julgamento (art. 278 do CPC). Nada impede que, para facilitação do processamento da ação, o juiz ordene a adoção do rito ordinário, caso em que a defesa será apresentada no prazo de 15 dias, contado da data em que se der a intimação da decisão sobre a justificação da posse e a liminar.

A *sentença* segue os moldes da ação de usucapião de rito especial.

Por último, deve ser frisada uma situação distinta. A usucapião que pode ser alegada em resposta, como contestação e reconvenção,[10] até porque, como observamos no item anterior, quando se alega a usucapião especial rural em *defesa*, o art. 7º da Lei n. 6.969/1981 permite a inscrição da sentença, desde logo, no Cartório de Registro de Imóveis, dispensando-se ação de usucapião.

10 Há precedente do STJ neste sentido: REsp nº 34.198-MG, Rel. Min. Ruy Rosado de Aguiar, Quarta Turma, julgado em 15/04/2003, DJ 13/10/2003.

Capítulo 9
Ações de Divisão e de Demarcação de Terras Particulares

9.1. INTRODUÇÃO

O Código Civil dispõe sobre o direito do proprietário à *demarcação* do seu imóvel, no art. 1.297: "o proprietário tem o direito a cercar, murar, valar ou tapar de qualquer modo o seu prédio, urbano ou rural, e pode constranger o seu confinante a proceder com ele à demarcação entre os dois prédios, a aviventar os rumos apagados e a renovar marcos destruídos ou arruinados, repartindo-se proporcionalmente entre os interessados as respectivas despesas".

E também o art. 946, inciso I, do Código de Processo Civil disciplina o direito à demarcação, sublinhando que cabe: "a ação de demarcação ao proprietário para obrigar o seu confinante a estremar os respectivos prédios, fixando-se novos limites entre eles ou aviventando-se os já apagados".

A *demarcação* traduz a fixação dos limites entre dois imóveis, de maneira inédita ou apenas reavivando os existentes, sendo *total* ou *parcial*, conforme sua abrangência. E o estabelecimento das divisas se concretiza com a colocação de muros, cercas, valas ou tapumes.

O art. 1.320 do CC garante ao condômino o direito de divisão: "a todo tempo será lícito ao condômino exigir a divisão da coisa comum, respondendo o quinhão de cada um pela sua parte nas despesas da divisão". Também o art. 946, inciso II, do Código de Processo Civil disciplina o direito à divisão, sublinhando que cabe: "a ação de divisão, ao condômino para obrigar os demais consortes, a partilhar a coisa comum".

A *divisão* consiste na imposição de um condômino a outro da *repartição* obrigatória de uma coisa comum. A partilha segue a proporção de cada consorte na propriedade da coisa comum.

Importante frisar que a demarcação e divisão podem se dar amigavelmente, no campo extrajudicial. Dois imóveis podem ter os respectivos limites determinados por um acordo entre os respectivos titulares. E nada impede a partilha da coisa comum entre os condôminos.

Significa compreender que nem sempre as partes são obrigadas a promover a ação de divisão (rito especial). Por exemplo, os condôminos de uma fazenda podem acordar extrajudicialmente sua divisão e executar o ajuste por escritura pública.

Conforme assinala Fidélis dos Santos (2006, p. 90), a demarcação poderá ser objeto de instrumento particular assinado pelas partes e homologado pelo juiz, na forma do art. 57 da Lei nº 9.099/1995. Aliás, o art. 475-N, V, permite, com maior razão, a homologação judicial. Como resultado da homologação judicial, expede-se carta de sentença para inscrição, no Cartório de Registro de Imóveis.

9.2. CARACTERÍSTICAS COMUNS ÀS DUAS AÇÕES

A demarcação e a divisão – como direito material e na face processual das ações de rito especial – têm incidência sobre *terras particulares*. Isto é, não se aplicam às terras devolutas (cuja demarcação exige a ação discriminatória prevista na Lei nº 6.383/1976).

É lícita a *cumulação das ações* de demarcação e de divisão, nos termos do art. 947 do CPC. Primeiro, processa-se a ação na fase de demarcação (total ou parcial) da coisa comum, citando-se os confinantes e condôminos. Até porque a coisa comum deve ser individualizada com exatidão para depois ser feita a sua partilha. Em segundo lugar, será feita a fase da divisão.

As duas ações têm *caráter dúplice*. Ou seja, na ação de demarcação e na ação de divisão o réu tem direito de formular pretensão com as mesmas finalidades (para extremar as divisas de acordo com o que entende correto ou de dividir a coisa comum conforme seu interesse). Não há, portanto, necessidade de reconvenção para esta finalidade.

A *sentença* poderá ter naturezas declaratória, constitutiva e condenatória, conforme o resultado da ação.

Na ação demarcatória, a sentença apresenta as seguintes possibilidades de conteúdo: a) *declaratório*, quando não cria uma situação nova, mas apenas reconhece como divisa aquela já prefixada, aviventa os rumos apagados ou renova os marcos destruídos; b) *constitutivo*, quando cria uma situação jurídica distinta (nova), ao desfazer uma confusão existente nas divisas entre os prédios e estabelecer – agora clara e definitivamente – os extremos; e c) *declaratório*, se limitada à homologação da concretização dos trabalhos de campo para a demarcação.

Na ação de divisão, a sentença contém as seguintes espécies de provimento: a) *declaratório*, quando a sentença não cria uma situação nova e se limita a reconhecer o direito do autor à divisão – declara que o imóvel é passível de divisão e b) *executivo*, quando coloca um fim ao condomínio e divide o bem criando outros distintos imóveis.

9.3. COMPETÊNCIA

Para processar ambas as ações, será competente o *foro de situação do imóvel*, nos termos do art. 95 do Código de Processo Civil. Trata-se de competência absoluta, isto é, que não pode ser prorrogada ou modificada. A parte não poderá ajuizar a ação em outro foro que não o da situação da coisa, podendo o juiz reconhecer de ofício sua incompetência e remeter o processo para o foro competente.

Logicamente, se o imóvel estiver situado em mais de uma comarca, a competência será estabelecida pela prevenção, mediante a primeira citação (art. 219 do CPC). Nesta hipótese, o Juízo prevento resolverá o litígio demarcatório ou de divisão sobre todo o imóvel (art. 107 do CPC).

E, sempre que atingir um bem ou interesse da União, a competência desloca-se para a Justiça Federal, mas respeitada a situação do imóvel. Isto é, a ação deve ser promovida na Seção Judiciária em que se localiza o imóvel.

9.4. LEGITIMIDADE DE PARTES

A *legitimidade ativa* recai sobre o proprietário ou o condômino. Também se admite a propositura da ação pelo compromissário comprador, desde que demonstre o registro do título no Cartório de Registro de Imóveis.

Se a ação for demarcatória e a iniciativa for de apenas um dos condôminos, tem lugar a citação dos demais titulares do domínio, como litisconsortes ativos necessários, na forma dos arts. 47, parágrafo único, e 952, ambos do CPC.

Na ação demarcatória, a *legitimidade passiva* é dos titulares do domínio dos imóveis confinantes. Na ação de divisão, são réus os demais condôminos do imóvel a ser partilhado. Se algum direito real (hipoteca ou usufruto, por exemplo) pesar sobre o imóvel a ser repartido, o titular deve ser citado para compor o pólo passivo da demanda.

9.5. A AÇÃO DEMARCATÓRIA

A ação demarcatória também tem *duas fases*, assim como ocorre com a ação de prestação de contas. E cada uma delas apresenta suas peculiaridades.

Na *primeira fase*, a *petição inicial* da ação demarcatória, além dos requisitos do art. 282 do CPC, deve conter as seguintes providências (art. 950 do CPC):

I – *Juntada da prova do título de propriedade*. O autor deve trazer certidão de propriedade e ônus atualizada, expedida pelo Cartório de Registro de Imóveis.

II – *Descrição do imóvel com os limites a reavivar ou a constituir*. Como frisa Marcato (2004, p. 207) a descrição não necessita ser minuciosa, até porque o autor nem sempre terá condições para tanto e o fato pode ser esclarecido na futura perícia.

III – *Cumulação de pedidos*. Dispõe o art. 951 do CPC que o pedido de demarcação pode ser cumulado com: a) uma pretensão de queixa de esbulho ou turbação e b) indenização pela usurpação. Para os professores Marcato (2004, p. 207) e Fidélis dos Santos (2006, p. 85-6), a cumulação da demarcação com a queixa de esbulho ou de turbação não configura a permissão de uma pretensão possessória semelhante às ações possessórias, porque a posse, aqui, é obtida pela parte (autor ou réu) pelo cumprimento da sentença que ordena a demarcação. Na mesma linha, os professores Theodoro Júnior (2006, vol. III, p. 215-16) e Gonçalves (2005, p. 103) anotam que o pleito de restituição da parte do imóvel esbulhada ou turbada tem natureza petitória e não possessória.

Para a solução da ocupação indevida de parte do imóvel, o autor pode solicitar a concessão de *tutela antecipada* da pretensão possessória. Logicamente, deverá demonstrar os requisitos da lei processual (arts. 273 e 461-A do CPC). Como a posse surge como resultado da demarcação, somente numa situação em que seja demonstrada claramente a linha divisória a ser reavivada ou constituída, mediante a juntada de parecer técnico apto, pode se considerar preenchido o requisito da verossimilhança da alegação.

O *valor da causa* está previsto em lei: a estimativa oficial para lançamento do imposto predial (art. 259, VII do CPC).

A *citação* dos réus (confinantes ou condôminos) será feita, de acordo com as modalidades previstas na lei processual. O art. 953 do CPC menciona que os réus residentes fora da comarca serão citados por edital.

A doutrina majoritária – como Marcato (2004, pp. 208-09), Fidelis dos Santos (2006, p. 86) e Gonçalves (2005, p. 104) – entende que, apesar daquela regra excepcionar a norma geral sobre a citação por edital, poderá o juiz de ofício ou a requerimento do autor ordenar a citação pessoal dos réus que tiverem residência ou domicílio em outra comarca (expedindo-se carta precatória). Na citação por edital, deve haver a nomeação de curador em favor do réu ausente (art. 9º, II, do CPC).

Entendemos, com suporte na lição do professor Greco Filho (2003, p. 240), que a citação por edital tem lugar somente nas hipóteses do art. 231 do CPC, o que vincula o alcance da norma especial do art. 953 do CPC de maneira a evitar sua inconstitucionalidade por violação ao devido processo legal. Ou seja, quando conhecido o paradeiro do réu, embora fora da comarca em que se processa a ação demarcatória, a citação é pessoal (correio ou carta precatória).

O art. 954 do CPC dispõe que o *prazo de contestação* será de 20 dias para a contestação. E também abrange todas as demais formas de resposta.

Parte da doutrina, como Marcato (2004, p. 210), Fidelis dos Santos (2006, p. 86) e Gonçalves (2005, p. 105), o prazo de defesa é especial e, por isso, não se aplica o prazo em dobro previsto no art. 191 do CPC, para réus que tenham diferentes procuradores.

Com a devida vênia, pensamos, com base no magistério de Baptista da Silva (1989, p. 439) que a especialidade do prazo não prejudica a incidência dobrada, quando diversos os procuradores dos réus. O prazo de defesa é maior do que aquele concebido para o rito ordinário – 15 dias – porque a matéria exigida no conflito assim exige. O legislador confere ao réu da ação de demarcação a possibilidade de fazer a discussão dos limites da propriedade e suas implicações num prazo maior, compreendendo as dificuldades do tema. Usualmente, a lide envolve a necessidade de contratação de engenheiro e o acompanhamento técnico das medições dos imóveis.

Ora, se a lei impõe um prazo maior para facilitar a defesa, não se deve numa interpretação restritiva, obstar a sua duplicação para a situação de procuradores diversos. Sabe-se que a duplicação do prazo tem em conta o fato de ser mais trabalhoso o acesso aos autos em processos com advogados diferentes para os réus – no prazo comum os autos não podem sair em carga do cartório, exceto com um comum acordo (art. 40, § 2º, do

CPC). Em situações que a lei privilegia e amplia a defesa, não cabe ao intérprete criar restrições.[1]

A defesa é a mais ampla possível. Pode haver discussão até mesmo da oportunidade da demarcação. Na *contestação*, na parte relativa à queixa de esbulho possessório formulada pelo autor, pode o réu defender-se com a alegação de usucapião.[2]

E não podem ser excluídas as outras formas de resposta, além da própria contestação, como as *exceções* (impedimento e suspeição) e a *impugnação ao valor da causa*. A discussão da competência territorial é matéria de competência absoluta – deve ser argüida como preliminar (art. 301, II do CPC).

Observamos que a *reconvenção* tem limitado alcance, diante do caráter dúplice da ação. Entendemos, com apoio nas lições de Fidelis dos Santos (2006, p. 87) e Theodoro Júnior (2006, p. 215-16), que a reconvenção é possível na ação demarcatória, quando a pretensão do réu reconvinte escapa à própria demarcação ou à queixa possessória. Por exemplo, o pedido reconvencional pode abranger a reivindicação de todo o imóvel do autor – o que inviabiliza a própria demarcação.

O procedimento seguirá o *rito ordinário*, nos termos do art. 955 do CPC. O juiz verifica, então, a viabilidade do julgamento conforme o estado do processo, que, na peculiaridade do conflito, é sem resolução do mérito (art. 329 do CPC). O art. 956 do CPC impõe a realização da perícia para o julgamento de mérito da ação de demarcação. Trata-se de uma prova obrigatória e que não pode ser dispensada pelo juiz, mesmo em caso de revelia.

Em outros termos, a produção de prova pericial somente é dispensada ou excluída, quando o julgamento do processo se der sem a resolução do mérito (art. 267 do CPC). O julgamento do mérito da demarcatória exige a prova pericial.

1 Neste sentido, precedente do TJSP, AI nº 357.758-4/2, Quarta Câmara Direito Privado, Rel. Des. Jacobina Rabello, julgado em 23/09/2004, destacando-se outro caso com igual conclusão: "No julgamento inserto na JTJ 113/365, relator o Desembargador Walter Moraes, ficou assentado que "Em se tratando de ação de divisão e demarcação, o prazo para contestar é de vinte dias (Código de Processo Civil). O prazo, que é comum para vários réus, não exclui todavia a regra do art. 191, pela qual se contará em dobro se os réus tiverem diferentes procuradores, nem as dos incisos II e IV do art. 241: sendo mais de um réu, o prazo começa a correr da juntada do último mandado cumprido e, se a citação for por precatória, da juntada da carta aos autos"."

2 Neste sentido: REsp nº 761.911-PR, Terceira Turma do STJ, Rel. Min. Carlos Alberto Menezes Direito, julgado em 14/11/2006, DJ 12/02/2007.

Sobre a *prova pericial*, importante destacar:

a) *Peritos*. São nomeados dois arbitradores e um agrimensor (art. 956 do CPC). A função dos arbitradores é a de esboçar e sugerir o traçado da linha demarcanda. O agrimensor mede a área, recolhendo e anotando dados que são utilizados pelos arbitradores. Nas operações de campo, os peritos podem colher elementos complementares de prova (fama da vizinhança, informações de antigos moradores, marcos etc.).

b) *Assistentes técnicos e quesitos*. Nada impede que as partes indiquem assistentes técnicos e formulem quesitos. A regra geral do art. 421, parágrafo único do CPC tem incidência no rito especial. Aliás, numa perícia de tamanha complexidade o auxílio técnico e a fiscalização das partes integram o contraditório e a ampla defesa.

c) *Finalidade*. A perícia busca traçar a linha demarcanda mediante laudo minucioso (arts. 956 e 957 do CPC). Os peritos não podem concluir pela impossibilidade. Eventuais dificuldades e dúvidas são levadas ao juiz, a quem cabe estabelecer as soluções e os critérios de interpretação.

d) *Documentação*. O laudo pericial é integrado pela planta da região e pelo memorial das operações de campo (art. 957, parágrafo único do CPC). Todos os documentos que fundamentam as conclusões sobre o traçado da linha demarcanda devem acompanhar o laudo.

Após a apresentação do laudo, as partes poderão sobre ele se manifestar, no prazo comum de dez dias, nos termos do art. 957, parágrafo único do CPC. Os assistentes técnicos apresentam, no referido prazo, contado da ciência sobre o laudo (art. 433, parágrafo único do CPC), os pareceres técnicos.

Cabe ao juiz prosseguir na instrução, inclusive produzindo outras provas – oral e documental – se necessárias forem.

Oportuno frisar que o perito, ao tracejar a linha demarcanda, poderá considerar pontos em que as partes divergem, obrigando o juiz a instruir o processo com outras provas. Por exemplo, diante da divergência das partes acerca do limite de uma parcela da divisa entre os imóveis, designa-se audiência de instrução e julgamento, para a inquirição de antigos vizinhos como testemunhas (prova oral).

Encerrada a instrução, as partes oferecem suas alegações finais. Apesar da omissão da lei sobre o tema, dando a falsa impressão que depois da perícia dá-se o imediato julgamento, torna-se conveniente que o juiz declare encerrada a instrução com apresentação das alegações finais.

Na *sentença da primeira fase*, o juiz determinará o traçado da linha demarcanda (art. 958 do CPC). E, como destacado anteriormente, pode ter natureza *declaratória*, se apenas reavivou limites existentes, sem oposição ou resistência dos réus.

A distribuição das verbas de sucumbência depende da posição assumida pelos réus, durante o processo. Entendemos que, se a iniciativa do autor em promover a demarcação não teve causa na resistência dos réus, mas nas circunstâncias que levaram à perda ou incerteza sobre os limites, as custas judiciais e as despesas processuais (inclusive os honorários periciais) devem ser proporcionalmente repartidas entre autor e réu, sem imposição de honorários advocatícios. Somente se demonstrado que os réus concorreram para aqueles fatos, pode-se conceber a condenação ao pagamento das verbas de sucumbência. Na situação de contestação do pedido inicial, a sentença que determina o traçado da demarcação também distribui as verbas de sucumbência, de acordo com o acolhimento ou não dos argumentos da defesa.

Finalmente, se houver dúvida sobre os limites ou queixa de esbulho, tem-se o conteúdo *constitutivo* da sentença. Aqui, diante da resistência lançada na defesa exatamente sobre os limites pretendidos pelas partes, a sentença termina por fixar uma situação nova. A distribuição das custas e honorários advocatícios respeita o princípio da sucumbência. Quem deduzir pretensão de demarcação ou de posse não contemplada na sentença, responde pelas referidas verbas.

Tratando-se de sentença, fica ela sujeita a recurso de *apelação*. Usualmente, o recurso tem o duplo efeito (devolutivo e suspensivo). Parece-nos viável, entretanto, que a antecipação dos efeitos da tutela se dê nesta fase. Agora, diante da perícia judicial realizada e do conteúdo da sentença, o juiz deve considerar preenchido o requisito legal da verossimilhança. A necessidade imediata da tutela – execução do traçado da linha demarcanda – pode surgir do indesejado prolongamento da situação de dúvida ou mesmo de disputa da posse nas divisas dos imóveis.

Somente com o trânsito em julgado da sentença ou com a sua provisória execução, começa o trabalho de campo para a materialização – execução – da demarcação (art. 959 do CPC). Inicia-se a *segunda fase* da ação demarcatória.

Os *trabalhos de campo* são separados em dois tipos:

a) *Documentação.* Refere-se à consignação em plantas (representação gráfica dos trabalhos de campo), memoriais (relatórios minuciosos daquilo que foi feito) e cadernetas de campo (são os cadernos em que o agrimensor efetua seus cálculos), contendo-se o disposto nos arts. 961 e 962 do CPC.

b) *Execução da demarcação propriamente dita.* Ela é feita em linhas retas com a colocação de marcos artificiais ou com o aproveitamento dos marcos naturais, nas formas dos arts. 960, 963 e 964 do CPC.

O professor Theodoro Júnior (2006, ob. cit., p. 204-5) assim divide os trabalhos de campo: a) trabalhos do agrimensor – colocar no solo os marcos necessários para assinalar a linha demarcanda (são obrigatórios os marcos primordiais e os marcos de vértices de ângulos), elaborar plantas, memoriais e cadernetas; e b) trabalhos dos arbitradores – autenticação do trabalho do agrimensor, conferindo as linhas, marcos e rumos, bem como a documentação (plantas, memoriais e cadernetas) e a elaboração de relatório sobre suas conclusões acerca das exatidões ou inexatidões encontradas (art. 964 do CPC).

Uma vez juntado aos autos o relatório dos arbitradores e os trabalhos do agrimensor, as partes oferecem críticas (*discussão do relatório*), em 10 (dez) dias (art. 965 do CPC). Novamente, abre-se a oportunidade de pareceres técnicos. Se for o caso, o juiz determinará as correções de campo necessárias, alterando marcos.

Superada a discussão sobre o relatório dos arbitradores e do trabalho do agrimensor, será lavrado o *auto de demarcação* que deverá identificar minuciosamente os limites descritos na planta e nos memoriais (art. 965 do CPC).

E, após a assinatura do auto de demarcação pelo juiz, pelo agrimensor e pelos arbitradores, caberá a *sentença da segunda fase* – sentença homologatória da demarcação (art. 966 do CPC).

A sentença tem conteúdo meramente *homologatório* e desafia *apelação*. O recurso comporta apenas o efeito devolutivo (art. 520, I do CPC). A execução provisória é uma faculdade para o credor. Mas, diante da peculiaridade da demarcação, ela se dá sem maiores formalidades.

Significa que, uma vez materializada a demarcação, as partes são liberadas para a construção ou finalização das cercas e muros. Logicamente, se fixadas novas divisas na sentença, as partes imitem-se na posse dos ganhos de terreno que os limites permitiam. Se houver resistência, expede-se mandado para garantir o cumprimento da decisão judicial, com todas as medidas de apoio pertinentes (multa, demolição, prisão por crime de desobediência etc.).

Sobre as *verbas de sucumbência*, um esclarecimento. Entendemos que as custas judiciais e despesas processuais da segunda fase acompanham aquilo que foi decidido na primeira fase. Se não houve condenação ao pagamento das verbas de sucumbência, as despesas da execução da demarcação são rateadas. Se imposta a condenação das verbas de sucumbência, a parte perdedora arca com as custas judiciais, despesas processuais (inclusive honorários do perito) e honorários advocatícios para esta segunda fase.

9.6. A AÇÃO DE DIVISÃO

Importante salientar que a ação de divisão somente revela-se cabível para os *imóveis passíveis de divisão* e, como explicitado, especificamente aos imóveis particulares, tanto os urbanos, como os rurais.

Como regra, o resultado da divisão deve ser um imóvel que respeite as normas que disciplinam o *tamanho mínimo* dos imóveis urbanos (lote) e dos imóveis rurais (módulo).

Trata-se também de uma ação de *duas fases*. Na primeira fase da ação de divisão, decide-se sobre a viabilidade da divisão do imóvel. Na segunda, dá-se a execução dos trabalhos de divisão.

Na *primeira fase*, além dos requisitos do art. 282 do CPC, a *petição inicial* da ação demarcatória deve (art. 967 do CPC):

I – *Juntar prova do título de propriedade*. O autor deverá juntar certidão de propriedade e ônus atualizada expedida pelo Cartório de Registro de Imóveis.

II – *Indicar a origem da comunhão e descrever o imóvel com os limites e características*. Neste passo, o autor indica a natureza do condomínio e demonstra que o imóvel é passível de divisão.

III – *Indicar os condôminos*. Os demais condôminos são os réus da ação de divisão. Se um condômino estiver estabelecido no imóvel comum, tal fato necessita ser informado na petição inicial, havendo descrição das benfeitorias e das culturas (plantações ou criações) introduzidas no local pelo mesmo.

IV – *Descrever as benfeitorias comuns.* A medida é necessária para a tornar possível eventual indenização em favor do condômino prejudicado, na partilha do imóvel, se as benfeitorias não seguirem a proporção do domínio. Em outras palavras, quando a partilha do imóvel resultar na distribuição não proporcional das benfeitorias, a descrição delas é medida necessária para a viabilizar a identificação da indenização devida pelo condômino agraciado com o quinhão correspondente às mesmas.

Na *citação* e na *resposta*, aplicam-se as mesmas regras da ação de demarcação (arts. 954 e 955 do CPC). O procedimento segue as etapas do *rito ordinário*.

Havendo ou não a resposta do réu, deve o juiz instruir o processo ou julgá-lo conforme o estado (arts. 329 e 330, ambos do CPC). A perícia não é obrigatória, diversamente do que ocorre na ação de demarcação, como observa Marcato (2004, p. 212). Se houver revelia, o juiz pode aplicar seus efeitos e julgar imediatamente a lide (art. 330, II, do CPC).

Como assinalado por Fidelis dos Santos (2006, p. 87), a *sentença da primeira fase* da ação de divisão é declaratória e, além de resolver a viabilidade da divisão, pode estabelecer os critérios a serem utilizados na execução da partilha do imóvel.

Se houver resistência do réu (condômino) ao pedido de divisão, a procedência da ação nesta primeira fase implica a condenação do último ao pagamento das *verbas de sucumbência* (custas e honorários).

A sentença da primeira fase fica sujeita ao recurso de *apelação*, que deve ser recebido em ambos os efeitos (devolutivo e suspensivo).

Transitada em julgado a decisão de divisão do imóvel comum, inicia-se a *segunda fase* da ação com a execução material da mesma. Cada condômino, após a nomeação de um agrimensor e dois arbitradores, pode apresentar seus títulos e pedidos de quinhões, tudo em dez dias (art. 970 do CPC).

Entendemos que as partes têm o direito de formulação de quesitos e indicação de assistentes técnicos, sempre com a finalidade de acompanhamento da execução dos trabalhos periciais. Não se pode deixar de reconhecer a complexidade da causa. A divisão de um imóvel pode envolver uma série de interesses. As grandes dimensões de um imóvel e a diversidade de possibilidades de seu aproveitamento econômico fundamentam pretensões contrapostas dos condôminos. Os assistentes podem sugerir os critérios para a divisão.

E o juiz, após ouvir as partes, delibera os *critérios da divisão* (art. 971 do CPC). A decisão é de extrema importância, porque dita o modo a ser adotado na acomodação dos quinhões no plano real. Por exemplo, o juiz determina que o imóvel deve ser partilhado em lotes com atribuição pelo critério de idade dos condôminos, lado a lado em ordem crescente, iniciando-se pela ponta esquerda (de quem da rua olha). A importância da decisão recomenda que eventual recurso de agravo tenha efeito suspensivo, para que os trabalhos não se iniciem enquanto não fixados os critérios. O critério pode ser aberto, permitindo-se aos peritos que façam sugestões depois de realizados os trabalhos de campo.

Na ação de divisão, os trabalhos do agrimensor e dos arbitradores são semelhantes àqueles desenvolvidos na demarcação (medição – art. 972 do CPC). Porém, entre os arts. 975 a 978 do CPC há *regras próprias* da divisão ligadas às benfeitorias, construções e plantações existentes no imóvel e que podem interessar (porque de confinantes ou de um dos condôminos isoladamente).

O juiz pode dar liberdade aos peritos para a adoção de critérios de divisão. O agrimensor e os arbitradores propõem a divisão, acomodando, se possível, os interesses das partes. A proposição consta de laudo fundamentado, com justificativas sobre a materialização do critério sugerido para a divisão – *laudo de divisão* (art. 978 do CPC). Se for o caso, os peritos podem sugerir mais de um critério de divisão.

Ouvidas as partes sobre o plano de partilha e resolvidas eventuais incorreções ou feitas modificações, o juiz *delibera a partilha* (art. 979 do CPC). Se as benfeitorias não comportarem cômoda divisão, serão adjudicadas em favor de um dos condôminos, mediante compensação (art. 979, I do CPC). Podem ocorrer as reposições ou indenizações em dinheiro (art. 979, III do CPC). E, se preciso, são instituídas as servidões necessárias entre os imóveis correspondentes aos quinhões (art. 979, II do CPC).

Sobre os trabalhos de campo da divisão, para medição e demarcação dos quinhões, elabora-se *planta e memorial descritivo*. Decididas pelo juiz eventuais impugnações, lavra-se o *auto de divisão* contendo a assinatura do juiz, do agrimensor e dos arbitradores, além da folha de pagamento de cada condômino (art. 980 do CPC).

Em segunda fase, é proferida uma *sentença meramente homologatória da divisão*, também sujeita a recurso de apelação, que tem somente o efeito devolutivo. Há a entrega dos quinhões às partes – antigos condôminos e agora titulares individuais de cada imóvel resultante da divisão e que obtêm a posse em função da propriedade. A divisão é uma ação que também tem natureza petitória (a parte obtém a posse em função da propriedade).

Seja na ação de demarcação cumulada com divisão, seja – principalmente – na ação de divisão, os confinantes não podem ser prejudicados pela divisão do imóvel. Em relação ao processo de divisão do imóvel, o confinante é considerado terceiro e pode vindicar (reclamar) seu terreno, sempre que for despojado total ou parcialmente por invasão das linhas limítrofes constitutivas do perímetro (arts. 948 e 974 do CPC). Nada impede que o confinante ajuíze ação reivindicatória própria – incidental ou mesmo depois do trânsito em julgado da divisão (art. 974 do CPC).

Capítulo 10
Inventário e Partilha

10.1. INTRODUÇÃO

A morte autoriza a abertura da *sucessão* que consiste na transferência da herança ou do legado ao herdeiro ou legatário, a partir do que dispõe a lei ou o testamento. Pode-se falar em *morte real* e *morte presumida*.

A morte real é aquela em que se coloca fim à pessoa natural (art. 6º do CC). A morte é provada pela certidão de óbito, como assinalado por Lotufo (2003, p. 36), prova documental de origem pública e de emissão do agente competente. A morte é declarada pelo médico, caracterizando-se, em linhas gerais, pela cessação dos sinais vitais – sua causa, como regra, é anotada no registro civil do óbito. E, registrada a morte real, desde logo pode haver abertura da sucessão definitiva.

A morte presumida tem duas espécies.

A primeira em que a morte é qualificada como *extremamente provável* (art. 7º do CC): a) pessoa estava em perigo de morte e b) pessoa que estava em campanha ou feita prisioneira, se mantém desaparecida após dois anos do término da guerra. Neste caso, a morte presumida é equiparada para fins jurídicos à morte real, autorizando a abertura da sucessão definitiva e sem a necessidade de decretação da ausência. Exige-se, contudo, um processo de declaração da morte presumida,[1] antes do início do inventário, inscrevendo-se a sentença no registro público (art. 9º, IV, do CC).

E a segunda, quando a morte decorre do *desaparecimento* de uma pessoa sem deixar notícias (arts. 22 a 39 do CC). A nota característica é que a pessoa ausente não é dada como morta, imediatamente, aguardando-se pelo seu retorno. Há uma série de procedimentos integrados pela declaração de ausência, sucessão provisória e sucessão definitiva.

1 A declaração é obtida numa ação de Jurisdição Voluntária.

A morte presumida por ausência impõe alguns esclarecimentos. O desaparecimento de uma pessoa conduz à declaração de sua ausência, nomeando-se curador para administração dos seus bens e interesses (arts. 22 a 25 do CC). Depois de um ano da arrecadação dos bens do ausente, ou após três anos, se ele deixou representante ou procurador, pode ser solicitada a abertura provisória da sucessão (arts. 26 a 36). A sucessão definitiva é aberta numa das seguintes hipóteses (arts. 37 e 38 do CC e art. 1.167 do CPC): a) se decorridos dez anos do trânsito em julgado da sentença de abertura da sucessão provisória; b) se o ausente contar com 80 anos e já houver decorrido mais de cinco anos desde as últimas notícias suas; e c) se houver certeza da morte do ausente.

O falecido também é identificado como *autor da herança* ou *"de cujus"*.

E, aberta a sucessão, a herança é transmitida, desde logo, aos herdeiros (art. 1.784 do CC). Essa operação de transferência da herança aos herdeiros legítimos e testamentários denomina-se *saisina*. A sucessão decorre da lei ou de disposição de última vontade (art. 1.786 do CC).

A *herança* traduz-se pela universalidade jurídica composta pelos bens, direitos e obrigações que são transmitidos ao herdeiro. A massa integrada por bens, direitos e obrigações também é chamada de *espólio* – forma uma universalidade jurídica e que não tem personalidade jurídica.

Importante diferenciar a herança do *monte-mor*. Quando uma pessoa casada – ou em união estável – falece, o conjunto de bens do casal forma um todo, isto é, um acervo que precisa ser partilhado. Monte-mor é o conjunto de bens a partilhar, incluindo-se a parte do cônjuge (ou companheiro) supérstite.

Observamos que a existência do espólio termina com a partilha dos bens. Entre os herdeiros há um condomínio – composto pela propriedade indivisa dos bens e direitos que compõem o espólio (art. 1.791, parágrafo único do CC). E, apesar de não possuir personalidade jurídica, ao espólio é conferida a possibilidade de estar em Juízo, representado pela figura do inventariante (art. 12, V do CPC).

O *inventário* configura o procedimento de materialização da sucessão com a transferência dos bens e das dívidas[2] do falecido para os herdeiros e legatários. Busca-se a partilha com a atribuição dos quinhões aos respectivos herdeiros e legatários.

2 Nos termos do art. 1.792 do CC, o herdeiro não responde por encargos e dívidas superiores às forças da herança, isto é, àquilo que receber como quinhão hereditário.

O inventário não tem a finalidade de atribuir propriedade, mas apenas de descrever direitos e obrigações oriundos da herança, viabilizando-se a partilha. Trata-se de uma função declaratória, permitindo-se, por exemplo, a regularização do registro público da propriedade, no Cartório de Registro de Imóveis.

Enquanto não instaurado o inventário e não prestado o compromisso de inventariante, o espólio continua na posse do *administrador provisório*, que nada mais é do que a pessoa que detém o controle direto sobre os bens e direitos do falecido (art. 985 do CPC). Naquele período específico, o administrador provisório representa ativa e passivamente o espólio em Juízo, mas é obrigado a levar ao Juízo do inventário os frutos percebidos e as despesas incorridas (art. 986 do CPC). Porém, se não aberto o inventário e se não identificado o administrador provisório, a ação judicial que envolve o falecido deve ter como parte (autor ou réu) o herdeiro.

O Código de Processo Civil incluiu o inventário como *procedimento especial* de Jurisdição Contenciosa. Pode-se dizer que há quatro modalidades de inventário: a) por escritura pública; b) inventário solene; c) arrolamento; e d) arrolamento sumário.

Como será visto adiante, o inventário por escritura pública prescinde do procedimento judicial. Todavia, de acordo com o art. 1.037 do CPC, para os valores devidos em verbas trabalhistas, para os saldos do Fundo de Garantia do Tempo de Serviço (FGTS) e do fundo de participação do PIS-Pasep, assim como para os valores de restituição de Imposto de Renda ou outros tributos, a Lei nº 6.858/1980[3] autorizou o pagamento dos valores aos sucessores por alvará judicial, independente de inventário ou arrolamento. E também para os saldos de conta corrente e conta poupança, desde que não existentes outros bens sujeitos a inventário ou arrolamen-

3 Dispõem os arts. 1º e 2º da Lei nº 6.858/1980: "Art. 1º Os valores devidos pelos empregadores aos empregados e os montantes das contas individuais do Fundo de Garantia do Tempo de Serviço e do Fundo de Participação PIS-Pasep, não recebidos em vida pelos respectivos titulares, serão pagos, em quotas iguais, aos dependentes habilitados perante a Previdência Social ou na forma da legislação específica dos servidores civis e militares, e, na sua falta, aos sucessores previstos na lei civil, indicados em alvará judicial, independentemente de inventário ou arrolamento. Art. 2º O disposto nesta Lei se aplica às restituições relativas ao Imposto de Renda e outros tributos, recolhidos por pessoa física, e, não existindo outros bens sujeitos a inventário, aos saldos bancários e de contas de cadernetas de poupança e fundos de investimento de valor até 500 (quinhentas) Obrigações do Tesouro Nacional."

to e que em valores inferiores a 500 Obrigações Reajustáveis do Tesouro Nacional (ORTN), é previsto o levantamento por alvará judicial, dispensando-se o inventário ou arrolamento.

O *alvará judicial* consiste numa autorização judicial obtida por um procedimento simples e sem complexidade de Jurisdição Voluntária. Basta ao interessado que se dirija ao juiz competente da Justiça Estadual[4] por intermédio de advogado, formulando o pedido de alvará. Dispõe a Súmula nº 161 do STJ, *in verbis*: "é da competência da Justiça Estadual autorizar o levantamento dos valores relativos ao PIS/Pasep/FGTS, em decorrência do falecimento do titular da conta".

10.2. INVENTÁRIO POR ESCRITURA PÚBLICA

O inventário por *escritura pública* foi disciplinado no estatuto processual como um procedimento não judicial. Trata-se de uma modificação introduzida pela Lei nº 11.441, de 4/12/2007, abrindo-se a possibilidade do inventário e da partilha serem ajustados numa escritura pública lavrada no Cartório de Notas (art. 982 do CPC).

É uma faculdade, continuando aberta a via judicial para inventário ou arrolamento sumário dos bens a serem partilhados de comum acordo entre os herdeiros.

Importante apontar que o inventário e partilha por escritura pública ou o inventário extrajudicial não é possível em qualquer situação. Apenas quando presentes as seguintes condições, cumulativamente: a) não houver testamento; b) todos herdeiros forem capazes; c) houver acordo sobre a partilha.

Além do requisito da forma (escritura pública), as partes devem fazer-se acompanhadas por advogado, que pode ser comum a todos os herdeiros (art. 982, parágrafo único do CPC). O advogado que assistir as partes deve assinar a escritura pública.

Por fim, usualmente, como órgão do Poder Judiciário responsável pela fiscalização dos atos notariais e de registro (art. 37 da Lei nº 8.395/1994), a Corregedoria-Geral da Justiça pode editar normas sobre a prestação dos

4 Neste sentido: RMS n. 18928-SP, Primeira Turma do STJ, Rel. Min. José Delgado, julgado em 18/10/2005, DJ 19/12/2005. Mesmo que as verbas trabalhistas digam respeito a funcionário ou servidor da União, a competência será da Justiça Estadual: CC nº 34.592-RJ, 3ª Seção, Rel. Min. Vicente Leal, julgado em 11/09/2002, DJ 30/09/2002.

serviços de escritura pública. Logicamente, nenhuma norma daquele órgão do Poder Judiciário pode violar a lei federal que autoriza o inventário extrajudicial com exigências que diminuam seu alcance.

10.3. COMPETÊNCIA

É da competência da Justiça do Brasil o inventário e a partilha de bens situados, no território nacional, sendo irrelevante que o autor da herança seja estrangeiro ou tenha fixado residência fora do país (art. 89 do CPC). Trata-se de competência exclusiva da autoridade judiciária brasileira, portanto, absoluta. Inviável cogitar-se a homologação de partilha feita por autoridade judiciária estrangeira e que diga respeito a bens localizados, no Brasil.

E, a contrário senso, os bens que se localizam fora do Brasil somente podem ter processados o inventário e a partilha, no país estrangeiro. Isto é, não compete à autoridade judiciária brasileira apreciar inventário e partilha de bens localizados fora do país.

A regra geral define que o foro competente para o processamento do inventário e da partilha dos bens e dos direitos é ditado pelo *último domicílio do falecido* (art. 1.785 do CC e art. 96 do CPC).

A própria lei processual dispõe sobre as exceções. Aplica-se (art. 96, parágrafo único do CPC) o foro: a) da *situação dos bens*, se o autor da herança não possuía domicílio certo; e b) do *lugar do óbito*, se além de não possuir domicílio certo o autor da herança era titular de imóveis em diferentes foros. A competência segue aquela ordem de preferência.

Contudo, sua natureza é de *competência relativa* e não pode ser conhecida de ofício pelo juiz.[5] O reconhecimento da incompetência exige a oposição de exceção de incompetência pelo interessado.

Oportuno frisar que o Juízo do inventário atrai as ações que digam respeito ao direito sucessório e que possam influenciar diretamente no próprio inventário e na partilha. O exercício da *vis attractiva* não prevalece, quando em jogo uma outra regra de competência absoluta.

A prevenção do Juízo do inventário para aquelas ações não se confunde com a fixação da competência nas ações em que o espólio figurar, no pólo

5 Aplica-se o disposto na Súmula nº 33 do STJ. Neste sentido: a) CC nº 1.934-MG, Segunda Seção, Rel. Min. Sálvio de Figueiredo Teixeira, julgado em 28/11/2001, DJ 25/02/2002 e b) CC nº 11629-MG, Segunda Seção, Rel. Min. Ruy Rosado de Aguiar, julgado em 14/12/1994, DJ 22/02/1995.

passivo da demanda. Como salienta Theodoro Júnior (2006. vol. III, pp. 242-43), a regra do art. 96 do CPC dispõe sobre a universalidade do foro sucessório, em que a ação contra o espólio deve ser promovida, na comarca em que se abriu o inventário – decorrente do último domicílio do autor da herança ou, por extensão, nas demais hipóteses subsidiárias. Nesta situação, a competência de foro assume contornos de natureza relativa.

É comum que as normas de organização judiciária criem Juízos – Varas – especializados em Sucessões, nas maiores comarcas. Se não há Vara de Sucessões, a competência para conhecer do inventário é da Vara Cível.

10.4. LEGITIMIDADE DE PARTES

A legitimidade para requerer a instauração do inventário é ampla.

A lei prevê o *dever* de requerer o inventário e a partilha do *administrador provisório* da herança, isto é, de quem está na posse e administração dos bens do espólio (art. 987 do CPC).

Há *legitimidade concorrente* para as seguintes pessoas, nos termos do art. 988 do CPC: a) cônjuge supérstite (sobrevivente) ou do companheiro; b) herdeiro; c) legatário; d) testamenteiro; e) cessionário do herdeiro ou do legatário; f) credor do falecido (autor da herança), do cônjuge supérstite do herdeiro ou do legatário; g) o síndico da falência do autor da herança, do herdeiro ou do legatário; h) o Ministério Público, quando existem herdeiros incapazes; e i) a Fazenda Pública, quando interessada.

Por último, o art. 989 do CPC prevê a hipótese de abertura do inventário por iniciativa do juiz. Trata-se de uma rara exceção ao princípio da inércia da jurisdição, pois representa a promoção *ex officio* da demanda judicial de inventário e partilha.

Como observa Theodoro Júnior (2006, vol. III, p. 249), a legitimidade para requerer a abertura do inventário não se confunde com o exercício da inventariança. Como será visto adiante, o requerente não assume obrigatoriamente a função de inventariante e nem tampouco tem preferência em ser nomeado para tanto.

10.5. PROCEDIMENTO DO INVENTÁRIO SOLENE

10.5.1. Prazo para a Abertura e Encerramento do Inventário

A lei prevê o *prazo* de 30 dias, a contar da abertura da sucessão, para a instauração do inventário (art. 1.796 do CC). O prazo de abertura explicado no Código Civil – lei posterior – prevalece sobre o prazo de 60 dias previsto no Código de Processo Civil (art. 983).

Todavia, o art. 983 do CPC ainda fixa o prazo de 12 meses, contado da instauração do inventário, para a finalização do processo de inventário e partilha.

O juiz pode prorrogar tais prazos, de ofício ou a requerimento das partes (art. 983 do CPC). A continuação do procedimento sem qualquer menção das partes significa autorização judicial tácita de prorrogação.

O Supremo Tribunal Federal fixou entendimento sobre a constitucionalidade de multa imposta pelo atraso na abertura do inventário, no prazo legal, conforme Súmula nº 542, *in verbis*: "não é inconstitucional a multa instituída pelo Estado-membro, como sanção pelo retardamento do início ou da ultimação do inventário".

10.5.2. Requerimento do Inventário

O pedido de instauração do inventário traduz a *petição inicial*. Uma das pessoas legitimadas na lei processual (arts. 987 e 988 do CPC)[6] tem a missão de noticiar o óbito – com a juntada da certidão de óbito – e solicitar a abertura do inventário.

E, como explicado anteriormente, o requerente do inventário não se torna necessariamente o inventariante. E a locução "autor da herança" é reservada ao falecido ou *de cujus*.

Importante salientar que a referida petição inicial não apresenta a complexidade ou as detalhadas exigências das demais ações judiciais do processo de conhecimento (em especial aquelas do art. 282 do CPC). Basta que a petição se limite a dar a notícia do óbito com juntada da respectiva certidão, para viabilizar o processamento do inventário (art. 987, parágrafo único do CPC). As demais informações do espólio integram as primeiras declarações, como será visto a seguir.

O *valor da causa* é provisório e corresponde ao valor total da *herança*. Portanto, não se inclui todo o monte-mor.[7] Não interessa na fixação do

6 Confira-se o item 10.4. deste capítulo.

7 Neste sentido, fixou-se a jurisprudência dominante no STJ: a) REsp nº 869.040-SP, decisão monocrática do Ministro Francisco Falcão, julgado em 19/09/2006, DJ 28/09/2006; b) REsp nº 469.613-SP, Rel. Min. Teori Albino Zavascki, DJ de 25/05/2006; c) REsp nº 343.718-SP, Rel. Min. Eliana Calmon, DJ de 20/06/2005; d) REsp nº 252.850-SP, Rel. Min. Peçanha Martins, DJ de 02/02/2004; e) REsp nº 437.525-SP, Rel. Min. Luiz Fux, DJ de 09/12/2003. Em sentido contrário, colhe-se precedente também do STJ, mas que reflete uma posição minoritária: REsp nº 459.852-SP, Terceira Turma, Rel. Min. Nancy Andrighi, julgado em 26/08/2003, DJ 29/09/2003.

valor da causa e nem tampouco no cálculo das custas judiciais aquela parte do cônjuge (ou companheiro) sobrevivente.

O valor atribuído inicialmente à causa é provisório. No decorrer do inventário, em especial depois da avaliação dos bens da herança, tem-se a atribuição do valor da causa de maneira a refletir a base de cálculo da taxa judiciária (custas) incidente na distribuição do inventário. Se houver diferença de custas, elas são recolhidas no momento da avaliação, como será estudado adiante.

10.5.3. Inventariante: Nomeação, Funções e Remoção

Ao deferir o processamento do inventário, o juiz deve *nomear* o inventariante, que é a pessoa escolhida para a administração e representação do espólio em Juízo e fora dele. Como explicado, o inventariante assume todas as funções de quem antes administrava provisoriamente os bens do espólio – isto é, substitui o administrador provisório.

O art. 990 do CPC dispõe sobre uma ordem de preferência para a nomeação do inventariante: a) cônjuge sobrevivente, desde que, na época do falecimento, houve a convivência; b) herdeiro que estiver na posse dos bens; c) qualquer herdeiro; d) o testamenteiro, se a ele foi confiada a administração do espólio ou se toda a herança estiver dividida em legados; e) o inventariante judicial, onde houver o cargo; f) inventariante dativo, como a pessoa idônea nomeada pelo juiz.

Oportuno mencionar que a ordem de preferência deve ser seguida, numa disputa entre os interessados em assumir a inventariança. Somente com a impossibilidade da pessoa nomeada preferencialmente pela lei, verifica-se a hipótese legal seguinte. O juiz necessita apresentar o fundamento da impossibilidade de nomeação das pessoas com preferência legal, na decisão que nomear o inventariante.[8]

Como salienta Theodoro Júnior (2006, p. 245), a ordem não é seguida em caráter especial e excepcional. Não basta a simples conveniência ou conjectura de um processamento mais ágil ou eficiente do inventário.

8 Conforme o entendimento firmado no acórdão do STJ, REsp nº 283.994-SP, Rel. Min. Cesar Asfor Rocha, julgado em 06/03/2001, DJ 07/05/2001, destacando-se: "A ordem de nomeação de inventariante insculpida no art. 990 do Código de Processo Civil deve ser rigorosamente observada, excetuando-se as hipóteses em que o magistrado tenha fundadas razões para desconsiderá-la, com o fim de evitar tumultos processuais desnecessários ou mesmo a sonegação de bens, como no caso, em face da patente litigiosidade existente entre as partes."

O *inventariante dativo* é nomeado, quando o cônjuge e os herdeiros não querem ou não podem assumir o encargo. Trata-se de pessoa da confiança do Juízo e que tem direito a uma remuneração fixada de acordo com o prudente arbítrio do magistrado.

Entendemos que o *incapaz* – inclusive o menor – não pode ser nomeado como inventariante. A necessidade de representação do espólio e da prática de atos materiais e processuais com responsabilidade civil e penal exige que o inventariante exerça as suas funções pessoalmente. Ou seja, trata-se de uma função personalíssima, sendo incabível a representação do inventariante menor pelo seu representante legal.[9]

O inventariante nomeado é intimado a prestar compromisso, no prazo de cinco dias (art. 990, parágrafo único do CPC). A finalidade do compromisso é cientificar o inventariante de suas tarefas e responsabilidades na administração do espólio. A ausência de compromisso torna ineficaz a nomeação, impondo-se ao juiz a nomeação de outra pessoa.

O art. 991 do CPC disciplina as *funções do inventariante*: a) representar o espólio ativa e passivamente; b) administrar o espólio, cuidando, gerenciando e zelando pelos bens e direitos que compõem o acervo hereditário; c) apresentar as primeiras e as últimas declarações pessoalmente ou por procurador com poderes especiais; d) exibir em cartório, por determinação judicial ou a requerimento dos demais herdeiros, os documentos relativos ao espólio; e) juntar aos autos a certidão de testamento, quando for o caso; f) prestar contas de sua gestão, deixando o cargo quando houver determinação judicial; g) requerer a declaração de insolvência, quando for o caso (art. 748 do CPC).

O inventariante dativo impõe a presença de todos os herdeiros na condição de co-autores ou co-réus nas ações em que o espólio for parte (art. 12, § 1º, do CPC). Na condição de autor, se o inventariante dativo não lograr obter a participação dos demais autores, ela pode ser suprida com autorização do próprio Juízo do inventário. Na condição de réu, deve haver citação dos herdeiros.

A representação do espólio em Juízo e fora dele pelo inventariante começa com o compromisso e termina com o trânsito em julgado da sentença de partilha. E com o encerramento das funções do inventariante,

9 Neste sentido: REsp nº 658.831-RS, Terceira Turma do STJ, Rel. Min. Nancy Andrighi, julgado em 15/12/2005, DJ 01/02/2006.

cabe aos herdeiros a legitimidade ativa e passiva sobre os direitos e obrigações do falecido, exibindo o título de partilha (art. 1.027 do CPC).

Ainda sobre as funções do inventariante, ressalte-se a diferença entre os atos ordinários e extraordinários. O inventariante pode exercer os atos de administração do espólio, em Juízo e fora dele, que impliquem a manutenção e conservação do patrimônio – conjunto de bens e de direitos – que integra o acervo hereditário. Quando efetiva o pagamento das despesas, deve contar com autorização judicial, após manifestação das partes interessadas (art. 992, IV, do CPC).

Há, contudo, atos extraordinários que dependem de prévia autorização do Juízo do inventário, para a realização pelo inventariante. São atos que fogem ao âmbito da rotina de gestão e implicam a alienação ou renúncia de bens ou direitos, transação em Juízo ou fora dele, pagamento de dívidas do espólio (art. 992, I a III, do CPC).

Os atos ordinários de pagamento e os atos extraordinários são realizados, obrigatoriamente, com alvará judicial. A autorização judicial para o inventariante praticar aqueles atos exige a anterior manifestação dos herdeiros.

Por exemplo, o inventariante formula um pedido para a venda de um bem do espólio com a justificativa de sua necessidade para suportar as despesas de conservação dos demais bens do acervo hereditário. No exemplo dado, o juiz primeiro dá ciência do pedido aos herdeiros e, decorrido o prazo de manifestação, com ou sem impugnação deles, aprecia o pedido – deferindo-o ou rejeitando-o.

O art. 995 do CPC enumera as razões que implicam a *remoção do inventariante*: a) não prestar, no prazo da lei ou fixado pelo juiz, as primeiras declarações ou as últimas declarações; b) não der ao inventário o regular andamento, deixando de praticar os atos necessários à sua tramitação; c) se por culpa dele (inventariante) ocorrer a dilapidação, perda ou deterioração dos bens do espólio; d) se não apresentar defesa nas ações em que for citado em nome do espólio; e) se não cobrar os créditos do espólio, inclusive promovendo as ações judiciais necessárias; f) se não adotar as medidas necessárias para evitar o perecimento de direitos do espólio; g) se não prestar contas da sua gestão, ou se as contas forem rejeitadas pelo juiz; h) se sonegar, ocultar ou desviar bens do espólio.

A remoção do inventariante é objeto de um *incidente* específico (art. 996 do CPC). O processamento do incidente é instaurado de ofício pelo juiz[10] ou a partir de requerimento por qualquer herdeiro ou interessado em petição que é autuada em apenso aos autos do inventário (art. 996, parágrafo único do CPC). O inventariante é intimado a, querendo, defender-se, no prazo de cinco dias. Decorrido o prazo, o juiz verifica a oportunidade de produção de outras provas. A seguir, o juiz resolve o incidente, rejeitando ou acolhendo o pedido de remoção, mediante decisão interlocutória sujeita a agravo, conforme magistério de Marcato (2004, p. 231).[11]

Se o juiz remover o inventariante, cabe-lhe nomear outro, seguindo a ordem de preferência do art. 990 do CPC (art. 997 do CPC).

O professor Marcato (2004, pp. 230-31) frisa a diferença entre a remoção do inventariante e a sua *destituição*. Ainda que ambas as figuras traduzam a perda do cargo de inventariante, a destituição está ligada a um ato exterior ao processo de inventário, ao contrário do que ocorre com a remoção. Na destituição, o inventariante praticou um ato que não se relaciona com as atribuições legais e funções dentro do processo de inventário, mas que afeta a sua idoneidade. Por exemplo, quando o inventariante sofre uma condenação criminal por ato estranho à inventariança, abre-se caminho para sua destituição por ausência de idoneidade.

Também na destituição, o juiz deve possibilitar o contraditório, indicando ao inventariante o fato a ele imputado e capaz de levar à sua destituição, facultando-lhe a manifestação, antes de qualquer decisão.

10.5.4. As Primeiras Declarações

As *primeiras declarações* consistem nas informações indispensáveis para o processamento do inventário. Cabe ao inventariante apresentá-las, no prazo de 20 dias, contado do compromisso prestado e sempre antes da citação dos herdeiros e interessados. Não o fazendo, ele se sujeita à remoção (art. 995, I, do CPC).

10 O juiz pode promover de ofício o processamento, respeitando-se o contraditório. A respeito: REsp nº 539.898-MA, Terceira Turma do STJ, Rel. Min. Carlos Alberto Menezes Direito, julgado em 29/03/2005, DJ 06/06/2005.

11 Há alguma divergência nos tribunais sobre o cabimento do agravo ou da apelação. A jurisprudência do STJ firmou-se no sentido do cabimento do agravo, citando-se por todos: REsp nº 337.374-BA, Quarta Turma, Rel. Min. Barros Monteiro, julgado em 07/02/2002, DJ 27/05/2002. Mas admite-se a aplicação do princípio da fungibilidade dos recursos porque não constitui erro grosseiro a interposição da apelação no lugar do agravo: REsp nº 714.035-RS, Quarta Turma do STJ, Rel. Min. Jorge Scartezzini, julgado em 16/06/2005, DJ 01/07/2005.

O *conteúdo* das primeiras declarações é determinado pelo art. 993 do CPC: a) nome do autor da herança, sua qualificação e endereço do falecimento; b) existência ou não de testamento;[12] c) a identificação, a qualificação e o domicílio tanto do cônjuge sobrevivente (ou companheiro), como dos herdeiros (em relação a eles, indica-se o grau de parentesco com o falecido); d) descrição dos bens que constituíam o espólio com seus respectivos valores (imóveis, móveis, semoventes, dinheiro, contas bancárias e aplicações, jóias, títulos da dívida pública, ações, participações societárias etc.); e) os créditos e débitos do espólio, detalhando os valores, datas de vencimento e origem; e f) as ações judiciais em que o falecido ou o espólio era autor ou réu. Se o autor da herança era comerciante individual, procede-se à avaliação do seu estabelecimento, para constar da descrição dos bens. Se ele participava de sociedade – que não anônima – faz-se uma apuração de haveres.

Importante anotar que, nas primeiras declarações, ainda não há necessidade de sugestão ou esboço de partilha dos bens e direitos.

O inventariante deve informar se há outros bens do espólio. Quando ele declara que não existem outros bens ou direitos a inventariar, surge para os herdeiros ou interessados a possibilidade de argüição de sonegação (art. 994 do CPC).

As primeiras declarações são apresentadas por *petição*, todavia se impõe a posterior ratificação por um termo assinado pelo juiz, escrivão e inventariante (art. 993 do CPC).

10.5.5. As Citações e Intimações

Depois que as primeiras declarações são reduzidas a termo, a teor do art. 999 do CPC, providencia-se a *citação* do cônjuge sobrevivente e todos os herdeiros e legatários, para conhecimento e participação do inventário e da partilha. A Fazenda Pública[13] é intimada, para defesa dos seus interesses (art. 1.002 do CPC). Se houver testamento, também o testamenteiro é intimado a zelar pelo cumprimento daquele. Se houver incapazes, há intervenção do Ministério Público (art. 82 do CPC).

12 A existência do testamento determina uma série de providências, como será visto adiante.
13 Será intimada a Fazenda Pública que tiver interesse no recolhimento dos tributos incidentes na transmissão de bens *causa mortis* ou sobre qualquer outro ato praticado no inventário.

A lei não impõe a citação dos cônjuges dos herdeiros e legatários. Logicamente, porque eles não são sucessores *causa mortis*. Entretanto, como ressalta Gonçalves (2005, p. 118) qualquer ato de cessão dos direitos hereditários pelo herdeiro ou legatário depende de outorga uxória, uma vez que eles são considerados bem imóvel por equiparação (art. 80, II, do CC).

As pessoas domiciliadas na comarca em endereço conhecido são citadas diretamente (pelo correio ou por mandado).

Contudo, o art. 999, § 1º, do CPC autoriza a citação por edital daquelas pessoas residentes fora da comarca, no Brasil ou exterior, mesmo quando conhecidos seus endereços. Entendemos, com suporte na lição do professor Greco Filho (2003, p. 247), que a citação por edital tem lugar somente nas hipóteses do art. 231 do CPC, o que vincula o alcance daquela norma especial de maneira a evitar sua inconstitucionalidade por violação ao devido processo legal e do contraditório.

Ou seja, quando conhecido o paradeiro do cônjuge, do herdeiro ou do legatário, embora fora da comarca em que se processa o inventário, a citação é pessoal (correio ou carta precatória).

Em todos os casos de citação direta e pessoal, a parte deve receber cópia das primeiras declarações e ser advertida expressamente sobre o prazo de impugnação.

10.5.6. As Impugnações às Primeiras Declarações

Encerrado o ciclo de citação do inventário, as partes podem ofertar *impugnação*, no *prazo* comum de dez dias, conforme preceitua o art. 1.000 do CPC. Observamos que o prazo comum não inviabiliza sua contagem dobrada, quando as partes tiverem diferentes procuradores (art. 191 do CPC).

O *conteúdo da impugnação* é controlado pela lei (art. 1.000 do CPC): a) erros ou omissões nas informações contidas nas primeiras declarações; b) oposição à nomeação do inventariante; c) contestar a qualidade de herdeiro ou legatário de quem foi incluído nas primeiras declarações.

O *processamento* da impugnação pode ser feito nos mesmos autos do inventário. Se o juiz preferir, nada impede sua autuação em apenso. Determina-se a produção de provas, quando necessárias e não impliquem uma matéria de alta indagação (art. 1.000, parágrafo único do CPC), como será visto adiante.

A impugnação é resolvida por *decisão interlocutória*, sujeita ao recurso de *agravo*.[14] Quando envolver a remoção do inventariante, outra pessoa é nomeada em seu lugar. Quando cuidar da admissão ou exclusão de herdeiro, o quinhão respectivo deve ser preservado.

10.5.7. A Habilitação de Companheiro, Herdeiros ou Legatários não Incluídos no Inventário

O art. 1.001 do CPC possibilita a *habilitação* de companheiro, herdeiros ou legatários, visando à inclusão no inventário. Aquele que foi preterido não fica sujeito ao prazo de impugnação das primeiras declarações, porém deve requerer sua admissão até a partilha (sua homologação).

O incidente de habilitação é processado nos autos do inventário ou em apenso. Abre-se vista ao inventariante e às demais partes pelo *prazo* de dez dias (art. 1.101 do CPC). Havendo intervenção do Ministério Público no inventário, deve colher-se seu parecer sobre a habilitação, sob pena de nulidade.

Se necessário, o juiz pode ordenar a instrução da habilitação. Havendo questão de alta indagação, ele remete o habilitante para as vias ordinárias.

A resolução da habilitação configura uma *decisão interlocutória*, sujeita ao recurso de *agravo*.[15] Se houver exclusão da parte habilitante, provada a ulterior discussão pelas vias ordinárias, o juiz ordena a reserva do respectivo quinhão (art. 1.101 do CPC).

10.5.8. Âmbito das Discussões do Inventário: Exclusão da Matéria de Alta Indagação

No processo de inventário, o juiz soluciona todas as questões de fato e de direito ligadas à herança, quando provadas por documento, na forma do art. 984 do CPC. Isto é, cada questão é decidida de maneira *incidental*, no inventário.

---

14 Neste sentido: REsp nº 63.247-RJ, Terceira Turma do STJ, Rel. Min. Eduardo Ribeiro, julgado em 08/06/2000, DJ 28/08/2000.

15 Confira-se: REsp nº 164.170-RJ, Quarta Turma do STJ, Rel. Min. Sálvio de Figueiredo Teixeira, julgado em 28/04/1998, DJ 28/02/2000, precedente que cuidou da habilitação de companheira e reconheceu a aplicação do princípio da fungibilidade, permitindo o conhecimento da apelação como agravo.

Entretanto, se surgir um conflito que possa influenciar no inventário e na partilha, mas que imponha a produção de prova oral, as partes são remetidas às *vias ordinárias*. Nada mais significa do que se impor o caminho de uma ação judicial própria, em que a instrução probatória é ampla.

Como salientam Marcato (2004, p. 227) e Nery Júnior e Andrade Nery (2006, pp. 1.013 e 1.014), questão de alta indagação traduz uma discussão de fato, cuja demonstração extrapola a prova documental trazida para o inventário e impõe a produção de outras provas, notadamente as provas oral ou pericial. As questões de direito não traduzem questões de alta indagação, ainda que de elevada complexidade com instauração de intensa polêmica na doutrina e nos tribunais.[16]

Como exemplos da doutrina de questões que podem ser classificadas de alta indagação: a) qualidade de herdeiro, impondo a ação de petição de herança (art. 1.001 do CPC); b) a discussão sobre colações (art. 1.016, § 2º, do CPC); e c) se as partes discordarem de pagamento solicitado por credor do espólio (art. 1.018 do CPC).

Por fim, contra a decisão que soluciona a questão incidental ou que remete as partes às vias ordinárias, adequada a interposição de recurso de agravo.

10.5.9. A Atuação da Fazenda Pública. A Avaliação. As Últimas Declarações. Cálculo do Imposto

Em relação aos bens imóveis descritos no inventário, a Fazenda Pública responsável pelo tributo incidente tem o prazo de 20 dias para informar o valor constante do cadastro imobiliário (art. 1.002 do CPC). Não se trata de prazo peremptório e, portanto, a informação pode ser inserida no inventário, mesmo depois daquele prazo. A manifestação pode ser suprida, quando providenciada pelo inventariante uma certidão atualizada expedida pela Fazenda Pública com aquela informação.

---

16 A respeito, confiram-se dois preciosos precedentes do STJ. Primeiro, no REsp nº 114.524-RJ, Quarta Turma, Rel. Min. Sálvio de Figueiredo Teixeira, julgado em 27/05/2003, DJ 23/06/2003, resolvendo que a discussão de eventual prejuízo à legítima advindo de uma doação do pai aos filhos ainda em vida, não exigindo outras provas, deve ser solucionada no âmbito do inventário, destacando-se na ementa: "Na linha da doutrina e da jurisprudência desta Corte, questões de direito, mesmo intrincadas, e questões de fato documentadas resolvem-se no juízo do **inventário** e não na via ordinária". E segundo, no REsp nº 325.525-BA, Terceira Turma, Rel. Min. Eduardo Ribeiro, julgado em 15/12/1993, DJ 18/04/1994, resolvendo que a discussão de nulidade que independa de outras provas deve ser resolvida como questão incidental no inventário.

Depois das primeiras declarações e encerrada a fase de impugnações, o juiz deve nomear perito para avaliação dos bens do espólio ou ordenar que o avaliador assim proceda (art. 1.003 do CPC). No caso do comerciante individual ou das participações societárias, será efetivado o balanço necessário.

O procedimento de avaliação segue o disposto para a execução (arts. 681 a 683 do CPC). Entendemos que as partes podem formular quesitos e indicar assistentes técnicos, para facilitar o acompanhamento dos trabalhos da avaliação.

A finalidade da avaliação é confirmar ou retificar os valores dos bens e direitos descritos nas primeiras declarações. Ela viabiliza a partilha justa e a identificação da base de cálculo dos tributos incidentes.

A lei processual (art. 1.005 do CPC) menciona a possibilidade de o herdeiro requerer que o juiz ou o escrivão acompanhe a diligência de avaliação, mas impondo-lhe o pagamento das despesas correspondentes. Trata-se de uma medida que necessita de justificação. O juiz pode rejeitar o pedido, se entender desnecessária a medida.

Os bens localizados fora da comarca em que se processa o inventário são avaliados por carta precatória. Se os bens forem de pequeno valor ou conhecidos do avaliador, a expedição de carta precatória é dispensada pelo juiz (art. 1.006 do CPC). Nada impede, se houver autorização judicial para tanto, que o avaliador realize as diligências fora da comarca.

Nos termos do art. 1.007 do CPC, a dispensa da avaliação é possível, caso os herdeiros ou legatários sejam capazes e estejam acordes com os valores indicados, nas primeiras declarações. Também necessária expressa concordância da Fazenda Pública. A lei possibilita a dispensa da avaliação diante da indicação de valores dos bens pela Fazenda Pública, que as partes concordem com a estimativa (art. 1.008 do CPC).

A dispensa da avaliação, em qualquer das hipóteses mencionadas, pode envolver todos os bens e direitos ou apenas parte deles.

O laudo é entregue pelo perito, no prazo fixado pelo juiz, devendo conter a descrição dos bens e a sua avaliação (art. 681 do CPC). As partes devem manifestar-se sobre o laudo, em dez dias, contados da ciência do laudo – apesar da previsão para contagem em cartório (art. 1.009 do CPC). Eventual impugnação é resolvida de plano pelo juiz (art. 1.009, § 1º do CPC). Se acolhida, retifica-se a avaliação (art. 1.009, § 2º do CPC).

Em casos excepcionais de vício (erro ou dolo do perito) e se constatado defeito que diminua o valor dos bens (art. 1.010 do CPC), o juiz manda repetir a avaliação. A atualização dos valores da avaliação pode ser efetivada por cálculos aritméticos, quando o caso, sem a necessidade de nova perícia.

As decisões que envolvam a avaliação – nomeação do perito, deferimento de quesitos, solução de impugnação, homologação do laudo, repetição da perícia etc. – têm natureza de *decisão interlocutória*, sujeitando-se a *agravo*.

Encerrada a fase de avaliação, nos termos do art. 1.011 do CPC, cabe ao inventariante providenciar as *últimas declarações*. Trata-se de uma ratificação, modificação ou complementação das primeiras declarações, após as fases de impugnação e avaliação. Nelas, o inventariante faz inserir eventuais modificações resultantes das decisões judiciais de acolhimento de impugnações ou de novos valores expressos na avaliação.

As partes são chamadas a manifestarem-se sobre as últimas declarações, no prazo comum de dez dias. O juiz resolve de plano as eventuais impugnações sobre as últimas declarações, mediante decisão interlocutória e determina o cálculo do imposto de transmissão *causa mortis* (art. 1.012 do CPC). A referida decisão fica sujeita ao recurso de agravo.

O *cálculo do imposto* é feito pelo contador judicial e, após manifestação das partes no prazo de cinco dias, há decisão do juiz (art. 1.013 do CPC). Por não haver resistência das partes, ou porque resolvidas eventuais retificações oriundas da impugnação, o juiz homologa os cálculos por decisão interlocutória que desafia agravo.

Como destacado anteriormente em relação à atribuição do valor da causa (base de cálculo para a taxa judiciária incidente no inventário), também o imposto de transmissão *causa mortis* tem como base de cálculo o valor líquido do monte partível, isto é, o monte-mor, deduzida a meação e as dívidas do *de cujus*.[17] No mesmo sentido: Amorim e Oliveira (2003, p. 413).

17 A respeito, confiram-se, além dos mencionados precedentes do STJ, julgados do TJRS: a) AI nº 70018676163, 8ª Câmara Cível, Rel. Des. José S. Trindade, julgado em 28/06/2007 e b) AI nº 70018169508, 7ª Câmara Cível, Rel. Des. Maria Berenice Dias, julgado em 14/02/2007.

10.5.10. As Colações

A colação é o ato de trazer para o inventário os bens recebidos pelos herdeiros do falecido, por doação em vida, computado na parte indisponível (arts. 2.002 a 2.012 do CPC). Ou seja, a colação tem a finalidade de igualar as legítimas. Ela é realizada mesmo que os bens ou direitos já tenham sido alienados pelo herdeiro, caso em que a conferência é feita pelo valor correspondente. Trata-se de um direito dos herdeiros necessários (art. 2.002 do CC).[18]

Os bens sujeitos à colação podem ser descritos pelo inventariante, nas primeiras declarações.

Importante destacar que o dever de colacionar os bens recebidos a título de liberalidade só se dispensa por expressa manifestação do doador, determinando que a doação seja extraída da parte disponível de seus bens (art. 2.005 do CC).[19] O Código Civil de 2002 exige a manifestação expressa do doador (*de cujus*) de que a liberalidade alcançava a sua metade disponível e não integrava a legítima. Todavia, com relação ao descendente (neto ou bisneto, por exemplo) que, na época da sucessão, não seja considerado herdeiro necessário, cria-se presunção de atribuição da liberalidade à metade disponível – o que também resulta na dispensa da colação.

O herdeiro responsável pela colação deve fazer a conferência dos bens em espécie ou, na falta deles, do equivalente valor em dinheiro, no prazo de dez dias, contado das primeiras declarações (art. 1.014 do CPC).[20] Se houver um conjunto de bens doados, pode o herdeiro escolher aqueles para a colação (art. 1.015, § 1º, do CPC). O valor do excesso da doação será apurado, no momento da liberalidade, quando a conferência é feita pelos próprios bens em espécie (art. 2007, § 1º, do CPC). O valor do excesso da doação será apurado, no momento da sucessão, quando a conferência é feita pelo valor equivalente em dinheiro (art. 2007, § 2º, do CPC).

18 Neste sentido: REsp nº 170.037-SP, Terceira Turma do STJ, Rel. Min. Waldermar Zveiter, julgado em 13/09/1999, DJ 24/05/1999. Embora o julgado refira-se ao CC de 1916, a conclusão é aplicável também ao CC de 2002.

19 Neste sentido: REsp nº 730.483-MG, Terceira Turma do STJ, Rel. Min. Nancy Andrighi, julgado em 03/05/2005, DJ 20/06/2005.

20 Fica claro que, se os bens existem, a colação recai sobre eles e não pelo equivalente em dinheiro: REsp nº 259.406-PR, Quarta Turma do STJ, Rel. Min. Aldir Passarinho Jr, julgado em 17/02/2005, DJ 04/04/2005.

A avaliação dos bens objeto de colação é feita pelo valor estimado no ato de liberalidade do *de cujus*. Os arts. 2.003 e 2.004 do CC de 2002 revogaram o disposto no art. 1.014, parágrafo único, do CPC – que previa a avaliação pelo valor ao tempo da sucessão. Logicamente, deve haver atualização (incidência de correção monetária) daquele valor de doação em favor do herdeiro, até a data de abertura da sucessão. Se o valor da doação não correspondia à realidade para a época, o juiz do inventário pode ordenar que seja feita uma avaliação (retroativa).

A colação tem lugar na hipótese de alienação dos bens ou direitos doados ao herdeiro, ainda quando renunciada a herança pelo herdeiro beneficiado pelo ato, ou dela ele foi excluído (art. 1.015 do CPC).

A colação de apenas parte ideal de um bem imóvel não sujeito a uma cômoda divisão cria para o herdeiro titular da outra parte um direito de preferência para a aquisição, em igualdade de condições com os demais herdeiros num processo de licitação entre eles (art. 1.015, § 2º, do CPC).

O *procedimento* da colação, como dito anteriormente, envolve um ato voluntário do herdeiro ou um incidente provocado pelo inventariante ou pelos demais herdeiros. Todavia, como já mencionado, trata-se de um direito do herdeiro – ele tem legitimidade para iniciar o procedimento ou solicitar a atuação do inventariante. Em caso de ato provocado, instaura-se um *incidente*. É recomendável seu processamento em apenso aos autos do inventário.

Se a inclusão se deu nas primeiras declarações, o herdeiro atingido pela obrigação de colação, deve impugná-las. Se o pedido foi feito por outro herdeiro interessado, da mesma forma, caberá a instauração do incidente, abrindo-se o prazo de manifestação do herdeiro atingido pela colação que, pela falta de previsão expressa, deve ser de cinco dias.

E, instaurado o procedimento, se houver resistência do herdeiro em relação à colação pretendida, as demais partes são ouvidas em cinco dias (art. 1.016 do CPC). Se houver interesse de incapazes, o Ministério Público deve oficiar no incidente, sob pena de nulidade. O juiz pode ordenar a produção de provas documentais. O incidente resolve-se por *decisão interlocutória* sujeita a *agravo*.

Se o juiz ordenar a colação do bem, o herdeiro deve cumprir a determinação no prazo improrrogável de cinco dias, trazendo-o para o inventário (art. 1.016, § 1º, do CPC). Se bem móvel, entrega-se ao inventariante, mediante termo próprio. O mesmo se diga sobre a posse do imóvel. Nada impede que, mediante autorização judicial, o herdeiro fique na posse do bem conferido. Se o herdeiro não mais possuir o bem, deve trazer o equivalente em dinheiro, conforme dito anteriormente.

A resistência do herdeiro no cumprimento da ordem de conferência do bem viabiliza a tutela cautelar de *seqüestro* (art. 1.016, § 1º, do CPC). Aplica-se o disposto na medida cautelar típica (arts. 822 a 825 do CPC). A resistência pode traduzir sonegação, como será visto a seguir.

Ressalte-se, mais uma vez, que, se os fatos controvertidos exigirem apenas a prova documental, o conflito que tem como objeto a colação é resolvido no âmbito do inventário, como um incidente.[21]

Somente quando a controvérsia caracterizar-se como uma *questão de alta indagação*, impõe-se a remessa das partes para as vias ordinárias (art. 1.016, § 2º, do CPC). Porém, nesta hipótese, comprovado o ajuizamento de ação própria com a discussão da colação, o Juízo da sucessão pode exigir, no âmbito do processo de inventário e partilha, que o herdeiro beneficiado pelo ato de liberalidade preste *caução* – medida cautelar – para o recebimento de seu quinhão hereditário.

A caução pode ser ofertada ou exigida também na situação em que se queira evitar o seqüestro do bem objeto da discussão judicial sobre a colação (art. 1.016, § 1º, do CPC). Isto é, o herdeiro pode apresentar ao juiz, como providência substitutiva do seqüestro, a medida cautelar de caução. E o próprio juiz, se entender oportuno e conveniente, pode ordenar a caução no lugar do seqüestro.

10.5.11. Os Sonegados

A sonegação consiste na ocultação dolosa de bens e direitos sujeitos ao inventário por parte do inventariante e dos herdeiros. É necessário haver a intenção de subtrair o bem do seu alcance pelo inventário e pela partilha.

O simples fato de desconhecer ou ignorar a existência de bens não conduz ao reconhecimento de sonegação. A intenção exige uma manifestação própria. Em relação ao inventariante, alegação de que houve sonegação se dá após a sua declaração de encerramento da descrição de todos

21 Sobre o tema, há o já mencionado precedente do STJ estabelecendo que a discussão sobre a colação ou não de bens doados e cuja prova seja exclusivamente documental pode ser resolvida no âmbito do inventário – como incidente e sem exigir ação própria: REsp nº 114.524-RJ, Quarta Turma, Rel. Min. Sálvio de Figueiredo Teixeira, julgado em 27/05/2003, DJ 23/06/2003.

os bens a inventariar (art. 1.996 do CC, primeira parte). Em relação ao herdeiro, depois que instado a esclarecer, no âmbito do inventário, se possui o bem (art. 1.196 do CC, segunda parte).

A caracterização da sonegação exige um ato eficaz. Se, apesar da intenção, o bem é voluntariamente levado ao inventário pelo inventariante (nas primeiras declarações ou na sua retificação) ou pelo herdeiro (na impugnação às primeiras declarações), não há sonegação.

O herdeiro sonegador sofre a pena de perda do direito que lhe cabia sobre os bens (art. 1.992 do CC), além de responder por perdas e danos (art. 1.994 do CC).

O inventariante sonegador fica sujeito à sanção de remoção da sua função (art. 1.193 do CC e art. 995, VI, do CPC). Evidentemente, se o inventariante ainda for herdeiro, incidem também – cumulativamente – as penalidades cabíveis a esta última condição (arts. 1.992 e 1.994 do CC).

Se a sonegação disser respeito a um bem doado em favor de um herdeiro, ela não impede a colação com a aplicação da penalidade de perda do direito sobre o mesmo e da responsabilidade por perdas e danos. Em outros termos, quando o herdeiro não cumpre a obrigação legal de conferência de bens, propositadamente, assume a condição de sonegador – por isso, além da colação, termina penalizado pela sonegação.

A sonegação não é resolvida no âmbito do inventário como questão incidental. Exige-se uma ação própria – denominada "ação de sonegados". Trata-se de uma ação que pode ser promovida pelo inventariante, pelos herdeiros e pelos credores e tem duas finalidades: a) reconhecer a sonegação de bens e ordenar sua inclusão no inventário e partilha e b) aplicação das sanções prevista em lei aos herdeiros (art. 1.1994 do CC). A remoção do inventariante é tema a ser resolvido pelo incidente próprio, no âmbito do inventário.

A lei civil não prevê um prazo de prescrição específico para a ação de sonegados. Logo, incide a regra geral de dez anos para a prescrição da ação de sonegados (art. 205 do CC). O termo inicial da contagem do aludido prazo deve ser o das últimas declarações, quando se tem como concluída a descrição pelo inventariante dos bens que fazem parte do inventário.

A *sentença* da ação de sonegados aproveita a todos – herdeiros e credores. Isto porque o bem ou direito é inserido no inventário e partilha não beneficiando apenas o autor da ação.

10.5.12. O Pagamento das Dívidas

No procedimento de inventário, abre-se a possibilidade de pagamento das *dívidas* vencidas e exigíveis *do autor da herança*, antes da partilha (art. 1.997 do CC e art. 1.017 do CPC). Admite-se, ainda, o pagamento de dívidas líquidas e certas vincendas (art. 1.019 do CPC).

A *habilitação do crédito* é feita por uma petição do credor instruída como a prova documental da dívida do autor da herança, distribuída por dependência ao inventário e autuada em apenso (art. 1.997, § 1º, do CC e art. 1.107, § 1º, do CPC).

O inventariante, os herdeiros, os legatários e o Ministério Público, se oficiar no feito, são chamados a responder o pedido de habilitação de crédito. Na omissão da lei, o prazo para a manifestação é de 5 (cinco) dias.

Se todos concordarem, o juiz acolhe o pedido de habilitação e manda separar a quantia correspondente e necessária à satisfação do crédito (art. 1.017, § 2º, do CPC). O pagamento das dívidas vencidas se dá, no momento da partilha (art. 1.023, I, do CPC). O pagamento das dívidas vincendas ocorre nos respectivos vencimentos (art. 1.019 do CPC). A quitação é feita em dinheiro, quando disponível. Se não houver numerário, o inventariante deve separar bens suficientes para avaliação e hasta pública (art. 1.017, § 3º, do CPC). O credor pode solicitar que a satisfação do crédito se dê com a adjudicação de bens, mas o deferimento do pedido pelo juiz fica condicionado à concordância das partes – inventariante, herdeiros, legatários (art. 1.017, § 4º, do CPC).

A impugnação da habilitação de crédito também é ato privativo das partes – inventariante, herdeiros e legatários (em relação aos últimos, conforme art. 1.020 do CPC). Todavia, um credor do falecido não pode se insurgir contra o pagamento solicitado por outro credor, no âmbito do inventário. Nada impede que ele discuta as situações de fraude de execução ou mesmo de fraude contra credores, na sede própria – a ação de execução ou a ação anulatória, respectivamente.

Se houver impugnação à habilitação de crédito, o juiz rejeita a habilitação e ordena que o pagamento seja discutido, nas *vias ordinárias* (art. 1.018 do CPC). Não se trata do juiz reconhecer no conflito uma questão de alta indagação, mas apenas de verificar que não se cumpriu a exigência legal de concordância das partes. Para Theodoro Júnior (2006, vol. III, p. 260), a habilitação tem natureza administrativa, o que impede a discussão do crédito no âmbito do inventário – daí porque o pagamento é feito somente quando há unanimidade na decisão das partes de satisfação do crédito do credor.

Entendemos, diversamente, que a habilitação tem a *natureza de incidente* com a disciplina específica da lei, condicionando-se o pagamento no âmbito do inventário à anuência de todas as partes. Pode-se dizer que as dívidas do autor da herança não são discutidas no inventário, mas apenas quitadas e com a condição de haver unanimidade entre as partes – quais sejam, inventariante, herdeiros e legatários. A natureza jurisdicional do incidente decorre de sua inserção no âmbito do inventário como uma providência judicial e que pode implicar até mesmo a reserva de bens em favor do credor (medida de natureza cautelar) com imposição de honorários advocatícios.[22]

Ainda sobre a impugnação e a determinação que o crédito seja discutido nas vias ordinárias, cabe um esclarecimento adicional. Ao rejeitar a habilitação, se constatar que a dívida estava representada por documento e que não havia alegação de quitação, o juiz pode ordenar a reserva de bens suficientes para o pagamento do credor (art. 1.018, parágrafo único do CPC). Trata-se de uma medida cautelar – visa garantir a futura satisfação do suposto direito de crédito. Exige-se que o credor já promova a execução, ou que ajuíze a ação de cobrança, no prazo de 30 dias, contado da intimação do credor acerca da sua inadmissão e da reserva dos bens (art. 1.039, I do CPC).

Observamos que a habilitação de crédito é uma faculdade do credor, não uma obrigação – continua ele com a via ordinária (execução de título extrajudicial ou ação de cobrança pelo processo de conhecimento) para recebimento do crédito.

A habilitação é um incidente resolvido por *decisão interlocutória*, que desafia o recurso de *agravo*. Entendemos que o fato de o juiz pronunciar-se sobre a admissão ou não do pagamento em sede de inventário não caracteriza uma sentença. Isto porque o incidente limita-se tão-somente a viabilizar um pagamento em Juízo – quase um negócio jurídico com obrigatória in-

22 Neste sentido, colhe-se precedente do STJ: REsp nº 578.943-SC, Quarta Turma, Rel. Min. César Asfor Rocha, julgado em 18/05/2004, DJ 04/10/2004. O julgado explicitou a natureza cautelar da medida que ordena a separação de bens para eventual e futura garantia de pagamento das dívidas do falecido, acatando a tese de que o pedido de habilitação resistido pode implicar a distribuição de verbas de sucumbência.

tervenção judicial, função equiparável à jurisdição voluntária. Não se resolve um conflito. A situação é em alguma medida equiparável aos demais incidentes, porque, se houver qualquer dissidência do inventariante, herdeiros ou legatários, o credor é remetido à cobrança pela via ordinária. Em sentido diverso, acolhendo a tese de que a decisão da habilitação de crédito é sentença sujeita ao recurso de apelação: Amorim e Oliveira (2003, p. 379).

Uma vez operada a partilha, não há como ser efetivada a habilitação de crédito e o pagamento dos credores, no âmbito do inventário. Resta aos credores, então, cobrar a dívida dos herdeiros, na proporção do quinhão hereditário recebido (art. 1.997 do CC).

Há dívidas que não ficam sujeitas à habilitação no inventário. A Fazenda Pública não está sujeita a habilitação de crédito no inventário (arts. 187 e 189 do CTN) – a cobrança deve seguir a execução fiscal.

Aos herdeiros é dado, antes da partilha, a medida de separação de bens do acervo hereditário destinados à garantia de pagamento das dívidas. Os herdeiros podem, ainda, autorizar o inventariante a fazer nomeação de bens daquele acervo à penhora na execução contra o espólio (art. 1.021 do CPC). A medida não exclui a penhora sobre os direitos e bens que compõem o espólio, averbada no rosto dos autos do inventário (art. 674 do CPC).

Ressalte-se que, no caso de oferta de bens à penhora no âmbito da execução promovida contra o espólio, se instaurado algum conflito entre exeqüente e o espólio executado acerca da legalidade ou oportunidade da penhora, a competência para dirimi-lo é do Juízo da execução e não do Juízo do inventário.

Por fim, oportuno destacar que o procedimento de habilitação de crédito destina-se a dívidas do autor da herança e não para o pagamento de dívidas dos herdeiros.[23] O credor do herdeiro ou do legatário deve promover a penhora (ou outra medida de constrição judicial para garantia da execução) sobre os direitos hereditários do devedor – averbando-se no rosto dos autos, para que se efetive nos bens que couberem ao mesmo (art. 674 do CPC). Não há possibilidade de habilitação de crédito ou de medida acautelatória e incidental no inventário de reserva de bens para a penhora.

23 A respeito, confira-se: Ag Rg no REsp nº 209.263-SP, Terceira Turma do STJ, Rel. Min. Nancy Andrighi, julgado em 29/05/2001, DJ 25/06/2001.

10.5.13. Medidas Cautelares

Durante o curso do inventário, há várias passagens que viabilizam a concessão de medidas cautelares típicas. São elas: a) reserva do quinhão hereditário cabível ao herdeiro, que vê discutida a sua qualidade ou a sua cota parte (art. 1.000, parágrafo único do CPC); b) reserva do quinhão do herdeiro excluído do inventário (art. 1.001 do CPC); c) reserva de bens para garantia do valor cobrado pelo credor não admitido no inventário (art. 1.001 do CPC); e d) seqüestro de bens declarados sonegados, para fins de colação no inventário (art. 1.016, § 2º, do CPC).

É importante salientar que, se as partes são remetidas para as vias ordinárias, porque a questão deve ser resolvida em ação própria, as medidas cautelares concedidas no âmbito do processo de inventário têm a função de preservação do direito sucessório ou do direito de crédito. A reserva de bens, por exemplo, viabiliza a futura entrega do quinhão hereditário ou o futuro pagamento do credor.

É compreensível, portanto, que a lei condicione a manutenção da eficácia da medida cautelar deferida em sede de inventário à discussão do direito, na *ação principal*. Impõe-se à parte interessada - o herdeiro ou credor - o ajuizamento da ação própria para a resolução do conflito envolvendo o direito.

A eficácia das medidas cautelares concedidas no inventário cessa se a ação principal (ou ação própria) não for proposta no prazo de 30 dias, contado da data em que se der a execução da medida liminar - assim compreendida a data de intimação da parte (legitimada para ingressar com a ação própria) para tomar conhecimento da sua concessão (art. 1.039, I, do CPC).

Por fim, também cessa a eficácia da liminar, se houver extinção do processo de inventário com ou sem resolução do mérito (art. 1.039, II, do CPC). A hipótese é restrita, não se aplicando o disposto no art. 267 do CPC, como anotam Nery Júnior e Andrade Nery (2006, p. 1.029). O inventário deve ser ultimado com impulso processual ou, se for o caso, ter os autos remetidos ao arquivo até útil provocação.

Neste caso de arquivamento dos autos do inventário sem impulso e antes da partilha, a cessação da eficácia da medida cautelar não ocorre, desde que promovida a ação própria relacionada com a mesma.

10.6. PARTILHA

10.6.1. Finalidade da Partilha

Depois de encerrada a fase de pagamento das dívidas, inicia-se a *partilha* dos bens. Isto é, feitos ou não os pagamentos das dívidas do espólio, tem lugar a partilha dos bens.

Até o momento, foram identificadas as seguintes etapas do inventário: a) nomeação de inventariante (obrigatória); b) apresentação de primeiras declarações (obrigatória); c) citação dos herdeiros (obrigatória); d) impugnação das primeiras declarações (facultativa); e) avaliação (dispensada somente quando não há herdeiros incapazes e se acordes os herdeiros e a Fazenda Pública); f) cálculo do imposto de transmissão *causa mortis* (obrigatória); g) últimas declarações pelo inventariante (obrigatória); h) pagamento de dívidas (facultativa). Vencidas as referidas etapas, começa a partilha.

A partilha não tem força de transferir a propriedade, o que se dá com a abertura da sucessão. Sua finalidade é *declaratória* de qual o quinhão cabível a cada herdeiro – identificando-se os bens que dele fazem parte. A partilha viabiliza em favor dos herdeiros o exercício dos direitos oriundos da titularidade da herança.

10.6.2. Partilha Judicial e Amigável

A partilha pode ser *amigável* ou *judicial*.

A *partilha amigável* ocorre nas esferas extrajudicial e judicial. Como dito anteriormente, a partir da Lei nº 11.441, de 04/01/2007, inseriu-se no ordenamento jurídico a possibilidade do inventário e da partilha serem ajustados numa escritura pública lavrada no Cartório de Notas (art. 982 do CPC). O acordo entre os herdeiros também pode se dar no âmbito processual, formalizando-se por escritura pública ou por termo nos autos do inventário judicial. São requisitos comuns para a partilha amigável: a) herdeiros maiores e capazes e b) acordo sobre a partilha dos bens da herança.

A doutrina ainda menciona a chamada partilha em vida (ou *inter vivos*), que se distingue da partilha *post mortem*. Trata-se da repartição dos bens feita pelo pai ou qualquer ascendente em vida, mas sem prejudicar a legítima dos herdeiros necessários. É retratada em escritura pública de doação ou mesmo num testamento. A iniciativa é sempre do proprietário dos bens. Os filhos ou herdeiros não podem ajustar a partilha de herança de uma pessoa viva.

A *partilha judicial* é aquela que ocorre no âmbito do inventário solene (judicial) e que não conta com o acordo entre as partes. Ou ainda, é aquela partilha que se formaliza conforme o procedimento imposto pela lei processual pela presença de herdeiro incapaz.

10.6.3. Partilha Judicial e Procedimento

Os herdeiros são intimados a apresentarem os seus *pedidos* de distribuição dos quinhões, no prazo de dez dias. Nada impede que exista um acordo entre os herdeiros capazes para a partilha dos bens – partilha amigável, como visto anteriormente. É admissível, ainda, que as partes façam um esboço de partilha, representando suas pretensões.

Em igual prazo, cabe ao juiz *deliberar* sobre os critérios da partilha, numa decisão interlocutória sujeita ao recurso de agravo. Na aludida decisão, o juiz decide também quais bens ficam sujeitos à partilha e quais, reservados – para eventuais futuros pagamentos a herdeiros ou credores. A decisão pode simplesmente designar a realização da partilha ou da reserva de bens, preservado a atribuição dos bens para uma decisão futura.

O art. 1.023 do CPC dispõe sobre a elaboração de um *esboço de partilha* pelo partidor judicial, observando-se os pagamentos na seguinte ordem: a) dívidas atendidas; b) meação do cônjuge (ou do companheiro); c) meação disponível; d) quinhões hereditários, começando pelo herdeiro mais velho. Este esboço consiste num plano ou projeto da partilha a ser efetivada. O inventariante ou qualquer dos herdeiros, como já frisado, pode fazer um esboço de partilha. Quando a iniciativa parte do inventariante ou do herdeiro, o partidor judicial confere e opina sobre a oportunidade do esboço de partilha.

Em primeiro lugar, deve haver definição da *meação* do cônjuge ou do companheiro sobrevivente. Meação e herança não traduzem a mesma coisa. A meação diz respeito à parcela dos bens do cônjuge ou companheiro sobrevivente, fruto do casamento ou da união estável. A composição da meação está ligada, no casamento, ao regime de bens – pode variar, se for de separação total, de comunhão universal, de comunhão parcial etc. Em suma, o procedimento de exclusão da meação conduz à identificação do monte-mor partível, que diz respeito à herança a ser objeto de partilha entre os herdeiros e legatários.

Em segundo lugar, depois de identificada a meação do cônjuge ou companheiro sobrevivente, ainda cabe apurar a chamada *metade disponível* consistente na parte da herança a que o falecido tinha o direito de dispor livremente em vida e sem violar os direitos dos herdeiros necessários.

E em terceiro lugar, excluída a metade disponível, chega-se à *legítima* que nada mais é do que a parcela da herança a ser repartida entre os herdeiros necessários, respeitada a ordem de vocação hereditária.

Elaborado o esboço de partilha pelo partidor judicial, as partes têm o prazo comum de cinco dias para *reclamações*. A parte pode insurgir-se contra o percentual a ela atribuído ou mesmo contra os bens inseridos na composição do seu quinhão hereditário. O juiz resolve as reclamações e nada impede que determine a retificação do esboço de partilha. A solução das reclamações caracteriza-se como decisão interlocutória, sujeitando-se ao recurso de agravo.

Encerrada a fase de reclamações, o juiz ordena que a partilha seja *lançada nos autos*, na forma do art. 1.025 do CPC, um auto de orçamento com os seguintes itens: a) nome do autor da herança, do cônjuge sobrevivente, dos herdeiros, dos legatários e dos credores admitidos; b) o ativo, o passivo e o líquido partível, com as suas especificações; c) o valor de cada quinhão. A partilha ainda será lançada com uma folha de pagamento para as partes, individualizando-se o pagamento e os bens que compõem cada quinhão. O juiz e o escrivão devem subscrever o auto e a folha de pagamento. A ordem de lançamento da partilha nos autos traduz despacho irrecorrível.

Depois as partes são intimadas para a *comprovação do pagamento* do imposto de transmissão a título de morte, sendo tarefa do inventariante, ainda, a junta de certidão negativa de débito com a Fazenda Pública. Somente com aquelas providências, o juiz julgará por sentença a partilha (art. 1.026 do CPC).

O julgamento da partilha se dá por *sentença*. E como tal fica sujeita ao recurso de apelação. Quando não há litígio sobre a partilha judicial, a sentença é meramente homologatória. E, uma vez transitada em julgado a sentença de julgamento da partilha, expede-se um documento denominado *formal de partilha*, o qual contém os quinhões atribuídos ao cônjuge (ou companheiro) sobrevivente, aos herdeiros e aos legatários. O formal de partilha deve conter as peças mencionadas no art. 1.027 do CPC: a) termo de inventariante e título dos herdeiros; b) avaliação dos bens; c) pagamento do quinhão hereditário; d) quitação do imposto; e) sentença.

Em casos de pequeno valor, até cinco salários mínimos, o formal de partilha pode ser substituído por certidão de pagamento de quinhão hereditário (art. 1.027, parágrafo único, do CPC).

As *inexatidões materiais* podem ser corrigidas de ofício pelo juiz ou a requerimento das partes com a *emenda à partilha*, a qualquer tempo, mesmo depois do trânsito em julgado da sentença que homologar ou julgar a partilha (art. 1.028 do CPC). O mesmo se diga sobre as correções de erro de fato das descrições dos bens partilhados. A situação não se confunde com a sobrepartilha, da qual se cuidará adiante.

10.6.4. Anulação e Rescisão da Partilha

Conforme magistério de Theodoro Júnior (2006, vol. III, p. 272), a lei processual fez a distinção entre *anulação* e *rescisão* da partilha. Acrescentamos à noção de anulação da partilha a de *nulidade* da partilha.

A partilha amigável pode ser *anulada* pelos vícios e defeitos que invalidam os negócios jurídicos (art. 2.027 do CC e art. 1.029 do CPC) – formam as *nulidades relativas* (art. 171 do CC: incapacidade relativa, erro, dolo, coação, estado de perigo, lesão e fraude contra credores).

Em outras palavras, na *ação anulatória da partilha*, são investigados os *vícios do consentimento* – a manifestação de vontade – que fundamenta a partilha amigável. Por isso, o desfazimento da sentença homologatória se faz por uma ação própria e não tem efeito antes de julgada a ação anulatória (art. 177 do CC).

A ação para anulação da partilha tem *prazo de decadência* de 1 (um) ano (art. 2.027, parágrafo único, do CC e art. 1.029, parágrafo único, do CPC). A lei processual fala em prescrição, mas o prazo é decadencial – provoca a extinção do direito material e não está sujeito a impedimento, suspensão ou interrupção (art. 207 do CC). A decadência diz respeito às pessoas e interessados que participaram direta ou indiretamente do inventário e da partilha.

Situação distinta é aquela que diz respeito à *nulidade da partilha*. O fundamento é de *nulidade absoluta* (arts. 166 e 167 do CC: pessoa absolutamente incapaz, violação da lei, causa ilícita, forma vedada pela lei, representar fraude da lei e simulação) e não de uma nulidade relativa (anulabilidade). A nulidade absoluta é objeto de uma *ação declaratória de nulidade de partilha*.

E devem ser diferenciadas a ação anulatória da partilha (fundada em anulabilidade e de conteúdo constitutivo) e a ação declaratória de nulidade de partilha (fundada em nulidade absoluta e de conteúdo declaratório). O nulo não produz efeitos jurídicos, não é suscetível de confirmação (art. 169 do CC), o que justifica o conteúdo declaratório da sentença. Como salienta Theodoro Júnior (2006, vol. III, pp. 276-77), prevalece o entendimento de que a ação declaratória de nulidade está sujeita ao prazo máximo de prescrição previsto – no caso do CC de 2002 é de dez anos.[24]

A *partilha judicial* – uma partilha não amigável – é *julgada* por sentença, na qual o juiz determina a meação do cônjuge ou companheiro e fixa os quinhões de acordo com as pretensões de cada herdeiro. O art. 1.030 do CPC dispõe que o desfazimento da partilha judicial se faça por *ação de rescisão*: a) nas hipóteses de vício de consentimento; b) nas hipóteses de violação das formalidades legais; e c) na preterição de um herdeiro ou de inclusão de quem não o era.

Neste passo, destacam-se duas situações distintas.

Primeiro, *quando há uma lide* – um conflito de interesses – resolvida no inventário e na partilha. No julgamento do inventário e da partilha, o juiz termina por resolver, em caráter definitivo, as questões que não são de alta indagação, formando-se a *coisa julgada material*.[25] Por exemplo, quando no âmbito do inventário o juiz delibera sobre a inclusão, por colação, na herança e na partilha de um bem doado a um dos herdeiros. A situação autoriza a propositura de *ação rescisória* para desfazimento da sentença de partilha.

A ação rescisória é de competência originária do tribunal. Os fundamentos da ação rescisória são aqueles inseridos, nos arts. 485 e 1.030, I a II, ambos dispositivos do CPC. O prazo de decadência da ação rescisória é de dois anos (art. 495 do CPC).

---

24 Neste sentido: a) AI nº 70017625351, 8ª Câmara Cível do TJRS, Rel. Des. Ruy Portanova, julgado em 21/12/2006 e b) AI nº 70017555921, 8ª Câmara Cível do TJRS, Rel. Des. Luiz Ari Azambuja Ramos, julgado em 07/12/2006.

25 A respeito, confira-se precedente do TJRS, Ação Rescisória nº 700135126-3, 7ª Câmara Cível, Rel. Des. Sérgio Fernandes de Vasconcellos Chaves, julgado em 22/11/2005, destacando-se: "Em outras palavras, cumpre afirmar ser cabível a ação rescisória quando se trata de partilha judicial lançada em processo com marcante caráter contencioso, sendo as partes, portanto, atingidas pelos efeitos da **res judicata** ...".

E segundo, quando *não há um verdadeiro conflito*, mas a intervenção necessária do Poder Judiciário para acomodação de interesses privados, diante da presença de um herdeiro incapaz. Nesta hipótese, pode-se equiparar o inventário a um procedimento de Jurisdição Voluntária em que não existe uma lide. Há polêmica na doutrina e nos tribunais[26, 27] sobre o cabimento da ação anulatória da partilha ou da ação rescisória. Gonçalves (2005, p. 126) defende que, se não há litígio entre as partes, será cabível a ação anulatória. Fidélis Dos Santos (2006, p. 131) afirma que o que caracteriza a contenciosidade é a existência do litígio previsto na lei, independente da divergência ou não das partes sobre a partilha, tornando cabível a ação rescisória.

26 Há precedentes do STJ fixando o entendimento de cabimento da ação rescisória, mesmo quando não caracterizada a divergência entre os herdeiros na partilha, bastando fazer referência ao REsp nº 586.312-SC, Terceira Turma, Rel. Min. Castro Filho, julgado em 18/05/2004, DJ 16/08/2004, destacando-se: "Com relação à alegada violação aos arts. 486 e 1.029 do Código de Processo Civil, melhor sorte não assiste aos recorrentes. A questão consiste em saber se se trata de partilha amigável, e aí cabível a ação anulatória, a ser ajuizada no prazo de um ano, ou se, de partilha judicial, contenciosa, o que demanda o ajuizamento de ação rescisória, no prazo de dois anos. Este último entendimento foi o que prevaleceu na instância ordinária. Sobre o tema há precedentes: "Inventário e partilha. Ausência de nomeação de curador especial a herdeiros incapazes. Hipótese em que a decisão que julgou a partilha não foi ato meramente homologatório. Tratando-se de partilha judicial, face a existência no inventário de interessados menores impúberes, o meio impugnativo cabível da sentença proferida é o da ação rescisória e não o da ação de anulação exercitável perante o juiz singular. Inaplicação ao caso do lapso prescricional vintenário. Recurso especial não conhecido." (REsp 21377/MG, Rel. Min. Barros Monteiro, DJ 22/11/1993); "Civil. Processo Civil. Inventario. Partilha Judicial. Timbrada a natureza judicial da partilha, com a adjudicação de bem a menor, a sentença não há de ser vista como meramente homologatória, motivo por que só pode ser desconstituída por meio de ação rescisória. Recurso conhecido, pelo dissídio, mas não provido." (REsp 32.306/ES, relator Ministro Costa Leite, DJ 07/11/1994). Assim, não pode ser outro o entendimento, quando envolve menor. Daí, a correção do tribunal estadual, ao entender que a partilha era judicial, e que, portanto, cabível a ação rescisória, que deve ser ajuizada no prazo de dois anos, e não a anulatória, cujo prazo seria de um ano apenas."

27 A respeito, confira-se precedente do TJRS, Ação Rescisória nº 70012124749, 7ª Câmara Cível, Rel. Des. Sérgio Fernandes de Vasconcellos Chaves, julgado em 27/06/2005, destacando-se: "No caso em exame, vê-se que as partes estavam representadas pelo mesmo patrono e não havia litígio algum, não tendo sido formulado pedido de vista pelos novos patronos constituídos pelo ora autor. Em hipóteses como essa, quando se cuida de partilha de bens homologada e inexiste qualquer dissenso, a via processual adequada para desconstituir a sentença não é a da ação rescisória mas a da ação anulatória *ex vi* do art. 486 do CPC, cuja redação tem hialina clareza."

Por último, deve ser abordada a específica situação do julgamento da *partilha que preterir a algum herdeiro* (art. 1.030, III, do CPC). O tipo de ação para reclamar a exclusão do herdeiro depende da sua integração ou não como parte no processo de inventário e partilha.

Se o herdeiro participou do inventário e da partilha, sujeitando-se à coisa julgada, tem-se como cabível a ação rescisória. O prazo decadencial é de dois anos, como visto anteriormente.

Porém, se o herdeiro preterido não participou do processo de inventário e partilha e dele não tomou parte, a ele cabe ingressar com ação própria para a reclamação do seu quinhão (*petição de herança*) e para a declaração da nulidade da partilha. A ação do herdeiro excluído da partilha não se sujeita ao prazo decadencial de um ano, mas sim ao prazo geral de prescrição – atualmente no CC de 2002 é de dez anos. [28, 29]

10.6.5. Sobrepartilha

A *sobrepartilha* representa uma partilha posterior à sentença que homologar ou julgar a partilha original. Trata-se de uma partilha adicional e que contempla bens não alcançados na repartição feita num primeiro momento do processo de inventário e partilha.

O art. 1.040 do CPC dispõe que ficam sujeitos à *sobrepartilha* os bens: a) sonegados; b) descobertos posteriormente; c) litigiosos e reservados; d) de difícil ou morosa liquidação e, também por isso, reservados; e) situados em local distante de onde se processa o inventário e, por isso, reservados.

O procedimento da sobrepartilha é o mesmo da partilha. É realizada inclusive nos mesmos autos.

10.7. CUMULAÇÃO DE INVENTÁRIOS

Se o *cônjuge* sobrevivente à época da instauração do inventário ou do arrolamento acabar por falecer antes da partilha dos bens do pré-morto, autoriza-se o processamento conjunto dos dois inventários. O art. 1.043 do CPC exige que os herdeiros dos falecidos sejam os mesmos.

28 Há precedentes do STJ na vigência do Código Civil anterior: a) REsp nº 33.858-SP, Terceira Turma, Rel. Min. Waldemar Zveiter, julgado em 28/11/1995, DJ 05/02/1996, b) REsp nº 68.644-BA, Terceira Turma, Rel. Min. Eduardo Ribeiro, julgado em 11/03/1997, DJ 22/04/1997, c) REsp nº 114.310-SP, Quarta Turma, Rel. Min. Barros Monteiro, julgado em 17/10/2002, DJ 17/02/2003 e d) REsp nº 33.858-SP, Quarta Turma, Rel. Min. Fernando Gonçalves, julgado em 17/05/2005, DJ 20/06/2005.

29 Confira-se, ainda, a Súmula nº 149 do STF: "É imprescritível a ação de investigação de paternidade, mas não o é a de petição de herança."

O procedimento da cumulação dos inventários não se altera, mas exige a atuação de único inventariante (art. 1.043, § 1º, do CPC). O inventário de quem falecer por último distribui-se por dependência ao primeiro, autuando-se e processando-se em apenso (art. 1.043, § 2º, do CPC).

O mesmo ocorre, quando um *herdeiro* morre na pendência do inventário (ou arrolamento) em que foi admitido, sem possuir outros bens além do seu quinhão hereditário, caso em que este ser partilhado no mesmo procedimento (art. 1.044 do CPC). O inventário do herdeiro morto é processado juntamente com o inventário do autor da primitiva herança.

Se o primeiro inventário já tiver primeiras declarações, cabe ao inventariante fazer o aditamento necessário (art. 1.045 do CPC). A avaliação dos bens do espólio será única para os dois inventários, a não ser que já decorrido muito tempo da avaliação feita para o primeiro inventário (art. 1.045 do CPC). Diante do segundo inventário, pode haver complementação dos bens descritos nas primeiras declarações do primeiro inventário, ainda que omitidos (art. 1.045, parágrafo único, do CPC).

Nada impede que tudo se resolva num único processo, no caso de não haver a instauração prévia de um inventário da pessoa que morreu em primeiro lugar. Isto é, por exemplo, quando não houve abertura do inventário do cônjuge pré-morto, o falecimento do outro cônjuge torna possível que os dois inventários sejam processados em único e conjunto procedimento.

10.8. ARROLAMENTO

10.8.1. Aspectos Gerais

O procedimento de inventário solene e de partilha é adotado para situações que não viabilizem a escritura pública ou o arrolamento. Como observa Marcato (2004, p. 252), o inventário e a partilha têm lugar, quando verificada uma das seguintes situações: a) o valor da herança ultrapassar quantia equivalente a 2.000 ORTN e existir herdeiro incapaz; e b) há discordância entre os herdeiros sobre os termos do inventário e da partilha.

O arrolamento é definido como um procedimento específico, mais simplificado para a identificação dos bens e das dívidas do autor da herança e para a partilha deles. Há duas modalidades de arrolamento: a) arrolamento sumário e b) arrolamento comum.

No arrolamento, aplicam-se as disposições relativas às *medidas cautelares* (concessão e cessação da eficácia), à *sobrepartilha* e à *cumulação de inventários* (arts. 1.039 a 1.045 do CPC).

10.8.2. Arrolamento Sumário

O *arrolamento sumário* é adotado, qualquer que seja o valor da herança, quando maiores e capazes todos os herdeiros e entre eles houver acordo sobre a partilha de bens. Todos os herdeiros devem comparecer ao processo, manifestando concordância. A falta de um herdeiro impede a adoção do arrolamento sumário. Quando há um único herdeiro, o arrolamento sumário dá-se por *adjudicação* da herança ao mesmo.

Diz-se que o arrolamento sumário é, na verdade, um procedimento de Jurisdição Voluntária, porque retrata a intervenção judicial no destino de interesses privados sem conflito entre os interessados.

Como já explicitado, a partir da Lei nº 11.441, de 04/01/2007, inseriu-se no ordenamento jurídico a possibilidade do inventário e da partilha serem ajustados numa escritura pública lavrada no Cartório de Notas (art. 982 do CPC), o que pode tornar o arrolamento sumário desnecessário. De qualquer forma, as partes interessadas têm a liberdade de escolher entre o arrolamento sumário e a escritura pública, para inventariar e partilhar os bens da herança.

O *procedimento* do arrolamento sumário está previsto, nos arts. 1.032 a 1.034 do CPC. Não há lavratura de termos de qualquer espécie (exemplo: compromisso de inventariante, ratificação de primeiras ou últimas declarações, renúncia de herança etc.). Ele é simplificado e busca a agilização de seu encerramento.

Na *petição inicial*, o requerente (é comum que ela seja subscrita por todos os herdeiros) deve: a) juntar a certidão de óbito; b) identificar o nome e a qualificação do autor da herança; c) identificar e qualificar o cônjuge e os herdeiros; d) sugerir quem assumirá a condição de inventariante; e) especificar os bens do espólio e seus valores; f) elaborar o plano de partilha. A inicial deve conter todos os dados necessários à ultimação do arrolamento, viabilizando-se até mesmo a partilha dos bens.

Se o juiz identificar a divergência entre os herdeiros, deve ordenar a conversão do arrolamento sumário em inventário solene ou em arrolamento comum, conforme o valor dos bens. O caminho contrário também é possível, bastando que, no curso do inventário, os herdeiros capazes manifestem consenso sobre os bens a inventariar e partilhar.

No procedimento de arrolamento sumário há duas notas simplificadoras: a) não há avaliação, até porque acordes o cônjuge e os herdeiros (art. 1033 do CPC); e b) não há discussão sobre lançamento e pagamento de taxas judiciárias e tributos (art. 1.034 do CPC). Na última hipótese, fica preservado o direito da Fazenda discutir os valores da taxa judiciária e do imposto de transmissão de bens *causa mortis* em vias próprias (administrativa e judicial).

A existência de *credores do espólio* não impede a homologação da partilha ou a adjudicação de bens (art. 1.035 do CPC). Aqui, também surge a medida cautelar de reserva de bens pelo juiz em valor por ele fixado, após avaliação, se não houver concordância entre as partes (art. 1.035, parágrafo único, do CPC).

O arrolamento também se encerra por *sentença de homologação da partilha*. Cabe ao juiz verificar apenas a regularidade da presença e da representação do cônjuge sobrevivente e dos herdeiros, além da atribuição dos quinhões. Não se discute a justiça da partilha, já que resultado da livre manifestação da vontade dos interessados.

Por fim, a entrega do formal de partilha ou da carta de adjudicação (quando há único herdeiro) está condicionada à *prova de quitação dos tributos*. Cabe à parte a prova de quitação, mas não há espaço para discussão entre a Fazenda e os herdeiros sobre o montante recolhido a título de imposto de transmissão *causa mortis*, em especial sobre a base de cálculo que serviu de incidência da alíquota. A Fazenda Pública ou o juiz de ofício pode, entretanto, zelar pela exatidão do recolhimento, quando manifesto o equívoco – o valor não está de acordo com aquilo que foi exposto pelos próprios herdeiros no arrolamento.

10.8.3. Arrolamento Comum

O arrolamento comum tem lugar na hipótese de um acervo hereditário de pequena monta – até 2.000 ORTN, como já explicado. O procedimento é simplificado para não onerar em demasia os interessados.

O *procedimento* é parecido com o inventário solene, embora mais concentrado e célere.

Após o requerimento de abertura do arrolamento, o juiz nomeia inventariante, que assume as funções independentemente de compromisso. O inventariante deve apresentar as primeiras declarações, no prazo de dez dias, fazendo-o de maneira completa (art. 1.036 do CPC): a) juntar a certidão de óbito; b) identificar o nome e a qualificação do autor da herança; c) identificar e qualificar o cônjuge e os herdeiros; d) especificar os bens do espólio e seus valores; e e) elaborar o plano de partilha.

No arrolamento comum, se qualquer das partes ou mesmo o Ministério Público impugnar a estimativa do valor dos bens, deve o juiz nomear avaliador (art. 1.036, § 1º, do CPC). A intervenção do Ministério Público somente ocorre quando existe herdeiro incapaz. O laudo é apresentado em dez dias, facultando-se nova manifestação das partes.

Depois da avaliação e corrigidas pelo inventariante as eventuais incorreções do plano de partilha, cabe ao juiz a deliberação sobre os quinhões (art. 1.036, § 2º, do CPC). Lavra-se um só termo com todos os dados, colhendo-se a assinatura do juiz e das partes (art. 1.036, § 3º, do CPC).

Também no arrolamento comum não há lugar para discussão sobre lançamento e pagamento de taxas judiciárias e tributos, incidindo o disposto no art. 1.034 do CPC (art. 1.036, § 4º, do CPC). Logicamente, fica preservado o direito da Fazenda discutir os valores da taxa judiciária e do imposto de transmissão de bens *causa mortis* em vias próprias (administrativa e judicial).

Por fim, depois da prova de quitação dos tributos, tem lugar *o julgamento da partilha*. Trata-se da *sentença* de julgamento da partilha, sujeita ao recurso de apelação. Cabe à parte a prova de quitação, todavia sem espaço para a discussão entre a Fazenda e os herdeiros sobre o montante recolhido a título de imposto de transmissão *causa mortis*, notadamente acerca da base de cálculo que serviu de incidência da alíquota.

A partilha fica sujeita à *anulação*, *nulidade* e *rescisão* mencionadas anteriormente.[30]

30 Ver item 10.6.4. deste capítulo.

Capítulo 11
Embargos de Terceiro

11.1. INTRODUÇÃO

Os embargos de terceiro têm a natureza de uma *ação*, instaurando-se um processo de conhecimento. Importante frisar que eles não traduzem uma defesa à semelhança da contestação ou um mero incidente como a impugnação ao valor da causa. Também não é modalidade de intervenção de terceiros. A natureza de ação faz surgir todas as preocupações com os pressupostos processuais, as condições da ação e o mérito.

Trata-se de uma ação de procedimento especial, que tem como *finalidade* proteção da posse ou da propriedade de bens ou direitos de uma terceira pessoa, cujo patrimônio é atingido por um ato de constrição judicial, apesar de não ser uma das partes, no processo principal.

A doutrina utiliza a locução "ação principal" para definir a ação em que se determina a constrição judicial. Na verdade, como será visto adiante, os embargos de terceiro ligam-se à ação principal justamente pelo fato de a constrição judicial afetar a esfera de direitos – de posse ou propriedade – de uma pessoa que não é parte (demandante ou demandado) ou que não pode ter aquele bem por ela atingido.

Pode-se dizer que os embargos de terceiro configuram uma *ação incidental* que têm a missão de livrar o bem ou direito da constrição judicial. Eles existem em função da constrição judicial. Tanto é assim que, se o ato constritivo for revogado, reformado ou cassado, deixando de produzir efeitos jurídicos, cessa o interesse processual para o ajuizamento dos embargos de terceiro.

A *constrição judicial* configura o ato de vinculação ou sujeição de um bem ou direito a um processo judicial. E o art. 1.046 do CPC lista, de maneira não exaustiva, alguns atos judiciais constritivos: busca e apreensão, penhora, depósito, arresto, seqüestro, alienação judicial, arrecadação, arrolamento, partilha. A nota característica de todos os exemplos de atos de constrição judicial é a submissão do bem à eficácia do processo.

Entendemos que a prolação de uma decisão judicial que ordena a constrição judicial é suficiente para autorizar o ajuizamento dos embargos de terceiro. Isto é, o terceiro atingido, por exemplo, por uma ordem judicial de busca e apreensão, não precisa aguardar a concretização da constrição judicial para então promover os embargos de terceiro. Basta que se tenha conhecimento da ameaça à posse ou propriedade do bem para que o terceiro busque desvinculá-lo da eficácia daquele processo.

Os embargos de terceiro podem ser opostos nos seguintes *prazos* (art. 1.048 do CPC): a) no processo de conhecimento, até o trânsito em julgado da sentença; e b) na execução, até cinco dias depois da arrematação, adjudicação ou remição (sempre antes da assinatura da carta).

A nova direção para um processo sincrético exige uma interpretação moderna. Quando se cuida de ameaçar a posse de um terceiro que não é parte no processo, o prazo para ajuizamento dos embargos de terceiro deve fluir a partir do efetivo conhecimento da medida constritiva, ainda que em fase de cumprimento da sentença ou após a expedição da carta de arrematação (ou adjudicação).[1] Por exemplo, se o terceiro tomou conhecimento da ação principal e da medida constritiva somente com a execução do mandado de imissão na posse, a partir daí fluirá o prazo para a promoção dos embargos de terceiro.

Após o prazo, o terceiro atingido pelo ato de constrição judicial deverá, como regra, ingressar com uma ação própria – também pelo processo de conhecimento – para tentar anular o ato judicial constritivo. Por exemplo, no caso de haver ultrapassado o prazo de embargos de terceiro no processo de execução, porquanto assinada a carta de arrematação, caberá uma ação de anulação da arrematação.

Por fim, não se descarta que o terceiro prejudicado por um ato de constrição judicial faça uso do mandado de segurança. Trata-se de uma via alternativa aos embargos de terceiro.[2]

---

1 Neste sentido: REsp nº 651.126-DF, Terceira Turma do STJ, Rel. Min. Carlos Alberto Menezes Direito, julgado em 29/11/2006, DJ 26/03/2007.

2 A respeito, confira-se o precedente do STJ, RMS nº 22.741-RJ, Terceira Turma, Rel. Min. Humberto Gomes de Barros, julgado em 05/06/2007, DJ 18/06/2007, ressaltando-se: "Assim, o terceiro prejudicado pode requerer Mandado de Segurança contra ato judicial mesmo quando cabível a oposição de embargos de terceiro. Óbvio que a conveniência e/ou propriedade da medida judicial a ser usada está ao talante do prejudicado. A Terceira Turma decidiu, na assentada de 08/03/2007, que é lícito ao terceiro prejudicado requerer Mandado de Segurança contra ato judicial, em lugar de interpor, contra ele, embargos de terceiro (RMS 20.541/HUMBERTO)". Em sentido contrário: RMS nº 23.095-RJ, Quarta Turma, Rel. Min. Hélio Quaglia Barbosa, julgado em 15/03/2007, DJ 16/04/2007.

11.2. COMPETÊNCIA

Nos termos do art. 1.049 do Código de Processo Civil, os embargos serão distribuídos por dependência e correrão em autos distintos perante o mesmo juiz que ordenou a apreensão.

A constrição judicial executada no âmbito de uma carta precatória representa uma situação peculiar, como salienta Fidélis dos Santos (2006, pp. 142-143). Se a ordem constritiva específica partiu do Juízo Deprecante, ele é o competente para conhecer e julgar os embargos de terceiro. Por exemplo, quando o Juízo Deprecante indica o bem a ser penhorado no Juízo Deprecado. Todavia, se a identificação do bem constrito judicialmente se dá no Juízo Deprecado, ele é o competente. Por exemplo, quando o Juízo Deprecante apenas determina genericamente a penhora de bens do executado, mas no Juízo Deprecado ocorre a identificação e escolha do bem.

Logicamente, se de alguma forma, houver a intervenção da União, autarquia federal ou empresa pública federal, a competência dos embargos de terceiro é deslocada para a Justiça Federal (art. 109, I da CF). Observamos que, nesta hipótese, a ação da qual se originou a ordem de constrição judicial continua no mesmo Juízo, pouco importa se Estadual ou Trabalhista, aguardando a solução dos embargos de terceiro.

11.3. LEGITIMIDADE DE PARTES

O autor dos embargos de terceiro é chamado *embargante*. Usualmente, a *legitimidade ativa* é atribuída ao terceiro que não é parte na ação principal, mas acaba por ter bens ou direitos atingidos pela ordem de constrição judicial. Por exemplo, quem não é executado, mas tem o bem penhorado, pode valer-se dos embargos de terceiro para afastar aquela constrição judicial.

A lei não exige a condição de proprietário do bem atingido pela constrição judicial, conferindo-se a proteção também ao terceiro que é somente possuidor (art. 1.046, § 1º, do CPC). Nesta linha, colhe-se a Súmula nº 84 do Superior Tribunal de Justiça: "É admissível a oposição de embargos de terceiro fundados em alegação de posse advinda de compromisso de compra e venda de imóvel, ainda que desprovido de registro".[3]

3 O Superior Tribunal de Justiça superou a antiga posição do Supremo Tribunal Federal estampada na Súmula nº 621: "Não enseja embargos de terceiro à penhora a promessa de compra e venda não inscrita no registro de imóveis".

A posse pode resultar do compromisso de compra e venda e de outros negócios jurídicos, como cessão de direitos hereditários, promessa de dação em pagamento, transação etc. A lei não reduziu a proteção possessória.

O cônjuge é considerado terceiro, quando defende bens próprios e que não podem ser alcançados pela constrição judicial (art. 1.046, § 3º, do CPC). Na jurisprudência, o Superior Tribunal de Justiça firmou a viabilidade da defesa da meação, conforme Súmula nº 134: "Embora intimado da penhora em imóvel do casal, o cônjuge do executado pode opor embargos de terceiro para defesa de sua meação".

Se o cônjuge figura no pólo passivo da ação principal em que se ordenou a constrição judicial, não tem ele legitimidade e nem interesse processual para o ajuizamento dos embargos de terceiro.[4]

Ainda sobre o cônjuge, alguns esclarecimentos adicionais tornam-se pertinentes.

Em primeiro lugar, é importante destacar em que hipóteses os bens dos cônjuges respondem pela dívida do outro. Nos termos do art. 592, inciso IV, do CPC, ficam sujeitos ao processo de execução (respondem pela dívida), os bens do cônjuge "nos casos em que os bens próprios, reservados ou da sua meação respondem pela dívida". O CC de 2002 explicita as hipóteses em que os cônjuges respondem solidariamente pela dívida do outro: a) compra a crédito (ou empréstimo) das coisas necessárias à economia doméstica (arts. 1.643 e 1.644); b) dívidas contraídas no exercício da administração do patrimônio comum (art. 1.663, § 1º, e art. 1.664); e c) dívidas contraídas para atender a encargos da família, de administração e de imposição legal (art. 1.664).

Entendemos que as coisas necessárias à economia doméstica são todos os bens e direitos que digam respeito ao padrão de vida adotado pela família, desde as necessidades primárias até as opções mais sofisticadas. Por isso, a regra é que a dívida contraída voluntariamente por um dos cônjuges seja feita em benefício do casal. Diversamente, tratando-se de obrigação extracontratual, presume-se que a dívida não beneficie o casal.

4 A respeito, confira-se precedente do STJ, Sexta Turma, Rel. Min. Maria Thereza de Assis Moura, julgado em 24/05/2007, julgado em 11/06/2007, destacando-se: "O cônjuge que figurou, na qualidade de litisconsorte, no pólo passivo de execução em que foi determinada penhora sobre bem de propriedade do casal não detém legitimidade para apresentar **embargos de terceiro**, na defesa de sua meação, contra tal ato de constrição".

Na visão do professor Dinamarco (2004, pp. 368-69), a partir do Novo Código Civil, o cônjuge passa a integrar o conceito de devedor (solidário) pelas obrigações contraídas em benefício do casal ou na administração da economia doméstica. Em outros termos, a figura do cônjuge deixa de ser a responsável patrimonial, para se inserir no conceito de devedor solidário.

Entendemos, ainda, que o art. 592, inciso IV, do Código de Processo Civil aplica-se também à união estável. Ou seja, o companheiro responde pelas dívidas do outro, nos casos expressos em lei para o casamento. Não se pode criar uma situação de diferentes responsabilidades entre companheiros e pessoas casadas, sob pena de haver um conjunto de direitos sem a contrapartida das obrigações. Preservam-se inclusive os interesses e direitos de terceiros credores de boa-fé. E, na defesa de sua meação, o companheiro tem legitimidade ativa para promover os embargos de terceiro.[5] No mesmo sentido: Araken de Assis (2007, p. 1.202).

E em segundo lugar, discute-se a amplitude da penhora de imóvel de pessoa casada, em especial se ela deve preservar a meação do cônjuge não executado. Havia uma divergência nos tribunais,[6] porém, o art. 655-B do CPC [7] determina que, se o bem for indivisível, a meação do cônjuge alheio à execução recai sobre o produto da alienação. Isto é, penhora-se o imóvel na totalidade e a parte do cônjuge é separada a partir do produto da alienação.

O § 2º do art. 1.046 do CPC cria a figura do *terceiro por equiparação*. Na verdade, confere-se à parte da ação principal uma legitimidade peculiar de oposição dos embargos de terceiro, na situação em que os bens "pelo título de sua aquisição ou pela qualidade em que os possuir, não podem ser atingidos pela apreensão judicial". Imagine-se o caso em que o autor e o réu disputam um automóvel denominado "A" e, no cumprimento da

5 A respeito: a) REsp nº 93.355-PR, Quarta Turma do STJ, Rel. Min. Barros Monteiro, julgado em 24/10/2000, DJ 18/12/2000 e b) REsp nº 264.893-SE, Quarta Turma do STJ, Rel. Min. Aldir Passarinho Jr., julgado em 04/10/2001, DJ 04/03/2002.

6 Alguns precedentes diziam que o imóvel devia ser penhorado por inteiro, presumindo-se que a dívida foi contraída em benefício do casal (JTACSP-LEX 168/420). Outros julgados exigiam a exclusão da meação, quando não provado pelo credor que a dívida foi contraída em benefício do casal (JTACSP-LEX 168/249 e REsp 7.378/PR, Quarta Turma do STJ, Rel. Min. Fontes de Alencar, julgado em 16/04/1991).

7 Artigo acrescentado pela Lei nº 11.382, de 06/12/2006.

liminar de antecipação de tutela, expede-se o mandado de busca e apreensão que atinge o veículo "B". Na hipótese concebida, o réu pode valer-se dos embargos de terceiro, para livrar o automóvel "B" da busca e apreensão, uma vez que o bem não é o objeto do processo.

O réu dos embargos de terceiro é chamado *embargado*. Como regra, tem legitimidade passiva para responder pelos embargos a parte que, no processo principal, requereu ou se beneficiou direta ou indiretamente do ato judicial constritivo.

O professor Greco Filho (2003, p. 256) esclarece que embargado será aquele quem deu causa ao ato constritivo, deduzindo o pedido na ação principal ou beneficiando-se da decisão judicial que ordenou o ato. Por exemplo, na execução contra devedor solvente, se o credor pede a penhora de um imóvel que pensava ser do executado ou mesmo se o credor deixa que a constrição judicial se concretize, os embargos de terceiro são opostos pelo dono do bem (e que não era parte na execução) apenas contra o exeqüente. No exemplo dado, o executado não será embargado nos embargos de terceiro, porque não foi ele quem indicou o bem à penhora e nem tampouco se beneficiou do ato constritivo.

11.4. PROCEDIMENTO

A *petição inicial* dos embargos de terceiro deve observar o disposto no art. 282 do CPC, requisitos específicos: a) demonstração da condição de terceiro em relação ao processo principal e b) prova da posse ou propriedade do bem indevidamente atingido pelo ato judicial constritivo.

Como já explicado, os embargos de terceiro visam proteger a posse e a propriedade do embargante sobre um bem atingido por um ato de constrição judicial. Portanto, como fundamento jurídico – *causa de pedir* – da ação tem-se a proteção possessória ou do domínio a que o embargante tem direito. A inicial necessita descrever o ato de constrição judicial que atinge o bem (penhora, arresto, depósito, seqüestro, alienação judicial, arrecadação, arrolamento, inventário, partilha etc.). Por exemplo, como proprietário de um imóvel, "A" não pode vê-lo penhorado em ação de execução proposta por "B" contra "C", se não figura como executado ou garantidor da obrigação; "A" pode ingressar com embargos de terceiro em que a causa de pedir é a proteção ao direito de propriedade e a inexistência de responsabilidade sobre a dívida executada.

O embargante pode fundamentar a proteção da posse ou da propriedade do embargante em matérias de direito material e de direito processual. Nada impede que, nos embargos de terceiro, seja discutida a própria legalidade dos atos processuais praticados na ação principal e que deram origem à constrição judicial. Por exemplo, admite-se que o fundamento dos embargos de terceiro seja a proteção da posse do embargante advinda da nulidade da execução pelos vícios da citação a contaminar a ulterior penhora.[8]

O *pedido* é de proteção da posse (manutenção ou reintegração da posse) e da propriedade, excluindo-se ou desfazendo-se o ato de constrição judicial. O ato impugnado pode gerar um tal gravame para o embargante que a proteção da posse ou da propriedade demande uma tutela jurisdicional de urgência. Neste caso, o embargante tem a faculdade de solicitar a concessão de medida liminar (art. 1.051 do CPC).

Entendemos, ainda, que o pedido pode abranger outras pretensões do embargante, desde que conexas com a proteção da posse ou da propriedade do bem objeto da constrição judicial. Por exemplo, nada impede a cumulação do pedido principal com a pretensão de reparação de danos.

O *valor da causa* coincide com o valor do bem atingido pela constrição judicial. O conteúdo econômico da demanda é extraído do bem, cuja posse ou propriedade se quer tutelar nos embargos de terceiro. Na defesa da posse, avalia-se o seu conteúdo econômico, ainda que por estimativa a partir do valor da propriedade. Por isso, dissentimos da tese que, embora admita a aferição do valor da causa a partir do bem, limite-o à dívida. Isto é, se a dívida executada for superior ou inferior ao valor do bem, não há repercussão sobre o valor da causa.[9]

Entendemos como irrelevante que a dívida tenha valor inferior ao bem, uma vez que os embargos de terceiro possuem conteúdo econômico liga-

8 A respeito: REsp nº 650.790-AM, Terceira Turma do STJ, Rel. Min. Carlos Alberto Menezes Direito, julgado em 08/03/2007, DJ 28/05/2007.

9 Ainda que, atualmente, a posição não seja adotada pelo STJ, conforme nota seguinte, há precedentes daquela Corte que abonam a correção da tese defendida: a) REsp nº 88.051-PI, Terceira Turma, Rel. Min. Eduardo Ribeiro, julgado em 05/02/1998, DJ 06/04/1998 e b) REsp nº 21.129-MG, Terceira Turma, Rel. Min. Dias Trindade, julgado em 19/05/1992, DJ 22/06/1992.

do ao bem.[10] Nem se diga que a sobra de eventual hasta pública acaba restituída ao possuidor ou dono do bem. Observamos que nem todo ato constritivo resulta duma execução. E ainda que o seja, o ato de alienação judicial oferece o risco de uma arrematação por valor abaixo do valor de mercado, deixando de refletir o conteúdo econômico da demanda – os embargos de terceiro não visam ao pagamento da dívida executada, mas à liberação da constrição judicial que embaraça a posse ou a propriedade do bem. Aparentemente, comunga da mesma posição o professor Fidélis dos Santos (2006, p. 143).

O juiz apreciará o pedido de liminar. A *medida liminar* tem natureza de antecipação de tutela e pode ser deferida ou negada sem ouvir a parte contrária (embargado) ou, ainda, após a realização de audiência de justificação. Deferida a liminar o embargante, como regra, deve prestar caução ou assumir a condição de depositário judicial do bem (art. 1.051 do CPC). Nada impede, todavia, que o juiz dispense a caução.

A figura do depósito judicial é extremamente útil e relevante na hipótese de bem móvel, para que se assegure a sua preservação até final solução da demanda, garantindo-se o cumprimento da sentença mesmo quando mantida a constrição judicial.

A leitura apressada da lei, em especial dos arts. 1.051 e 1.052 do CPC pode conduzir à conclusão de que o processamento dos embargos está condicionado à concessão da liminar. Isto é, negada a liminar, restaria ao juiz indeferir a petição inicial. Não é assim. O juízo de valor sobre a concessão da liminar não interfere no prosseguimento da demanda, como assevera Araken de Assis (2007, p. 1.213). Mesmo indeferida a liminar, os embargos de terceiro devem ter tramitação normal com citação, resposta, instrução e julgamento.

Ao deferir liminarmente a proteção da posse ou da propriedade do embargante, a medida terá o efeito de *suspender o processo principal* em relação ao ato judicial constritivo impugnado (art. 1.052 do CPC). Isto é, se o processo principal versar sobre outros bens não envolvidos nos embargos de terceiro, poderá ele prosseguir em relação aos mesmos. Por exemplo, se a penhora

10 Em sentido diverso, dizendo que o valor da causa deve coincidir com o valor do bem, mas nunca superior à dívida discutida na ação principal, há precedentes do STJ: a) REsp nº 787.674-PA, Quarta Turma, Rel. Min. Jorge Scartezzini, julgado em 03/08/2006, DJ 12/03/2007 e b) REsp nº 251.045-SP, Quarta Turma, Rel. Min. Aldir Passarinho Jr., julgado em 22/08/2000, DJ 04/10/2000.

recaiu sobre dois imóveis e o embargante discute sua posse sobre um dos imóveis, a ação de execução poderá prosseguir com relação ao outro imóvel.

Situação interessante diz respeito ao efeito suspensivo pelo deferimento da liminar em embargos de terceiro para a exclusão de constrição judicial ordenada num processo cautelar. Quando a constrição judicial é ordenada em processo cautelar, tem-se que fica ela pendente da decisão numa futura ação principal (ação de conhecimento ou ação de execução). Entendemos que a ação cautelar não é ação principal e, portanto, deve prosseguir mesmo diante da concessão da liminar nos embargos de terceiro.

O efeito produzido pela liminar dos embargos de terceiro limita-se à cessação da perturbação imediata da posse ou da propriedade. É possível preservar o direito de posse ou de propriedade com a subsistência da constrição judicial que não traduza apreensão corpórea ou com a garantia de restabelecimento da constrição judicial. Significa dizer que a ação cautelar pode ter prosseguimento até para não comprometer sua função instrumental. Por exemplo, se numa ação cautelar de busca e apreensão o juiz concede a liminar para ordenar a busca e apreensão, a superveniência de uma liminar de embargos de terceiro pode ser acomodada da seguinte forma: mantida as duas liminares, preserva-se a posse do embargante com a manutenção dele como depositário do bem objeto da busca e apreensão cautelar.

E, com o posterior ajuizamento da ação principal, o processo é alcançado pela suspensão preconizada no art. 1.052 do CPC. A ação principal é necessária para a aferição de todos os contornos da lide (do conflito), além de produzir outros efeitos importantes como interrupção da prescrição e decadência e tornar (de maneira ampla) a coisa litigiosa.[11, 12]

O embargado deve ser citado, para responder aos embargos de terceiro. A *citação* é feita por uma das modalidades previstas na lei processual (correio, mandado, edital etc.). Entendemos que pela falta de autorização expressa da lei processual, não se pode ter como válida a citação pela imprensa na pessoa do advogado constituído na ação principal.

11 Logicamente, o problema não se coloca para a ação cautelar incidental. Nesta situação, já tramita uma "ação principal" e a suspensão a esta alcança.

12 Todavia, há quem interprete que a locução "ação principal" mencionada pela norma refere-se ao processo em que se ordenou a constrição judicial e acabou configurando esbulho ou turbação da posse. Neste sentido: REsp 26.557-4-SP, Terceira Turma do STJ, Rel. Min. Cláudio Santos, julgado em 06/10/1992, DJ 16/11/1992.

O juiz pode, isto sim, estimular o espontâneo comparecimento do embargado, intimando o advogado constituído na ação principal para, querendo, oferecer contestação. Contudo, a inércia do advogado impõe a citação do embargado e não acarreta revelia.

O prazo de *contestação* do embargado será de dez dias (art. 1.053 do CPC).

A contestação, além do conteúdo processual, deve versar apenas sobre a constrição judicial – sua existência, validade e eficácia. Em relação às demais modalidades de respostas, surgem pertinentes as exceções de suspeição e de impedimento e a impugnação ao valor da causa. A competência é funcional – ditada, como regra, pelo Juízo da ação principal – e a discussão envolve matéria de ordem pública. Isto é, a incompetência absoluta deve ser articulada em sede de contestação (art. 301, II do CPC).

É possível discutir-se a *fraude de execução* (art. 593 do CPC), em sede de embargos de terceiro. Se o juiz reconhecer que o negócio jurídico se deu em fraude de execução, declara a sua ineficácia em relação ao processo principal e mantém a constrição judicial.

Entretanto, não é adequada a discussão da *fraude contra credores* (art. 158 do CC). Como anulabilidade (nulidade relativa), seu reconhecimento exige ação própria (art. 177 do CC). Daí porque não basta sua alegação em sede de contestação de embargos de terceiro, reclamando ação própria para a anulação do negócio jurídico.[13] Conforme jurisprudência do Superior Tribunal de Justiça estampada na Súmula nº 195, *in verbis*: "em embargos de terceiro não se anula ato jurídico, por fraude contra credores".

Nos embargos de terceiro opostos pelo credor com garantia real, a matéria de contestação por parte do embargado é reduzida (art. 1.054 do CPC): a) o devedor comum é insolvente; b) o título que configura a garantia real do credor é nulo; c) a coisa dada em garantia não é a mesma atingida pelo ato judicial constritivo.

No mais, o procedimento dos embargos de terceiro é o mesmo do *processo cautelar* previsto no art. 803 do CPC (art. 1.053 do CPC). Ou seja, um procedimento com cognição sumária: (i) não sendo contestado o pedido, aplicam-se os efeitos da revelia, havendo imediato julgamento do processo e (ii) se há contestação, ao juiz cabe decidir sobre a oportunidade de julgar imediatamente ou de produzir provas em audiência.

13 A respeito: REsp nº 841.361-PA, Terceira Turma do STJ, Rel. Min. Nancy Andrigh, julgado em 03/04/2007, DJ 23/04/2007.

A *sentença* dos embargos limita-se a apreciar a subsistência ou não do ato de constrição judicial.

Se procedente a ação, a sentença tem conteúdo desconstitutivo do ato constritivo com a declaração de proteção da posse ou da propriedade do embargante. Nesta hipótese, se possível, a ação principal prossegue sem o ato de constrição. Por exemplo, reconhecida a legítima posse de um imóvel objeto de um compromisso de compra e venda e afastada a sua penhora, a execução (ação principal) prossegue com a busca de outros bens do executado passíveis de constrição judicial.

Caso contrário, se todo o conteúdo da ação principal se esvazia, ela deve ser extinta. Nos embargos de terceiro, não se extingue a ação principal – eventual extinção deve ocorrer em separado.[14] Por exemplo, numa ação de reintegração de posse entre o autor "A" e o réu "B" o juiz concede a liminar para ordenar a busca e apreensão de um automóvel, mas, em sede de embargos de terceiro, a sentença reconhece que o bem é de titularidade do embargante "C". Logicamente sem outras peculiaridades, no aludido exemplo, reconhecida a posse e titularidade do veículo em favor de "C", esvazia-se a disputa judicial entre "A" e "B"; a ação possessória deve ser julgada extinta – improcedência da ação.

Se improcedentes os embargos de terceiro, mantém-se a constrição judicial e ordena o prosseguimento da ação principal com as conseqüências daquele ato.

Na distribuição das *verbas de sucumbência*, prevalece a jurisprudência do Superior Tribunal de Justiça estampada na Súmula nº 303: "em embargos de terceiro, quem deu causa à constrição indevida, deve arcar com os honorários de advogado". A orientação jurisprudencial refere-se à procedência dos embargos. Logicamente, se improcedentes, o embargante suportará as custas judiciais e os honorários advocatícios.

14 Como salientado em precedente do STJ, REsp nº 578.960-SC, Terceira Turma, Rel. Min. Nancy Andrighi, julgado em 07/10/2004, DJ 08/11/2004, destacando-se: "Tal raciocínio é também desenvolvido no seguinte precedente deste STJ: "não é dado, no processo de embargos de terceiro, proferir julgamento de extinção do processo de execução. Vulneração dos arts. 128 e 460 do Código de Processo Civil" (REsp 54.725 / RS, Rel. Min. Eduardo Ribeiro, DJ de 25/03/1996). É certo que as questões de ordem pública referentes às condições da ação e pressupostos processuais da execução podem e devem ser conhecidas de ofício. Entretanto, não se pode admitir que julgando um processo se extinga outro."

Por último, na atribuição das verbas de sucumbência, desperta interesse a discussão que envolve os embargos de terceiro para afastar a penhora sobre imóvel objeto de compromisso particular de compra e venda não inscrito no Cartório de Registro de Imóveis. Sem conhecer o negócio jurídico, com base no registro imobiliário que aponta o executado como titular da propriedade do imóvel, o exeqüente pede a penhora sobre o imóvel. Depois, em sede de embargos de terceiro, acaba por tomar conhecimento do negócio jurídico sem cogitar-se a caracterização de fraude de execução ou mesmo de fraude contra credores.

Na contestação dos embargos de terceiro, o credor (embargado) pode limitar-se a reconhecer a invalidade da penhora, justificando-a pelo fato de o embargante não haver providenciado o registro do compromisso de compra e venda, no Cartório de Registro de Imóveis. Nesta situação, entendemos que o embargante deve ser qualificado como causador do conflito e, por isso, responder pelas custas judiciais e pelos honorários advocatícios.

Contudo, se o embargado resistir ao pedido inicial dos embargos de terceiro por outros motivos e insistir na manutenção da penhora sobre o imóvel objeto do compromisso de compra e venda, o fato de não haver registro do instrumento contratual no Cartório de Registro de Imóveis perde interesse na fixação das verbas de sucumbência. O juiz deve impor a ele (embargado) o ônus de arcar com as aludidas verbas de sucumbência.[15]

15 Neste sentido: Ag Rg no AI nº 807.569-SP, Quarta Turma do STJ, Rel. Min. Hélio Quaglia Barbosa, julgado em 27/03/2007, DJ 23/04/2007.

Capítulo 12
Habilitação

12.1. INTRODUÇÃO

A *habilitação* tem a natureza de ação incidental de procedimento especial. Sua finalidade é viabilizar a sucessão das partes no processo principal, diante da morte das mesmas (art. 1.055 do CPC).

Usualmente, as partes ficam inalteradas até o final do processo. Todavia, a lei processual autoriza a *substituição das partes*, diante de atos voluntários (art. 41 do CPC) ou por morte (art. 43 do CPC).

Observamos que a sucessão da parte está condicionada à ação passível de transmissão. Ou seja, se a ação judicial envolver um direito personalíssimo, a morte da parte implica a extinção do processo (art. 267, IX, do CPC).

Na alienação da coisa litigiosa, se houver concordância da parte contrária, pode haver substituição da parte originária alienante ou cedente pelo adquirente ou cessionário (art. 42, § 1º, do CPC). Frisamos que a modificação voluntária de uma das partes da demanda exige a anuência da parte contrária.

Na hipótese de morte da parte, o processo fica suspenso até a regularização do pólo processual (art. 265, I, do CPC). A suspensão retroage à data da morte, ainda que noticiada no processo em momento posterior. Se a morte ocorreu na fluência do prazo de contestação, ele é suspenso na data do referido acontecimento. A suspensão somente não ocorre se já iniciada a audiência de instrução em julgamento, caso em que o advogado atuará até seu final e o processo se suspenderá com a publicação da sentença (art. 265, § 1º, do CPC).

Ao suspender o processo, o juiz ordena que seja feita a substituição pelo espólio ou pelos herdeiros.

A regularização do pólo processual se faz por iniciativa das partes no âmbito do processo em que ocorreu a morte ou pela ação incidental de habilitação.

A substituição pode ocorrer por iniciativa do próprio espólio ou dos próprios herdeiros, ainda que provocados pelo juiz ou pela parte contrária, no âmbito do processo em que se deu a morte da parte. Significa que, se houver a imediata habilitação do espólio ou dos herdeiros no bojo da ação principal, sem qualquer dúvida ou oposição, ou mediante prova de habilitação ou ausência reconhecidos em processo distinto, torna-se dispensável a ação incidental de habilitação. A substituição do pólo processual opera-se automaticamente e sem aquela ação, nos termos do art. 1.060 do CPC.

Somente se houver litígio entre as partes na substituição processual, ainda que pelo desconhecimento ou pela inércia dos herdeiros do falecido, torna-se necessária a ação incidental de habilitação.

12.2. COMPETÊNCIA

Tratando-se de uma ação incidental, a competência para o processamento e julgamento da habilitação é do mesmo *Juízo da ação principal*. A habilitação tramita no mesmo Juízo, em autos apensados aos principais, em que tem curso a demanda que tinha a participação da parte falecida.

Se a causa estiver no tribunal, a habilitação processa-se perante o relator do recurso, seguindo-se as regras do Regimento Interno (art. 1.059 do CPC).

12.3. LEGITIMIDADE DE PARTES

A *legitimidade ativa* é conferida às seguintes pessoas: a) à parte contrária, em relação ao espólio ou aos herdeiros do falecido e b) ao espólio ou aos herdeiros do falecido, em relação à parte contrária. Nesta última situação, um herdeiro pode ter a iniciativa de promover a habilitação, solicitando-se ao juiz a citação dos demais herdeiros que resistem à integração do pólo da ação principal.

A *legitimidade passiva*, por isso, pode recair sobre o espólio ou herdeiros da parte falecida ou sobre a parte contrária. Quando o pólo passivo é integrado pelos herdeiros da parte falecida, a identificação é feita com os dados disponíveis no momento do ajuizamento da ação de habilitação, usualmente assinalados na certidão de óbito. Nada impede que sejam adotadas diligências judiciais para o sucesso daquele intento, no curso do processo. Se não for possível no início a completa identificação dos herdeiros, a habilitação se satisfaz com a genérica designação do pólo passivo da ação incidental como os "herdeiros de fulano de tal" ou com os primeiros nomes (constantes da certidão de óbito).

Oportuno frisarmos, mais uma vez, que, se o inventário tiver um *inventariante dativo*, a habilitação é feita em favor dos herdeiros e não pelo espólio (art. 12, § 1º, do CPC). E, se não há inventário instaurado, a habilitação se faz nas pessoas dos herdeiros.

12.4. PROCEDIMENTO

A *petição inicial* deve, além de preencher os requisitos do art. 282 do CPC, mencionar: a) a parte falecida, trazendo certidão de óbito e b) indicar e fazer prova da instauração do inventário com a nomeação do inventariante para o caso de espólio ou indicar e demonstrar a condição de herdeiros, quando for o caso de habilitação pessoal dos mesmos. O valor da causa não tem conteúdo econômico imediato, o que autoriza a atribuição do mínimo possível.

A citação pode ser feita na pessoa dos réus ou dos procuradores constituídos nos autos (art. 1.057, parágrafo único). Não se descartam as demais modalidades de citação, inclusive as fictas (com hora certa e por edital). Observamos que, se desconhecidos os nomes dos herdeiros da parte falecida, a citação é feita por edital com os dados disponíveis ou com a designação "herdeiros de fulano de tal".

Como a regularização do pólo processual é um pressuposto indispensável ao válido desenvolvimento da relação processual da ação principal, é de interesse da Justiça que a habilitação tenha sucesso. Por isso, deve haver colaboração nas diligências das partes que visam à identificação e à localização dos herdeiros, requisitando-se informações e documentos aos órgãos privados e repartições públicas que possam auxiliar na obtenção dos dados dos mesmos.

Os réus têm o *prazo* de cinco dias para a oferta de contestação (art. 1.057 do CPC).

A *matéria de defesa* é restrita à sucessão da parte falecida, no processo principal. Não pode abranger outros pontos. Daí porque, além da contestação, apenas se permitem a exceção (de impedimento e de suspeição) e a impugnação ao valor da causa. Incabível a reconvenção, porque não se cogita um pedido contraposto de habilitação.

Se o reconhecimento da condição de herdeiro não depender de prova documental e constituir questão de alta indagação, à semelhança do que ocorre no inventário, a parte é remetida às vias ordinárias. Nesta hipótese, ou a habilitação é suspensa ou julgada com o efeito da não admissão da sucessão no pólo processual.

O *rito* processual é o mesmo do procedimento cautelar (arts. 802 e 803 do CPC), visando a uma breve tramitação (art. 1.058 do CPC). Ou seja, a ação incidental de habilitação empresta a roupagem do procedimento cautelar, mas não se confunde com o processo cautelar. Continua tendo a natureza de procedimento especial de um processo de conhecimento.

Depois da contestação, o juiz deve optar entre julgar imediatamente o processo e ampliar a instrução probatória (art. 803 do CPC). O efeito da revelia nesta ação incidental não se verifica em relação à matéria relativa à filiação e condição de herdeiro – direito indisponível (art. 320, II, do CPC).

A habilitação é decidida por *sentença*. A identificação dos herdeiros e a determinação de habilitação dos herdeiros conduzem, quase sempre, à procedência do pedido. A habilitação dos herdeiros tem efeito constitutivo do pólo da ação principal. Todavia, se não for possível o prosseguimento da ação de habilitação por inércia do requerente, o caso é de intimação para fins do art. 267, inciso III, do CPC, sendo que a falta de andamento, no prazo de 48 horas, implica a extinção sem apreciação do mérito tanto daquela ação incidental como da ação principal. A improcedência é rara; por exemplo, no caso em que o herdeiro promove a ação incidental de habilitação, mas não logra demonstrar ao final do processo aquela condição. Na sentença, a parte vencida é condenada a arcar com as custas judiciais e com os honorários advocatícios.

A sentença é impugnada pelo recurso de *apelação*, que tem duplo efeito: devolutivo e suspensivo.

Capítulo 13
Restauração de Autos

13.1. INTRODUÇÃO

A *restauração de autos* tem a natureza de ação incidental de procedimento especial. Sua finalidade é viabilizar a documentação, parcial ou integral, de autos extraviados, desaparecidos ou inutilizados (em decorrência de incêndio, inundação, desmoronamento etc.).

É importante recordar-se, neste passo, que *autos do processo* representam a materialização ou a documentação do processo. É freqüente a confusão entre "autos do processo" com o "processo", quando se sabe que o último designa o conjunto de atos processuais realizados no desenvolvimento da relação processual. Daí porque se conceitua processo como a somatória dos atos processuais e da relação jurídica processual.

Apesar da previsão legal para que nas comarcas – salvo nas capitais e no Distrito Federal – sejam formados *autos complementares* com cópias das petições das partes (art. 159 do CPC), é cada vez mais rara a sua verificação. Até por uma questão de espaço físico e de utilidade, a norma deve ser compreendida como uma faculdade das partes, que depende de disciplina na norma de organização judiciária. A formação dos autos suplementares não é obrigatória. Neste sentido: Nery Júnior e Andrade Nery (2006, p. 371) e Marcato (2004, p. 290).

Porém, quando existentes os autos suplementares, que eles substituam os autos principais, na falta ocasional (art. 159, § 2º, do CPC) ou definitiva (art. 1.063, parágrafo único, do CPC).

A lei autoriza que, verificado o desaparecimento, o extravio ou a inutilização dos autos, se não houver autos suplementares, que as partes ingressem com a restauração de autos principais.

13.2. COMPETÊNCIA

Tratando-se de uma ação incidental, a competência para o processamento e julgamento da restauração é do mesmo *Juízo da ação principal*. A competência é definida pelo Juízo em que os autos foram extraviados, sendo irrelevante que exista decisão ordenando-se a redistribuição para outro Juízo.[1]

Se a causa estiver no tribunal, a restauração dos autos processa-se perante o relator do recurso, seguindo-se as regras do Regimento Interno (art. 1.086 do CPC). Há expedição de carta de ordem para a restauração e repetição dos atos praticados em primeiro grau (art. 1.086, § 1º, do CPC). O julgamento da restauração dos autos é feita no tribunal, que completará a restauração do primeiro grau (art. 1.086, § 2º, do CPC). Logo, há restauração com a participação do primeiro grau e do tribunal.

13.3. LEGITIMIDADE DE PARTES

A *legitimidade ativa* é conferida a qualquer das partes, ainda que sem ligação com o desaparecimento dos autos. O conceito de partes é tomado em sentido amplo, para abranger os assistentes, o denunciado, o chamado, o nomeado etc. Mesmo que os autos tenham sido extraviados em cartório, com provocação pelo Juiz ou pelos serventuários, ou ainda quando desaparecidos nas dependências do Ministério Público, a iniciativa da ação incidental é das partes.

Entendemos que também o Ministério Público pode requerer a restauração dos autos, mesmo quando atua como fiscal da lei. Neste sentido: Fidélis dos Santos (2006, p. 154).

Ou seja, o juiz não pode iniciar a ação de restauração de autos. Contudo, pode determinar que o autor da ação principal o faça, sob pena da inércia levar à extinção do processo sem apreciação do mérito por abandono de causa (art. 267, III do CPC).[2]

A *legitimidade passiva* será das demais partes que não participaram do requerimento de restauração dos autos. Isto é, por exemplo, se apenas um autor da ação principal requer a restauração dos autos, os demais autores e os réus da demanda figuram, no pólo passivo da restauração dos autos.

1 Neste sentido, confira-se precedente do STJ: CC nº 64.296-GO, Segunda Seção, Rel. Min. Nancy Andrighi, julgado em 11/10/2006, DJ 26/10/2006.

2 Na mesma linha: REsp nº 688.053-RJ, Primeira Turma do STJ, Rel. Min. Luiz Fux, julgado em 21/06/2005, DJ 01/08/2005.

13.4. PROCEDIMENTO

Na *petição inicial*, além de preencher os requisitos do art. 282 do CPC, o autor deve cumprir o disposto no art. 1.064 do CPC: a) esclarecer o estado da causa, na época do desaparecimento dos autos; b) juntar as certidões e cópias de petições e documentos sobre os atos processuais praticados; c) acostar quaisquer outros documentos que facilitem a restauração dos autos. O valor da causa não tem conteúdo econômico imediato, o que autoriza a atribuição do mínimo possível.

A citação das partes pode ser feita na pessoa dos procuradores constituídos nos autos ou, na falta, pessoalmente. Não se descartam as demais modalidades de citação, inclusive as fictas (com hora certa e por edital).

Como a restauração dos autos é de interesse da Justiça, deve haver colaboração nas diligências das partes para a localização de cópias ou documentos, requisitando-se informações e documentos aos órgãos privados e repartições públicas que possam auxiliar na obtenção dos dados necessários.

Os réus da ação de restauração de autos têm o *prazo* de cinco dias para a oferta de contestação (art. 1.065 do CPC).

As partes citadas têm a obrigação legal de exibição de cópias de petições e de documentos que estiverem em seu poder (art. 1.065 do CPC). Se não houver cumprimento da ordem legal de exibição, ficam sujeitos a busca e apreensão, além de outras medidas coercitivas e da caracterização de conduta desleal (art. 14 do CPC).

A *matéria de defesa* é restrita à restauração dos autos e à exatidão dos atos processuais que se busca resgatar ou documentar. Daí porque, além da contestação, apenas se permitem ao réu a apresentação de exceção (de impedimento e de suspeição) e de impugnação ao valor da causa. Incabível a reconvenção, porque não se cogita um pedido contraposto de restauração de autos.

O *rito* processual é o mesmo do procedimento cautelar (arts. 802 e 803 do CPC), visando uma tramitação abreviada (art. 1.065, § 2º, do CPC). Ou seja, a ação incidental de restauração de autos empresta a roupagem do procedimento cautelar, mas não se confunde com o processo cautelar. Continua tendo a natureza de procedimento especial de um processo de conhecimento.

Depois da contestação, o juiz deve optar entre julgar imediatamente o processo e ampliar a instrução probatória (art. 803 do CPC). O efeito da revelia nesta ação incidental não se verifica em relação à matéria dos autos principais.

A restauração de autos é decidida por *sentença*. A decisão tem o efeito constitutivo, viabilizando-se a retomada do processo principal que deve seguir em todos os seus ulteriores termos. Na sentença, a parte que deu causa ao desaparecimento é condenada a arcar com as custas judiciais e com os honorários advocatícios, sem prejuízo da responsabilidade civil e criminal (art. 1.069 do CPC). Se não constatado o causador, não há imposição de honorários advocatícios na ação incidental, reservando-se a condenação das verbas de sucumbência para o processo principal.

A sentença é impugnada pelo recurso de *apelação*, que tem duplo efeito: devolutivo e suspensivo.[3]

Fica claro que, na restauração de autos, se ultrapassada a fase de instrução dos autos principais e se não obtidas cópias dos termos e assentadas de inquirição das testemunhas, o juiz deve ordenar a repetição dos atos processuais (art. 1.066 do CPC). As testemunhas não localizadas ou falecidas são substituídas (art. 1.066, § 1º, do CPC). A renovação da prova é determinada no âmbito da restauração de autos, mas a sua produção pode ser relegada para a retomada da tramitação da ação principal.

Se o processo a ser restaurado já contiver sentença, a cópia é extraída do livro de registro de sentença (art. 1.066, § 5º, do CPC). A restauração implica a validade da sentença antes proferida em todos seus termos e efeitos.

Se após a ação incidental *aparecerem os autos principais*, há o apensamento dos autos da restauração (art. 1.067, § 1º, do CPC). O feito prossegue, então, nos autos principais, desentranhando-se os documentos e provas constantes dos autos restaurados, ou extraindo-se certidões dos atos praticados na seqüência da restauração.

---

3 A respeito: REsp nº 774.797-SP, Terceira Turma do STJ, Rel. Min. Carlos Alberto Menezes Direito, julgado em 13/09/2005, DJ 28/11/2005.

Capítulo 14
Venda a Crédito – Procedimentos

14.1. INTRODUÇÃO

A *venda a crédito com reserva de domínio* tem previsão no Código Civil de 2002[1] e no Código de Processo Civil. Ela envolve a venda de coisa móvel, em que o vendedor reserva para si a propriedade, até que o preço esteja integralmente quitado (art. 521 do CC). Usualmente, o preço é dividido em parcelas mensais.

A transferência da propriedade em favor do comprador se aperfeiçoa com o pagamento integral do preço – todas as parcelas – embora ele responda pelos riscos da coisa desde a entrega (art. 524 do CC). Ou seja, as partes sujeitam a transferência da propriedade a uma condição suspensiva: quitação do preço pelo comprador.

A *cláusula de reserva de domínio* é estipulada em contrato escrito (art. 522 do CC). Como se vê, na venda de coisa móvel a regra geral é que a transferência do domínio ocorra com a tradição (art. 1.267 do CC). Porém, ajustada a reserva de domínio para o vendedor, cria-se uma exceção àquela regra geral.

O ajuste de reserva de domínio condiciona-se à perfeita *caracterização da coisa móvel* (art. 523 do CC). Isto é, o bem móvel deve ser suscetível de ser extremado dos bens congêneres, sob pena de a cláusula de reserva de domínio não ser eficaz contra terceiro de boa-fé.

Para que o contrato produza *efeito contra terceiros* torna-se indispensável seu registro, no Cartório de Registro de Títulos e Documentos, no domicílio do comprador (art. 522 do CC). Ou seja, se o bem móvel for indevidamente negociado pelo comprador para terceiros, antes mesmo

1 Observamos que não havia previsão no CC de 1916. O Código de Processo Civil de 1939 disciplinou a venda com reserva de domínio (arts. 343 e 344), embora já disciplinada desde o Decreto-Lei nº 1.027/1937.

da quitação do preço, o vendedor tem o direito de reavê-lo. Importante salientar que, entre os contratantes, a validade e a eficácia do contrato ou da cláusula de reserva de domínio independem do registro.

A lei menciona, ainda, que a execução da cláusula de reserva de domínio seja precedida da *caracterização da mora*, mediante protesto de títulos representativos do preço ou por interpelação (notificação) judicial (art. 525 do CC). Trata-se de uma previsão especial em que não basta o vencimento da obrigação,[2] para tornar exigível a obrigação de pagamento do preço. A lei exige que a constituição da mora seja feita pelo protesto ou por notificação. O protesto refere-se a títulos de crédito (nota promissória, letra de câmbio, duplicata ou cheque) representativos do preço. A notificação consiste na comunicação do comprador sobre o débito existente.

No protesto e na notificação, o devedor é chamado para a purgação da mora, sob pena de *resolução do contrato* de pleno direito. Aliás, como resultado do inadimplemento do contrato, o vendedor pode solicitar, como será visto adiante (art. 475 do CC): a) exigir-lhe o cumprimento, cobrando o preço ajustado entre as partes em *ação de execução*; e b) como efeito de resolução do contrato, a retomada do bem em ação de *reintegração de posse*.

14.2. COMPETÊNCIA

Como visto anteriormente, podem ser ajuizadas duas espécies de ações: a) execução e b) reintegração de posse. Tratando-se de ações de direito pessoal, a competência para o processamento e julgamento é do foro do domicílio do réu (art. 94 do CPC) ou do foro do cumprimento da obrigação (art. 100, IV, letra *d*, do CPC).

As partes podem ajustar a cláusula de eleição de foro para dirimir as controvérsias oriundas do contrato de compra e venda com reserva de domínio.[3]

2 Como regra, o vencimento da obrigação líquida constitui o devedor em mora, nos termos do art. 397 do CC. Inexiste, portanto, a mora *ex re*.

3 Sobre o tema, colhe-se precedente do STJ, entendendo como válida a cláusula de foro de eleição em contrato de reserva de domínio, ainda quando alegada existência de relação de consumo em negócio jurídico ajustado entre sociedades de grande porte, REsp nº 540.054-MG, Quarta Turma, Rel. Min. Massami Uyeda, julgado em 07/12/2006, DJ 19/03/2007, destacando-se: "a Segunda Seção deste Tribunal Superior de uniformização jurisprudencial pacificou o entendimento acerca da não abusividade de cláusula de eleição de foro constante de contrato referente à aquisição de equipamentos médicos de vultoso valor." No mesmo sentido: CC nº 46747-SP, Segunda Seção do STJ, Rel. Min. Jorge Scartezzini, julgado em 08/03/2006, DJ 20/03/2006.

Em situações de contrato de consumo, a competência é do foro do domicílio do consumidor, mormente quando o negócio é celebrado por um instrumento de adesão e com disparidade de forças (técnica ou econômica) entre os contratantes (art. 6º, VIII, e 101, I, do CDC). Aliás, mesmo que exista foro de eleição no contrato de consumo por instrumento de adesão, o juiz pode declarar nula a escolha e determinar a redistribuição para o domicílio do consumidor (art. 112, parágrafo único, do CDC).

14.3. LEGITIMIDADE DE PARTES

A *legitimidade ativa* é conferida ao vendedor, na qualidade de credor da obrigação. Também aos sucessores por atos entre vivos ou por *causa mortis*.

A *legitimidade passiva* recai sobre o comprador, na condição de devedor da obrigação. Também aos sucessores por atos entre vivos ou por *causa mortis*.

14.4. PROCEDIMENTO DA AÇÃO DE EXECUÇÃO

Ao optar pela ação de execução, o vendedor escolhe receber o preço. Não pretende a retomada do bem.

O art. 1.070 do CPC autoriza a ação de execução, quando as prestações estiverem representadas por um título executivo. Entendemos que o próprio contrato de compra e venda com reserva de domínio pode configurar um título executivo extrajudicial, se preenchidos os requisitos legais – instrumento particular subscrito por duas testemunhas ou instrumento público (art. 585, II, do CPC).

A ação de execução observa o rito da *execução por quantia certa contra devedor solvente* previsto, nos arts. 646 e seguintes do CPC. Importante salientar que, na nova sistemática da ação de execução, uma vez citado, o devedor pode, no prazo de 15 dias, ofertar *embargos* independentemente da garantia do juízo e, como regra, sem efeito suspensivo (arts. 738 e 739-A do CPC).

A lei processual dispõe sobre a possibilidade de *alienação antecipada* do bem objeto da reserva de domínio. Embora não se condicione o ato de venda judicial ao acordo entre as partes, como ressalta Fidélis dos Santos: (2006, p. 158), o juiz deve decidir sobre a sua conveniência. A decisão tem natureza de decisão interlocutória, sujeitando-se ao recurso de agravo.

É necessário definir-se o valor da venda antecipada, parecendo razoável que ele seja fixado com atenção ao valor do próprio negócio entabulado entre as partes, considerando-se eventual desvalorização ou valorização do bem. O juiz, por isso, pode ordenar que, antes da venda judicial antecipada, seja feita a avaliação judicial (pelo oficial de justiça ou por perito) ou, a juntada de pareceres técnicos. Se houver consenso entre as partes sobre o valor, dispensa-se a avaliação judicial.

A penhora sub-roga-se no produto da alienação, quando ocorre a venda antecipada. A ação prossegue, mediante entrega do valor do crédito ao exeqüente (art. 709 do CPC) e do saldo remanescente, se houver, ao devedor (art. 710 do CPC).

A tramitação da execução pode se dar de acordo com as regras processuais da execução e sem a referida alienação antecipada.

14.5. PROCEDIMENTO DA AÇÃO DE REINTEGRAÇÃO DE POSSE

A segunda opção do vendedor (credor) é levar adiante a rescisão do contrato e pedir em Juízo a reintegração de posse do bem móvel objeto da reserva de domínio.

O ajuizamento da ação de reintegração de posse – também chamada por alguns autores e julgados de *ação de busca e apreensão* – está disciplinado, no art. 1.071 do CPC.

Na *petição inicial*, além dos requisitos do art. 282 do CPC, deve o autor comprovar a mora, a fim de requerer a apreensão e o depósito da coisa vendida com reserva de domínio. Pode haver pedido de liminar, que tem natureza de cautelar, como ressalta Marcato (2004, p. 295), pois visa preservar a integridade da coisa até o final da sentença. O pedido consiste na reintegração de posse (ou na busca e apreensão com consolidação de posse e propriedade) da coisa alienada com reserva de domínio. O valor da causa será a estimativa da coisa vendida.

Há divergência sobre a *comprovação da mora*. Entendemos que, apesar da referência do art. 1.071 do CPC unicamente ao protesto do título, a mora pode ser caracterizada também pela notificação do devedor. Há uma expressa autorização legal para a notificação do devedor, conforme art. 525 do Código Civil de 2002, lei posterior. A interpretação restritiva daquele dispositivo da lei processual reduz extremamente o alcance da lei civil. A notificação do devedor serviria apenas para instruir uma ação de execução. Não nos parece que a diminuição do alcance da lei civil tenha razão de ser. A preocupação tem foco na documentação da mora, como forma de permitir ao devedor, antes do ingresso de qualquer ação judicial (execução ou reintegração de posse), a purgação da mora. Na mesma direção: Fidélis dos Santos (2006, p. 159).[4, 5]

Observo que a tutela cautelar de busca e apreensão viabiliza o depósito da coisa. Ela pode se dar em mãos do autor (credor) ou do réu (devedor). O juiz pode condicionar o depósito à prestação de caução, se entender adequada e necessária à garantia de ressarcimento de perdas e danos da parte que ficar despojada da utilização do bem.

Ao receber a petição inicial, deferindo-se ou não a liminar, o juiz nomeia um perito para a descrição do estado da coisa e arbitramento do seu valor (art. 1.071, § 1º, do CPC). Se o oficial de justiça acumular a função de avaliador, a ele caberá a tarefa.

O *prazo* de contestação ou de purgação da mora é de cinco dias. O réu é citado pessoalmente, de maneira usual no momento da execução da liminar. Aliás, é possível que a apreensão do bem seja feita com acompanhamento do perito. Nada impede, contudo, que a avaliação seja efetivada num momento posterior à apreensão liminar.

4 No STJ, há precedente com igual interpretação, REsp nº 685.906-SP, Terceira Turma, Rel. Min. Nancy Andrighi, julgado em 04/08/2005, DJ 22/08/2005, destacando-se as seguintes passagens: "O verdadeiro sentido da norma do art. 1.071 do CPC não é determinar a imprescindibilidade do protesto, mas a indispensabilidade da documentação da mora. E se é assim, inexiste razão para interpretar literalmente o dispositivo, mas adotar a solução mais lógica e coerente, que é aquela voltada a atender o objetivo colimado pelo legislador. De fato, o art. 1.071, *caput*, do CPC, não prescreve que a mora somente possa ser provada pelo protesto, mas apenas estatui que,"provada com o protesto do título", já dê ensejo ao pedido liminar de apreensão e depósito da coisa vendida. Importante, na hipótese, não é que o título tenha sido protestado, mas que a mora esteja comprovada. "..." "Portanto, imprescindível a comprovação da mora, segundo o art. 1.071 do CPC, mas inexistente exclusividade do meio de comprová-la pelo protesto, em face do art. 397 do novo Código Civil. Se antes existia dúvida justificadora da controvérsia, a partir da entrada em vigor do novo Código Civil, o tema ficou totalmente superado, pois a norma do art. 397 autoriza a parte optar pela realização do protesto ou pela interpelação judicial ou extrajudicial. Ademais, não se pode perder de vista que a exegese do art. 1.071 do CPC deve ser feita com temperamento, deixando-se de lado o excessivo rigor, para, assim, buscar-se a efetividade do processo. Por isso, foge aos princípios da economia processual e da efetividade do processo que, estando provada a mora por notificação extrajudicial, se proceda como se mora não houvesse enquanto os títulos não foram protestados em cartório, sem razão econômica ou jurídica para isso. Não prevalece mais, portanto, a interpretação restritiva do art. 1.071 do CPC, cuja redação não restou derrogada pelo novo Código Civil, mas teve seu pressuposto expresso (protesto) acrescido de outro (a interpelação judicial ou extrajudicial)."

5 Em sentido contrário, colhe-se a posição da Quarta Turma do STJ: a) Ag Rg nº Resp nº 565.714-SP, Rel. Min. Jorge Scartezzini, julgado em 04/08/2005, DJ 22/08/2005 e b) REsp nº 785.125-SP, Rel. Min. Aldir Passarinho Júnior, julgado em 01/03/2007, DJ 23/04/2007.

Na *contestação*, o réu pode discutir e trazer fundamentos processuais e de direito material, que se prestem a negar, impedir, extinguir ou suspender o direito do autor. É possível, ainda, a apresentação de exceções (incompetência, impedimento e suspeição), impugnação ao valor da causa e reconvenção. Anotamos que o rito especial não é incompatível com a reconvenção, viabilizando-se a formulação de pedido por parte do réu para processamento e julgamento conjunto com a ação. Por exemplo, a reconvenção é via adequada para o réu pleitear a revisão de cláusulas contratuais.

O *pedido de purgação de mora* está condicionado ao pagamento de mais de 40% (quarenta por cento) do preço (art. 1.071, § 2º, do CPC). O réu formula o pedido, no prazo de cinco dias reservado para a defesa. O pedido de purgação da mora equipara-se ao reconhecimento jurídico do pedido.

Cabe ao juiz, então, verificar a pertinência do aludido pedido e, se for o caso, deferir a purgação da mora. A decisão de deferimento ou não da purgação da mora tem natureza interlocutória e fica sujeita a agravo.

Uma vez deferida a purgação da mora, cabe ao réu fazer o depósito integral do valor vencido – principal, com juros, correção monetária, multa moratória, honorários advocatícios e custas judiciais – até a data do pagamento. São liquidadas apenas as prestações vencidas, convalidando-se o contrato – que prossegue com seus ulteriores efeitos e com os pagamentos, nos respectivos prazos das parcelas vincendas.

Há pontos importantes na purgação da mora. Primeiro, o juiz deve arbitrar os honorários advocatícios, na decisão que deferir a purgação da mora, evitando-se confusão sobre a suficiência do depósito. Segundo, que sejam definidos pelo juiz ainda os encargos da mora incidentes, também para evitar discussão sobre o valor necessário à purgação da mora. E terceiro, que o réu faça o depósito de todas as parcelas vencidas até a data do depósito e não apenas aquelas inseridas na notificação ou mencionadas na petição inicial. É obrigação do réu fazer o depósito de todas as parcelas vencidas até o depósito, sob pena de ser considerada não purgada a mora.

Observamos, também, que, em caráter excepcional, o juiz pode deferir a complementação do depósito para purgação da mora. A uma, quando o autor (credor) concordar. A duas, quando não esclarecidos os encargos da mora ou o montante necessário à purgação da mora. E a três, como forma de facilitar a defesa dos direitos do consumidor em Juízo (art. 6º, VIII do CDC).

Entendemos que é possível ao réu contestar e, simultaneamente, pedir o depósito do valor que entende devido. Isto pode ocorrer quando o réu se insurge contra os encargos de mora pretendidos pelo autor, na petição inicial. Nesta situação, a contestação deve explicitar o valor que o réu qualifica como devido por meio de um demonstrativo detalhado, solicitando-se autorização para seu depósito em 30 dias. Não basta o requerimento de pagamento e uma impugnação genérica dos valores cobrados.

A rigor, quando o credor cobra mais do que o devido ele está em mora, tornando-se sem efeito jurídico a resolução operada pelo protesto do título ou pela notificação. Por isso, qualificando-se a iniciativa do devedor como pagamento do valor devido e não como purgação da mora (ela é do credor), não vislumbramos uma razão plausível para se negar a possibilidade do réu contestar e fazer a quitação. Se o réu não pagar e se for constatada a cobrança excessiva, o caso é de improcedência da ação. A medida termina por beneficiar o autor – credor em mora.

A *inércia do réu* conduz ao julgamento antecipado da lide, em razão dos efeitos da revelia. Neste caso, como regra, a ação é julgada procedente, confirmando-se a liminar, para definitiva reintegração do autor na posse da coisa vendida com reserva de domínio.

Depois da contestação, a ação segue o *rito ordinário*. O juiz adotada um dos seguintes caminhos: a) julgamento conforme o estado do processo (arts. 329 e 330 do CPC) ou b) saneamento (apreciação das questões pendentes e deferimento das provas pertinentes, art. 331 do CPC).

Na *sentença de procedência*, o juiz consolida a posse e a propriedade da coisa vendida com reserva de domínio em mãos do autor, ratificando-se a liminar. Quando acolhido o pedido de purgação de mora, a sentença é de procedência, mas com a manutenção do contrato e a devolução da coisa ao réu. A dívida do réu é calculada, deduzindo-se o valor da coisa (arbitrado pelo perito) e as despesas processuais (as custas judiciais e os honorários de advogado). Se houver saldo em favor do réu, o autor deve restituí-lo ao réu, depositando-o em juízo (art. 1.071, § 3º, do CPC e art. 527 do CC). Se houver saldo em favor do autor, este pode ser cobrado em ação própria.

Na *sentença de improcedência*, revoga-se a liminar, com a restituição das partes ao estado anterior. Se apreendido o bem, ele é devolvido para o réu.

Na sentença, são arbitradas as verbas de sucumbência. A parte vencida responde pelo pagamento das custas judiciais, despesas processuais (inclusive honorários do perito) e honorários advocatícios.

A sentença fica sujeita ao recurso de apelação, que tem os efeitos devolutivo e suspensivo.

Por fim, importante salientar que não é cabível a conversão da ação de reintegração de posse (ou ação de busca e apreensão) fundada em reserva de domínio em *ação de depósito*.[6] Inviável a aplicação, por analogia, do disposto no art. 4º do Decreto-Lei nº 911/1996 para a alienação fiduciária. E, entre o vendedor e o comprador, não se estabelece um contrato de depósito, mas sim uma compra e venda em que a reserva de domínio funciona como uma cláusula suspensiva.

6 A propósito, confiram-se os precedentes do TJRS: a) Apelação Cível nº 70016366269, 14ª Câmara Cível, Rel. Des. Dorval Bráulio Marques, julgado em 14/12/2006, b) Apelação Cível nº 70010543577, 13ª Câmara Cível, Rel. Des. Angela Terezinha de Oliveira Brito, julgado em 22/12/2005, c) Apelação Cível nº 70005152004, 14ac. Câmara Cível, Rel. Des. Marco Antônio Bandeira Scapini, Julgado em 27/06/2003. No mesmo sentido, no extinto 2º TACSP: Apelação Cível nº 824.848-0/7, 11ª Câmara, Rel. Juiz Melo Bueno, julgado em 09/02/2004.

Capítulo 15
Ação Monitória

15.1. INTRODUÇÃO

A *ação monitória* surgiu como uma novidade, no âmbito das reformas do Código de Processo Civil.[1] Num panorama em que a morosidade da Justiça era justificada em grande medida pela demora do procedimento ordinário adotado no processo de conhecimento, inspirado em experiências do passado e na legislação estrangeira,[2] o legislador inseriu o procedimento monitório.

A vocação do procedimento monitório é abreviar a obtenção do título executivo judicial. Mesmo com um processo sincrético trazido pela reforma da lei processual,[3] a fase de execução no rito monitório tende a ocorrer primeiro, se comparado com o rito ordinário.

O procedimento monitório tem como finalidade a viabilização do cumprimento de obrigações de *pagamento em dinheiro* e de *entrega de coisa fungível*, desde que reconhecidas em *prova escrita*. Desde logo, é possível dizer que a ação monitória não se presta à execução de obrigações de fazer e de não fazer ou que envolvam imóvel. Também é adequado concluir que não cabe ação monitória para a exigência de crédito em dinheiro ou de entrega de coisa fungível que dependa exclusivamente da produção de prova oral.

1 O Capítulo XV da Ação Monitória foi inserido no Código de Processo Civil pela Lei nº 9.079, de 14 de julho de 2005.

2 O professor Marcato: (2004, pp. 300-03) menciona que no direito luso-brasileiro, as Ordenações Manoelinas e Filipinas e o Regulamento 737, de 1850 contemplavam a ação decendiária, que era similar. Também no direito europeu há procedimentos equivalentes na Áustria, Alemanha e Itália.

3 Ver item 1.1. do Capítulo 1, expondo a figura do processo sincrético, a partir da introdução da fase de cumprimento de sentença.

Outra nota característica da ação monitória está no estímulo para o cumprimento da obrigação inserida na prova documental. O devedor é incentivado a pagar a dívida, mediante isenção das custas judiciais e dos honorários advocatícios. Trata-se de uma *sanção premial*, medida rara no processo civil brasileiro. No lugar de impor-se uma multa, modalidade de sanção que penaliza o devedor e agrava sua dívida, oferece-se um prêmio para que o devedor cumpra a sua obrigação.

Como a cobrança do crédito pelo procedimento monitório dá ensejo à isenção das custas judiciais e dos honorários advocatícios, sua utilização traduz uma *faculdade* para o credor. Nada impede que ele (credor) promova uma ação de cobrança pelo rito comum (ordinário ou sumário), no lugar da ação monitória.

E, na esteira do magistério de Nery Júnior e Andrade Nery (2006, p. 1.051), "caso o credor ajuíze ação condenatória pelo rito comum (ordinário ou sumário) e esteja de posse de documento escrito sem eficácia de título executivo, essa ação não pode ser extinta sem resolução do mérito por falta de interesse processual, dada a facultatividade e opcionalidade que o sistema lhe dá para deduzir sua pretensão em juízo ou pelo rito comum ou por meio da ação monitória".

E, ainda no campo do ineditismo, a ação monitória viabiliza a obtenção de um título executivo judicial sem a formalidade de uma sentença, na situação de inércia do réu. Expedida a ordem de pagamento, se o réu não se opor a ela e deduzir embargos, como será visto adiante, autoriza-se o início imediato da fase de execução. Sem nenhuma formalidade – decisão específica – a ordem de pagamento transforma-se em ordem de execução.

Ou, na lição de Marcato (2004, pp. 299-300), a ação monitória é informada pela técnica da inversão do contraditório. Obriga-se o réu a opor embargos, se pretender resistir à ordem de pagamento emanada pelo Juízo em favor do autor. Não provocando o contraditório e mantendo-se inerte, o réu abre caminho para início, automático e sem qualquer outra decisão, da fase de execução. Na sua visão, trata-se de um processo com natureza "mista", porque integrado por atos típicos de conhecimento e atos próprios da execução.

Durante algum tempo, a doutrina discutiu a natureza da ação monitória: processo de conhecimento, processo de execução, processo sincrético (natureza mista). Atualmente, diante da generalização do processo sincrético – unindo-se as fases de conhecimento e de execução –, parece superada a dificuldade em caracterizar-se a ação monitória como de natureza mista.

15.2. COMPETÊNCIA

A competência para conhecer e processar a ação monitória segue as normas aplicáveis ao *tipo de obrigação* contida na prova escrita. Em geral, tratando-se de direito pessoal, incide a regra do art. 94 do CPC.

Se a prova escrita disser respeito a um contrato com foro de eleição, a competência será da comarca escolhida pelas partes.

Em situações de relação de consumo, a competência é do foro do domicílio do consumidor, mormente quando a contratação é feita por um instrumento de adesão (art. 6º, VIII e 101, I do CDC). Aliás, mesmo que exista foro de eleição no contrato de consumo por instrumento de adesão, o juiz pode declarar nula a escolha e determinar a redistribuição para o domicílio do consumidor (art. 112, parágrafo único do CDC).

A ação monitória, como será visto adiante, pode ter como base o título de crédito prescrito. A interpretação conjugada das leis especiais que disciplinam os títulos de crédito e do art. 100, inciso IV do CPC permite a conclusão de que a competência para conhecimento da ação de cobrança é fixada pelo local do pagamento – foro do cumprimento da obrigação. Destacam-se as seguintes cambiais: a) cheque (art. 2º, I, da Lei nº 7.357/1985); b) duplicata (art. 17 da Lei nº 5.474/1968); c) letra de câmbio (art. 1º, nº 5, da Lei Uniforme) e d) nota promissória (art. 75, nº 4 da Lei Uniforme).

Usualmente, a ação deve tramitar na Justiça Estadual. Nada impede, sendo o caso, em razão da matéria ou da pessoa, que a ação monitória tenha trâmite na Justiça do Trabalho (crédito originário de relação de trabalho) ou na Justiça Federal (crédito que envolva a União, autarquias federais ou empresas públicas federais).

Por fim, como já explicitado,[4] entendemos que é possível o ajuizamento da ação monitória, no âmbito dos Juizados Especiais Cíveis, com a necessária adaptação do procedimento. Acrescentamos, que a vocação daquele órgão é ampliar o acesso à Justiça, inclusive com um procedimento voltado para a oralidade, simplicidade e celeridade, o que se harmoniza com o rito monitório.

Pensamos que há compatibilização entre o instituto prévio da conciliação (antes da defesa) previsto para o Juizado Especial Cível com a expedição do mandado monitório e a inversão do ônus do contraditório, como etapas próprias da ação monitória.

4 Confira-se o item 1.6. do Capítulo 1.

A adaptação da ação monitória no Juizado Especial Cível pode seguir a experiência do Setor de Conciliação das Varas Cíveis criado na Justiça do Estado de São Paulo. No rito da Lei nº 9.099/1995, insere-se a expedição do mandado monitório, porém com a prorrogação do prazo para o cumprimento voluntário da obrigação ou a oferta de embargos. O prazo de 15 dias passa a ser contado da sessão de conciliação. Alternativamente, pode ser mantida a oferta dos embargos na audiência de instrução, desde que respeitado um prazo não inferior a 15 dias, contado da sessão de conciliação. Não vislumbramos nenhum prejuízo aos princípios que informam o Juizado Especial Cível (art. 2º da Lei nº 9.099/1995) e sim uma somatória de vantagens para a celeridade do processo e a eficiência da prestação jurisdicional.

Em sentido contrário, confira-se posição de Macedo (1999, pp. 172-74). Para a ilustre jurista, não há compatibilidade entre a conciliação do Juizado Especial Cível e a inversão do contraditório do rito monitório.

15.3. LEGITIMIDADE DE PARTES

O *autor* da ação monitória é o credor da obrigação. Ou seja, a legitimidade ativa deve ser aferida, a partir da obrigação. Também podem ser autores os sucessores ou herdeiros do primitivo credor.

O *réu* será o devedor ou o responsável da obrigação. Neste passo, a legitimidade passiva deve ser aferida, a partir da obrigação. E podem ser réus os sucessores ou herdeiros do primitivo devedor.

Depois de muita divergência na doutrina e na jurisprudência, o Superior Tribunal de Justiça fixou o entendimento de que a ação monitória pode ser maneja contra a Fazenda Pública, conforme Súmula nº 339, *in verbis*: "é cabível ação monitória contra a Fazenda Pública".

Há polêmica sobre o cabimento da ação monitória contra incapazes. Não encontramos impedimento na lei. Ora, se é possível o ajuizamento de ação de execução contra incapazes, argumentar-se o não cabimento da ação monitória apenas pelo fato de lidar com direitos patrimoniais disponíveis não se revela adequado. O mandado monitório, como ensina Dinamarco (2005, Tomo III, p. 747), atua de modo semelhante a uma interpelação e que estimula o cumprimento voluntário da obrigação com a isenção das custas judiciais e dos honorários advocatícios.

15.4. PROCEDIMENTO

Além dos requisitos do art. 282 do CPC, a *petição inicial* da ação monitória deve ser promovida "com base em prova escrita sem eficácia de título executivo" (art. 1.102.a do CPC). A prova escrita é essencial.

A *prova escrita* diz respeito a todo e qualquer documento de comprovação da existência do crédito e da sua exigibilidade. É imprescindível que a prova seja adequada à demonstração da existência da obrigação, sua validade e exatidão.

Evidentemente, a lei determina que a prova escrita não tenha força executiva. Ora, se a ação monitória destina-se à obtenção abreviada de uma situação equivalente à fase de execução, não há razão para seu manejo quando o credor possui um título executivo extrajudicial. Logo, se o credor dispõe de título executivo extrajudicial, não pode fazer uso da ação monitória justamente pela ausência de interesse processual.[5] Deve partir logo para a ação de execução.

Nem se diga que, na ação monitória, o devedor tem a possibilidade ímpar - verdadeiro estímulo - de cumprimento da obrigação com isenção de custas judiciais e de honorários. Se o credor entender conveniente, pode dar a mesma isenção ao devedor, no âmbito da execução.

Importante sublinhar uma situação excepcional. Se o credor dispõe de vários títulos cambiais contra o mesmo devedor, todos vencidos e não pagos, mas apenas alguns prescritos, entendemos que ele possa optar pelo ajuizamento de uma única ação monitória. O formalismo exagerado deve ceder espaço à efetividade e à produtividade dos atos processuais - da própria Jurisdição. É mais rápido, útil e econômico, que o credor tenha apenas uma ação monitória e não várias ações (umas de rito monitório e outras execuções). Uma só ação monitória implica uma única citação, uma única possibilidade de embargos, uma única sentença, uma única penhora, uma única avaliação, tudo a ensejar menos incidentes e recursos.

No *pedido* da petição inicial, o autor deve solicitar que seja deferida a ordem para o réu cumprir a obrigação consistente no pagamento de uma dívida em dinheiro ou na entrega de uma coisa fungível (ou entrega de bem móvel).

Entendemos plenamente possível a aplicação do art. 290 do CPC - inclusão no pedido das prestações periódicas. Trata-se de um pedido im-

5 Neste sentido: RT 740/428, 746/289 e 768/343 e RJTAMG 64/199.

plícito, isto é, que dispensa formulação expressa, na petição inicial. Por exemplo, na cobrança de cotas condominiais ou de mensalidades escolares, todas as prestações vencidas e vincendas são consideradas incluídas no pedido inicial. A incidência das prestações vincendas alcança a fase de execução – enquanto durar a obrigação – até que se atinja o pagamento ao credor (art. 708 do CPC).

Ainda no campo do pedido, pode-se indagar o cabimento de tutelas de urgência – medida cautelar e tutela antecipada. Nada impede que o autor faça uso de medidas cautelares, no âmbito da ação monitória ou em ação cautelar distinta (preparatória ou incidental).[6] Pensamos que é também adequada a hipótese da antecipação da tutela executiva, quando, em caráter excepcional e demonstrados os requisitos do art. 273 do CPC, o autor da monitória solicita que se emita uma decisão que abrevie o pagamento ou alguma medida executiva (penhora).

Excluir a antecipação de tutela do âmbito da ação monitória traduz uma diminuição de seu vigor jurídico. Ou seja, nascida como uma espécie de procedimento capaz de abreviar a prestação jurisdicional que conduz à satisfação do direito material, sem a antecipação de tutela a ação monitória passa a ter um arsenal de instrumentos menor do que as ações de procedimento comum (ordinário e sumário).

O *valor da causa* corresponde ao valor da dívida com os acréscimos pertinentes (os juros, a correção monetária, a multa moratória etc.), na forma do art. 259, inciso I do CPC. Ainda na petição inicial, torna-se oportuno juntar o demonstrativo detalhado do crédito do autor, apontando-se todos os acréscimos, aplicando-se por extensão o disposto no art. 614, II, do CPC.[7] É uma recomendação, mas não uma exigência – sua falta não pode levar ao indeferimento da inicial.[8] Logicamente, não são incluídas no

---

6 A respeito, confira-se o precedente do STJ, REsp nº 714.675-MS, Rel. Min. Humberto Gomes de Barros, julgado em 25/09/2006, DJ 25/10/2006, destacando-se: "É admissível cautelar inominada, de indisponibilidade de bens, para garantir a eficácia de ação monitória lastreada em cheque prescrito". No mesmo sentido: REsp 187.356-RS, Terceira Turma do STJ, Rel. Min. Carlos Alberto Menezes Direito, julgado em 23/03/1999, DJ 17/05/1999, em que se reconheceu a viabilidade de promoção da ação cautelar para exclusão do nome do réu (devedor) de banco de dados de inadimplentes, enquanto litigioso o débito.

7 A disposição exige que, na execução por quantia certa, a petição inicial seja instruída com o demonstrativo do débito atualizado até a propositura da ação. A medida é essencial para que o devedor tenha conhecimento do conteúdo completo de sua obrigação de pagamento.

8 A respeito: REsp nº 307.104-DF, Quarta Turma do STJ, Rel. Min. Fernando Gonçalves, julgado em 03/06/2004, DJ 23/08/2004.

demonstrativo inicial – que instrui o mandado monitório – as verbas relativas às custas judiciais e aos honorários advocatícios.

A apreciação da petição inicial da ação monitória, diante da peculiaridade, exige do juiz maiores cautela e atenção. Não se trata de simplesmente receber o pedido do autor, determinar o seu processamento com a citação do réu para se defender. Quando o juiz recebe o pedido inicial, determina que o réu cumpra a obrigação com a expedição do *mandado monitório* (art. 1.102-B do CPC).

Há um verdadeiro *juízo inicial* de que o réu deve adimplir a obrigação estampada na prova escrita. Por isso, entendemos que a decisão precisa ser fundamentada e expor as razões de convencimento sobre a presença das condições da ação e acerca da existência, validade e eficácia da obrigação.

O valor da obrigação deve ser extraído da documentação trazida na inicial. Ainda que suscetível de impugnação pelo devedor, se houver explicação jurídica, o juiz deve reservar eventual discussão para os embargos.

Logicamente, nada impede, diante de matéria de ordem pública de direito material (nulidade de cláusula), que o juiz determine a retificação do valor cobrado ou defira apenas parcialmente o mandado monitório. Por exemplo, pode o juiz excluir da ação monitória os valores (encargos, tarifas, taxas etc.) qualificados como ilegais na cobrança de um saldo devedor de conta corrente bancária (contrato de "cheque especial"), deferindo-se apenas em parte o mandado monitório.

Como decisão interlocutória, desafia o recurso de agravo, como assinala Greco Filho (2003, p. 263). Discordamos da posição que nega o cabimento de qualquer recurso contra a decisão judicial que ordena o pagamento, posição essa assumida por Fidelis dos Santos (2006, pp. 182 e 185), Macedo (1999, p. 141) e Carvalho Neto (2001, pp. 76-77), porque a ordem de pagamento é uma decisão – tem conteúdo lesivo ao reconhecer uma obrigação contra o réu. O fato de o réu poder embargar o mandado monitório não desqualifica a decisão interlocutória e nem tampouco reduz sua eficácia.

Em suma, expede-se o mandado monitório (ou de injunção) com as seguintes funções: a) citar o réu, dando-lhe conhecimento do ajuizamento da ação monitória pelo autor; b) dar ciência da ordem do juiz para pagamento, no prazo de 15 dias; e c) chamar o réu para, querendo, oferecer embargos ao mandado monitório, no mesmo prazo.

A *citação* pode ser feita por qualquer modalidade prevista, na lei processual. O Superior Tribunal de Justiça dissipou a polêmica sobre o cabimento da citação por edital,[9] por intermédio da Súmula nº 282, *in verbis*: "cabe a citação por edital, em ação monitória".

Ao receber o mandado monitório, o réu pode adotar uma das seguintes *posturas*:

I – *Cumprir a obrigação de pagamento ou de entrega da coisa fungível (ou do bem móvel)*. Se assim o fizer, o devedor fica isento do pagamento das custas judiciais e dos honorários advocatícios. A ação monitória é extinta por sentença, declarando-se a satisfação da obrigação na forma do art. 794, I, do CPC (aplicado por extensão), como sugere Marcato (2004, p. 315).

II – *Ficar em silêncio*. Nesta hipótese, o mandado monitório transforma-se em mandado de execução (art. 1.102-C do CPC). A ação prosseguirá na fase de cumprimento de sentença (arts. 475-I e seguintes do CPC).

Ou seja, escoado o prazo de 15 dias para o voluntário cumprimento do mandado monitório, passa a fluir outro e igual prazo de 15 (quinze) dias para satisfação da obrigação. A fluência do segundo prazo é automática e independe de nova intimação ou providência.[10] Ao final do primeiro prazo, o devedor perde o direito à isenção das custas judiciais e dos honorários advocatícios. Ao término do segundo prazo, o devedor é penalizado com a multa processual de 10%, na forma do art. 475-J do CPC.

III – *Oferecer embargos ao mandado monitório e outras formas de resposta*. O réu da ação monitória pode, querendo, ofertar resistência à ordem de pagamento emanada no processo. Primeiro, pode apresentar embargos ao mandado monitório, cujos contornos serão examinados adiante. E segundo, o réu ainda tem a opção de ofertar a impugnação ao valor da causa e as exceções (de incompetência, suspeição e impedimento).

---

9 Evidentemente, se há citação ficta (por edital ou com hora certa), o juiz deve nomear curador em favor do réu ausente, na forma do art. 9º II do CPC. O curador deve ofertar embargos ao mandado monitório.

10 Sobre esta parte, confira-se nossa posição no item 1.5. do Capítulo 1.

Discute-se o cabimento da *reconvenção*, no momento da oposição dos embargos ao mandado monitório. Entendemos que a natureza dos embargos – de ação – não impede que se tenha como forma de resposta também uma reconvenção.[11, 12]

Observamos que há sentido na admissão da reconvenção, diante da amplitude do pedido, nos embargos ao mandado monitório. Alguns autores sustentam que o pedido dos embargos é tão-somente declaratório. Neste sentido: Marcato (2004, p. 317). Seguindo aquela linha, com maior razão deve aceitar-se a reconvenção. O embargante pede por meio da reconvenção aquilo que não foi objeto dos embargos ao mandado monitório.

Perfilhamos a tese de que os embargos ao mandado monitório têm natureza e amplitude de uma ação, inclusive com a possibilidade de pedidos de natureza constitutiva e condenatória. Nos embargos, entendemos que, além da formulação do pedido declaratório de nulidade da decisão concessiva do mandado monitório, revela-se adequada a articulação de outros pedidos. Voltaremos ao assunto, no item seguinte.

Contudo, ainda assim nos parece possível que, fundado em conveniência e até para não discutir os limites do pedido dos embargos, o embargante opte por valer-se da reconvenção com objetivo de discutir assuntos alheios ao mandado monitório.

Se improcedentes os embargos, a ação monitória retoma seu curso, agora em *fase de execução*, convertendo-se o mandado monitório em mandado de execução. A ação prossegue de acordo com o procedimento de *cumprimento de sentença* (arts. 475-I e seguintes do CPC). Com a sentença dos embargos, passa a fluir, automaticamente e sem a necessidade de outras providências, o prazo de 15 dias para o cumprimento voluntário da obrigação.

Nas duas hipóteses de transformação do mandado monitório em mandado de execução, pela inércia do réu ou pela improcedência dos embargos, esgotado o prazo para satisfação espontânea da obrigação, cabe ao credor solicitar a expedição do mandado de execução, para penhora e avaliação.

11 Neste sentido: AI nº 901.144-9, 2ª Câmara do extinto 1º TACSP, Rel. Juiz Morato de Andrade, julgado em 1/12/1999 (RT 775/280), frisando que era possível ao réu da ação monitória, além dos embargos, manejar reconvenção com a finalidade de cobrança da multa prevista no art. 1.531 do CC de 1916. Em igual direção: AI nº 20.469-4, TJSP, 1ª Câmara de Direito Privado, Rel. Des. Guimarães e Souza, julgado em 13/08/1996 (JTJ-LEX 195/235).

12 Contra: AI nº 903.134-1, 5ª Câmara do extinto 1º TACSP, Rel. Juiz Thiago de Siqueira, julgado em 23/02/2000 (RT 781/269 - com voto vencido).

Na fase de cumprimento da sentença, o pedido do credor é instruído com demonstrativo atualizado e detalhado do débito (art. 614, II do CPC) – agora com a inclusão das custas judiciais, dos honorários advocatícios e da multa processual de 10%. A fixação dos honorários advocatícios é tarefa do juiz, que segue os parâmetros do art. 20, § 4º, do CPC.

15.5. PROVA ESCRITA QUE AUTORIZA O USO DA AÇÃO MONITÓRIA

A prova escrita (documental) não necessita ser produzida pelo próprio devedor. Isto é, não é necessário que o documento seja emanado do devedor ou tenha sua assinatura.[13] Entendemos como idônea qualquer demonstração escrita capaz de levar à conclusão afirmativa sobre a validade e exigibilidade do crédito.

Parece-nos inoportuno tentar esgotar as possibilidades de documentos que autorizam o uso da ação monitória. Podemos citar, contudo, os exemplos mais freqüentes da rotina forense.

O Superior Tribunal de Justiça estabeleceu a possibilidade de utilização do cheque prescrito, na Súmula nº 299, *in verbis*: "é admissível a ação monitória fundada em cheque prescrito".

O mesmo Superior Tribunal de Justiça fixou entendimento sobre a viabilidade de manejo da ação monitória para a cobrança de saldo devedor em "cheque especial" (contrato bancário de crédito em conta corrente), na Súmula nº 247, *in verbis*: "O contrato de abertura de crédito em conta corrente, acompanhado do demonstrativo de débito, constitui documento hábil para o ajuizamento da ação monitória".

Nos tribunais, colhem-se os outros exemplos: a) nota fiscal e comprovante de entrega (de serviço ou de mercadoria) assinado para recebimento do crédito;[14] b) duplicata protestada, mas sem aceite ou comprovante de entrega de mercadorias para cobrança de crédito;[15] c) contrato de loca-

13 No mesmo sentido, confiram-se os precedentes do STJ: a) REsp nº 204.894-MG, Terceira Turma, Rel. Min. Waldemar Zveiter, julgado em 19/02/2001, DJ de 02/04/2001 e b) REsp nº 167.618-MS, Quarta Turma, Rel. Min. Barros Monteiro, julgado em 26/05/1998, DJ de 14/06/1999.

14 A respeito: REsp nº 778.852-RS, Terceira Turma do STJ, Rel. Min. Nancy Andrighi, julgado em 15/08/2006, DJ 04/09/2006.

15 Neste sentido: a) REsp nº 204.894-MG, Terceira Turma do STJ, Rel. Min. Waldemar Zveiter, julgado em 19/02/2001, DJ 02/04/2001 e b) REsp nº 167.618-MS, Quarta Turma do STJ, Rel. Min. Barros Monteiro, julgado em 26/05/1998, DJ de 14/06/1999.

ção de serviços profissionais para cobrança de honorários;[16] d) guias de reembolso de "tickets" alimentação ou os próprios "tickets";[17] e) atas de assembléia, Regimento Interno e convenção de condomínio para cobrança de débito condominial;[18] f) contribuição sindical demonstrada em documento de constituição do crédito acompanhado de planilha de cálculos do débito;[19] g) contrato de compra e venda de cotas sociais acompanhado de planilhas para cobrança do preço;[20] h) contrato de seguro saúde e notas de seguro para ressarcimento de valores despendidos pelo segurado;[21] i) contrato de consórcio e recibos das mensalidades para pedido de restituição de valores contra administradora;[22] l) contrato de arrendamento mercantil para recebimento de saldo do crédito da arrendante;[23] m) nota promissória prescrita para cobrança do crédito.[24]

Em relação aos títulos de crédito, como ensina o professor Shimura (2005, p. 380), a perda da força executiva não lhes retira as demais características cambiais. Subsistem, por isso, as presunções de liquidez e certeza da dívida, bem como a literalidade. E, se o título de crédito continua a representar a obrigação cambial nele representada, deve servir como fundamento para a ação monitória.

16 A respeito: a) REsp nº 434.779-MG, Quarta Turma do STJ, Rel. Min. Barros Monteiro, julgado em 07/10/2003, DJ 15/02/2003 e b) REsp nº 450.877-RS, Terceira Turma do STJ, Rel. Min. Carlos Alberto Menezes Direito, julgado em 12/11/2002, DJ 16/12/2002.

17 Neste sentido: AG nº 280.731-SP, Terceira Turma do STJ, Rel. Min. Eduardo Ribeiro, julgado em 25/04/2000, DJ 05/05/2000.

18 A respeito: a) REsp nº 613.112-PR, Terceira Turma do STJ, Rel. Min. Carlos Alberto Menezes Direito, julgado em 20/10/2005, DJ 20/02/2006 e b) REsp nº 405.011-RS, Quarta Turma do STJ, Rel. Min. Aldir Passarinho Jr, julgado em 19/02/2002, DJ 02/06/2003.

19 A propósito: a) REsp nº 874.814-PR, Segunda Turma do STJ, Rel. Min. Humberto Martins, julgado em 27/02/2007, DJ 09/03/2007 e b) REsp nº 763.307-MG, Primeira Turma do STJ, Rel. Min. José Delgado, julgado em 21/11/2006, DJ 11/12/2006.

20 A respeito: REsp nº 437.638-RS, Quarta Turma do STJ, Rel. Min. Barros Monteiro, julgado em 27/08/2002, DJ 28/10/2002.

21 Neste sentido: REsp nº 616.168-MG, Terceira Turma do STJ, Rel. Min. Carlos Alberto Menezes Direito, julgado em 20/10/2005, DJ 01/02/2006.

22 A respeito: REsp nº 351.461-SP, Terceira Turma do STJ, Rel. Min. Nancy Andrighi, julgado em 30/08/2002, DJ 14/10/2002.

23 A propósito: REsp nº 343.589-DF, Terceira Turma do STJ, Rel. Min. Carlos Alberto Menezes Direito, julgado em 27/06/2002, DJ 09/09/2002.

24 Neste sentido: REsp nº 260.816-SP, Terceira Turma do STJ, Rel. Min. Carlos Alberto Menezes Direito, julgado em 20/08/2001, DJ 01/10/2001.

15.6. O CHEQUE PRESCRITO COMO FUNDAMENTO DA AÇÃO MONITÓRIA

Evidentemente, não se discute a possibilidade do cheque prescrito servir como prova escrita e hábil ao ajuizamento da ação monitória. Não se trata de desafiar, no plano acadêmico e científico, o acerto da Súmula nº 299 do Superior Tribunal de Justiça.

Todavia, sobre o cheque prescrito algumas considerações adicionais são necessárias.

O cheque perde a força executiva – deixa de possuir o atributo de título executivo extrajudicial – com a fluência do prazo de seis meses, contado da expiração do prazo de apresentação, conforme dispõe o art. 59 da Lei nº 7.357/1985. Sendo assim, tem-se que, depois daquele prazo, opera-se uma primeira prescrição que diz respeito à ação de execução.

O art. 61 da Lei nº 7.357/1985 previu, ainda, uma ação de natureza cambial denominada *"ação de enriquecimento sem causa"* ou *"ação de locupletamento injusto"* promovida pelo credor contra o emitente do cheque, mas com prazo de prescrição de dois anos, contado da data em que se consumou a prescrição do art. 59 da mesma lei. Trata-se de uma pretensão cambial deduzida em ação de conhecimento, visando à cobrança do cheque. Nesta linha, tem-se que, depois daquele prazo de dois anos, opera-se uma segunda prescrição que diz respeito à ação de enriquecimento sem causa (ação de locupletamento injusto).

Entendemos que, nas duas modalidades de ações judiciais, o cheque preserva suas características cambiais, notadamente a de abstração – não investigação prévia da causa. Daí porque, pode o credor ajuizar uma ação de execução ou uma ação de enriquecimento sem causa sem a necessidade de declinar a origem do cheque. Até o final do prazo estipulado no art. 61 da Lei nº 7.357/1985, o cheque conserva sua abstração.

Nesta linha de pensamento, nas ações cambiais – de execução ou de locupletamento injusto – basta ao credor instruir a petição inicial com o cheque. Não necessita declinar a causa ou origem do cheque. Cabe ao devedor apresentar uma causa que funcione como fato impeditivo, modificativo, suspensivo ou extintivo do crédito representado pelo cheque. Ou seja, os ônus de demonstrar que o cheque não é válido ou exigível é do devedor, cabendo ao último embargar a execução ou contestar a ação de enriquecimento sem causa e, nas duas situações, produzir as provas daquele fato (impeditivo, modificativo, suspensivo ou extintivo).

E depois daquele prazo de dois anos previsto no art. 61 da Lei nº 7.357/1985? O que acontece com o cheque? Apesar de perder suas características cambiais, o art. 62 da Lei nº 7.357/1985 tratou de reafirmar – o que seria até desnecessário – que o cheque serve como prova da relação causal, diante do não cumprimento da obrigação originária. Conforme escólio de Restiffe e Restiffe Neto (2000, pp. 353-59), o credor pode valer-se do cheque e ajuizar uma ação de cobrança denominada "ação causal" – pelo rito comum (ordinário ou sumário). A prescrição não será do cheque, enquanto título cambial, mas da própria obrigação nele representada. Aqui, encontra-se a razão de ser da aplicação do prazo de prescrição previsto no Código Civil.

Em outros termos, quando se lida com um cheque prescrito (para execução e para ação de enriquecimento sem causa), fica ele reduzido a um documento representativo de uma obrigação, o que autoriza a investigação da prescrição desta última. Inafastável, nesta linha, a verificação da causa *debendi*, ou seja, da obrigação originária. Neste ponto, diversamente do que acontece na ação de execução e na ação de locupletamento injusto, é ônus do credor provar seu crédito, afirmando o não pagamento do cheque e a não ocorrência de compensação, transação, novação ou outro fato extintivo da obrigação.

Passemos à discussão sobre a necessidade de declinar ou provar a causa do cheque, no processamento da ação monitória. É preciso, antes de tudo, distinguir as duas situações. Uma coisa é *indicar* a origem do cheque. Outra coisa é *provar* a sua origem. Ao perder sua característica cambial de abstração, o cheque continua a representar prova escrita da obrigação assumida pelo emitente. Significa compreender que o cheque passa apenas a representar uma prova documental do crédito, agora sem abstração da causa.

Sendo assim, com o devido respeito a opiniões divergentes,[25] pensamos que, uma vez ultrapassado o prazo de dois anos previsto no art. 61 da Lei nº 7.357/1985, está o credor obrigado a declinar a origem do crédito representado pelo cheque. Não tem o dever de complementar a prova documental consubstanciada no cheque, mas sim de indicar a razão pela qual o título foi emitido.

25 Forçoso reconhecer que a jurisprudência do STJ firmou-se no sentido de não ser exigível do credor a indicação da origem do cheque, mormente na petição inicial da ação monitória: a) Ag Rg nº AI nº 666.617-RS, Terceira Turma, Rel. Min. Humberto Gomes de Barros, julgado em 01/03/2007, DJ 19/03/2007, b) REsp nº 291.760-DF, Quarta Turma, Rel. Min. César Asfor Rocha, julgado em 17/09/2002, DJ 14/04/2003.

Atualmente, com a possibilidade de o juiz conhecer de ofício a prescrição (art. 219, § 5º, do CPC), não há lugar para se recusar legalidade à imposição para o credor declinar – não provar, mas apenas informar – a origem do cheque. Para aferir a ocorrência ou não da prescrição, socorrendo-se das normas do Código Civil, o juiz necessita conhecer a causa *debendi*.

No âmbito da ação monitória, torna-se imperioso distinguir duas situações.

Primeiro, quando se menciona que o art. 61 da Lei nº 7.357/1985 dispõe sobre uma ação de enriquecimento sem causa, leva-se em conta a característica cambial da ação. Ela pode conservar tal característica, mesmo se ajuizada com a roupagem da ação monitória. Discordamos daqueles que enxergam a ação monitória como uma ação distinta da ação de enriquecimento sem causa.[26]

A primeira diz respeito ao procedimento. A segunda ao conteúdo da pretensão. É possível, insistimos, que a ação de locupletamento injusto seja promovida pelo rito monitório ou pelo rito comum (ordinário ou sumário) à escolha do credor (autor). Esta parece ser também a posição assumida por Restiffe e Restiffe Neto (2000, p. 360). Em todos os casos, dispensa-se o autor de declinar a causa *debendi*.

E segundo, tem-se como possível que a ação monitória seja aparelhada com fundamento num cheque prescrito após o prazo de dois anos previsto no art. 61 da Lei nº 7.357/1985. Trata-se da "ação causal" em que o credor deve ao menos indicar – como causa de pedir – o negócio originário travado entre as partes. O art. 62 da Lei nº 7.357/1985 apenas ratificou a possibilidade de ajuizamento de uma ação de cobrança do crédito que deu origem ao cheque. E, como salientam Restiffe e Restiffe Neto (2000, p. 360), "esse direito de ação comum causal pode ser exercido através de um procedimento, seja de cobrança (ordinária ou sumária), seja por ação monitória, desde que satisfeitos os requisitos pertinentes". Na hipótese tratada, em todas as espécies de demandas, incluindo-se a ação monitória, deve o autor indicar a causa *debendi*.

---

26 No STJ, encontra-se um precedente que faz a distinção que não concordamos: REsp nº 440.653-PR, Quarta Turma, Rel. Min. Barros Monteiro, julgado em 17/09/2002, DJ 17/03/2003, destacando-se: "De resto, tratando-se de ação monitória, inaplicável é a Lei do Cheque (Lei nº 7.357, de 02/09/1985), regulada que vem a ação monitória por normas específicas contidas no Código de Processo Civil".

15.7. OS EMBARGOS AO MANDADO MONITÓRIO

Como explicitado anteriormente, entendemos que os embargos ao mandado monitório têm *natureza de ação* com objetivo precípuo atacar o direito que serviu de fundamento para a ação monitória, neutralizando-se os efeitos do mandado monitório. Em suma, os embargos visam tornar insubsistente a ordem de pagamento.

Importante salientar a existência de uma posição divergente. Há quem defenda a natureza de defesa dos embargos, à semelhança da contestação. Neste sentido, dentre outros: Teixeira (2003, p. 731).

Nos termos do art. 1.102-C do CPC, os embargos devem ser opostos, no prazo de 15 dias, contado da juntada aos autos da prova da citação (art. 241 do CPC).

Quando forem vários réus, não se aplica o disposto no art. 241, inciso III, do CPC. Entendemos que há uma independência das citações e intimações de cada um dos réus, como ocorre na ação de execução e o prazo de embargos fluirá a partir da juntada do mandado monitório aos autos.[27]

O efeito imediato dos embargos é de suspender a eficácia do mandado monitório. A ordem de pagamento deixa de ter efeito, para que os embargos sejam processados e apreciados pelo juiz.

Como alerta Marcato (2004, p. 318), nos *embargos parciais* subsistem os efeitos da parte incontroversa do mandado monitório. Logo, não se descarta a possibilidade do réu pagar o valor incontroverso, valendo-se, nesta parte, da isenção proporcional das custas judiciais e dos honorários advocatícios. E, se o réu não pagar a parte incontroversa, ela pode ser objeto de imediata execução.

Importante salientar que a petição de embargos, diante da sua natureza de ação, deve preencher os requisitos da *petição inicial* (art. 282 do CPC). Portanto, o embargante necessita articular a causa de pedir e o pedido, requerendo provas e atribuindo valor à causa.[28]

Os embargos ao mandado monitório independem de segurança do juízo (depósito do valor cobrado ou de penhora) e são processados nos mesmos autos da ação monitória (art. 1.102-C, § 2º, do CPC). Não há necessidade

27 Para quem defende a natureza de contestação a solução será de aplicação do art. 241, III, do CPC. Neste sentido: JTJ-LEX 184/194.

28 Logicamente, para quem defende a natureza de defesa dos embargos, os requisitos da petição serão os mesmos da contestação.

de autuação em apenso. Nos embargos, o réu da ação monitória assume a condição de embargante, enquanto o autor, de embargado.

O conteúdo dos embargos, como ressalta Fidelis dos Santos (2006, p. 184), votam-se contra a adequação do procedimento monitório (efeitos processuais) ou até mesmo contra a própria dívida (efeitos materiais). Neste passo, Shimura (2005, p. 415) alerta que, nos títulos de crédito, entre as partes contratantes (originárias), pode haver discussão até mesmo da *causa debendi*.

Ao juiz é dado apreciar desde logo os embargos, inclusive com a possibilidade de rejeição liminar – equivalente ao indeferimento da inicial. Nesta linha, trata-se de decisão interlocutória que desafia agravo de instrumento.

Em seguida, a ação incidental de embargos ao mandado monitório assume o *rito ordinário* (art. 1.102-C, § 2º, do CPC).

O embargado poderá adotar uma das seguintes *condutas*:

I – *Concordar com os embargos*. Se houver reconhecimento jurídico do pedido formulado nos embargos, cabe ao juiz sentenciar os embargos, observando os efeitos sobre a ação monitória – redução do valor cobrado ou mesmo extinção. O mesmo acontece, se o embargado limitar-se a desistir parcial ou integralmente da ação monitória. O embargado responde pelas verbas de sucumbência dos embargos.

Observamos que, como regra, a desistência da ação monitória independe da concordância do réu, incidindo, analogicamente, o disposto no art. 569 do CPC. Se ofertados embargos de conteúdo apenas processual – sem discussão da obrigação contida no mandado monitório – não se exige a concordância do réu (embargante), mas ao autor (embargante) são impostas as verbas de sucumbência. Entretanto, se os embargos assumem conteúdo material – perseguem a extinção ou modificação do crédito – a desistência da ação monitória depende da concordância do réu. O embargante pode insistir no prosseguimento e julgamento dos embargos ao mandado monitório.

II – *Ficar em silêncio*. Entendemos que, diante da força probatória conferida à documentação trazida na inicial, não se pode aplicar ao embargado os efeitos da revelia. Evidentemente, a sua inércia será considerada pelo juiz na análise dos fatos que digam respeito à impugnação trazida pelos embargos. Neste sentido: Marcato (2004, p. 320).

III – *Apresentar resposta*. A defesa do embargado, diante da adoção do rito ordinário, é feita por contestação, exceções e reconvenção.

Alguns autores chamam a contestação dos embargos ao mandado monitório de impugnação, fazendo uso da denominação empregada nos embargos à execução. O conteúdo da defesa é o mais amplo possível, nos aspectos processuais e materiais. O interesse do embargado é manter a ordem de pagamento, transformando-se o mandado monitório em mandado de execução.

O embargado pode ainda deduzir exceções de suspeição e impedimento. Não parece adequada a exceção de incompetência relativa, porquanto a competência dos embargos é absoluta (funcional) – ditada pelo Juízo que conheceu da ação monitória. A discussão sobre incompetência absoluta pode ser argüida em sede de contestação ou mesmo por simples petição.

Além disso, o embargado pode ofertar reconvenção. O Superior Tribunal de Justiça pacificou o entendimento favorável ao cabimento daquela modalidade de resposta, na Súmula nº 292, *in verbis*: "a reconvenção é cabível na ação monitória, após a conversão do procedimento em ordinário".

Surge como novidade a possibilidade de duas reconvenções. Uma primeira, apresentada pelo embargante e no momento dos embargos ao mandado monitório. E uma segunda, agora ofertada pelo embargado, simultaneamente à apresentação da contestação aos embargos. Não há dificuldade no processamento das diversas ações, ampliando-se o objeto do processo a ser apreciado pelo juiz na sentença.

Interessante questão diz respeito à possibilidade de apenas um dos réus oferecer embargos. Entendemos que se aplica solução similar à execução (art. 739, § 3º, do CPC). O réu que não ofereceu embargos tem contra ele constituído o título judicial com o início imediato da execução. E tão-somente em relação ao réu que oferecer embargos, suspendem-se os efeitos do mandado monitório.

Ainda na situação anterior, se houver litisconsórcio unitário, a procedência dos embargos aproveitará a todos os réus, tornando-se insubsistentes os atos de execução praticados em relação ao réu que não embargar. Neste sentido: Marcato (2004, pp. 319-322).

Depois da fase de resposta, cabe ao juiz verificar a oportunidade de julgamento conforme o estado (arts. 329 e 330 do CPC) ou de instrução do processo (art. 331 do CPC). Nada impede uma ampla instrução probatória com a utilização de todos os meios de prova, desde que exista pertinência para a demonstração dos fatos controvertidos.

Encerrada a instrução e colhidas as alegações finais, abre-se a oportunidade para julgamento dos embargos.

A *sentença* pode apresentar três conteúdos distintos:

a) *Improcedência dos embargos.* O processo prossegue em fase de cumprimento de sentença (art. 1.102-C, § 3º, do CPC), transformando-se o mandado monitório em mandado de execução. Aguarda-se o prazo de 15 dias para o voluntário cumprimento da obrigação de pagamento ou de entrega de coisa fungível, ao final do qual incide a multa processual de 10%, na forma do artigo 475-J do CPC. Em seguida, mantida a inércia do devedor, a requerimento do credor com a juntada de demonstrativo atualizado do débito, expede-se mandado de penhora e avaliação.

   A improcedência dos embargos implica a condenação do embargante ao pagamento das custas judiciais e dos honorários advocatícios. O juiz deve esclarecer, se os honorários fixados servem para abranger toda a fase de execução. É recomendável que assim o seja.

b) *Procedência total dos embargos.* O juiz deve examinar a repercussão da procedência sobre a ação monitória, reduzindo o valor cobrado ou extinguindo-a. Nem sempre a procedência dos embargos conduz à extinção da ação monitória, em especial se eles cuidavam apenas de parcela do crédito. Também há a hipótese de reconhecimento de algum vício processual – citação nula, por exemplo – que implique a retomada da ação monitória.

   Observamos que a sentença de procedência dos embargos ao mandado monitório pode conduzir à extinção da ação monitória. Pode ser reconhecida a ausência de condições da ação ou de qualquer pressuposto processual que traduza a extinção da ação monitória por motivo processual. Contudo, também é possível que seja discutida a própria obrigação contida no mandado monitório, a partir de formas de extinção como a transação, o pagamento, a compensação, a novação etc. E, nesta última hipótese de defesa material, o alcance da sentença impede a discussão da obrigação em ação distinta.

c) *Parcial procedência dos embargos*. Há formação do título executivo judicial apenas na parte do crédito reconhecido como devido, prosseguindo-se na fase de cumprimento da sentença. O juiz deve esclarecer a influência da sentença sobre a ação monitória, definindo em que medida o crédito deve ser reduzido, quando for o caso. Na sentença de parcial procedência, verifica-se a sucumbência recíproca. Isto é, embargante e embargado são considerados perdedores em parcela do pedido formulado nos embargos. A distribuição das verbas de sucumbência segue a proporção da sucumbência.

A sentença que julgar os embargos fica sujeita a *recurso de apelação*. Entendemos que a sentença deve possuir o duplo efeito, pois a lei não faz exceção para seu recebimento apenas no efeito devolutivo.[29] Em sentido diverso, entendendo que deve ser atribuído o efeito apenas devolutivo, com analogia do art. 520, inciso V, do CPC, colhe-se o magistério de Marcato (2004, pp. 322-23).[30]

29 O art. 520 do CPC dispõe sobre as ações em que o recurso não tem efeito suspensivo e não faz referência aos embargos ao mandado monitório. Neste sentido: a) REsp nº 170482/SC, Quarta Turma do STJ, Rel. Min. Barros Monteiro, julgado em 23/11/1998, DJ 12/04/1998 e b) REsp nº 207750/SP, Quarta Turma do STJ, Rel. Min. Ruy Rosado de Aguiar, julgado em 25/05/1999, DJ 23/08/1999.

30 No mesmo sentido: RT 753/253.

BIBLIOGRAFIA

ALVES, Vilson Rodrigues. *Uso Nocivo da Propriedade*. São Paulo: Revista dos Tribunais, 1992.

ALVINO LIMA. *O direito de retenção e o possuidor de má-fé*. 2. ed. São Paulo: Lejus, 1995.

AMORIM, Sebastião; OLIVIERA, Euclides de. *Inventários e Partilhas*. 15. ed. São Paulo: EUD, 2003.

ARAÚJO CINTRA, Antônio Carlos; GRINOVER, Ada Pellegrini; DINAMARCO, Cândido Rangel. *Teoria Geral do Processo*. 19. ed. São Paulo: Malheiros, 2003.

ARAKEN DE ASSIS. *Doutrina e Prática do Processo Civil Contemporâneo*. São Paulo: Revista dos Tribunais, 2001.

________. *Manual da Execução*. 11ª. Ed. São Paulo: Revista dos Tribunais, 2007.

ARRUDA ALVIM. *"Manual de Direito Processual Civil"*, vol. 2. 8. ed. São Paulo: Revista dos Tribunais, 2003.

AZEVEDO JÚNIOR, José Osório de. *Compromisso de Compra e Venda*. 3. ed. São Paulo: Malheiros, 1993.

BATISTA LOPES, João. *Tutela Antecipada no Processo Civil Brasileiro*. 2. ed. São Paulo: Saraiva, 2003.

BRANDÃO, Debora Vanessa Caus. *Parcerias Homossexuais*. São Paulo: Revista dos Tribunais, 2002.

CARNEIRO, Athos Gusmão. *Jurisdição e Competência*. 2. ed. São Paulo: Saraiva, 1983.

CARVALHO NETTO, José Rodrigues de. *Da Ação Monitória*. São Paulo: Revista dos Tribunais, 2001.

DINAMARCO, Cândido Rangel. *Instituições de Direito Processual Civil*, tomo II. 5. ed. São Paulo: Malheiros, 2005.

________. *Instituições de Direito Processual Civil*, tomo III. 5. ed. São Paulo: Malheiros, 2005.

________. *Instituições de Direito Processual Civil*, tomo IV. São Paulo: Malheiros, 2004.

FABRÍCIO, Adroaldo Furtado. *Comentários ao Código de Processo Civil*, vol. VIII, tomo III. 7. ed. Rio de Janeiro: Forense, 1995.

FIDÉLIS DOS SANTOS, Ernani. *Manual de Direito Processual Civil*, vol. 3. 10. ed. São Paulo: Saraiva, 2006.

FULGÊNCIO, Tito. *Da Posse e das Ações Possessórias*, vol. I. 9. ed. Rio de Janeiro: Forense, 1995.

GONÇALVES, Marcus Vinícius Rios. *Procedimentos Especiais*. 4. ed. São Paulo: Saraiva, 2005.

GRECO FILHO, Vicente. *Direito Processual Civil*, vol. 3. 16. ed. São Paulo: Saraiva, 2003.

LOTUFO, Renan. *Código Civil Comentado*, vol. 1. São Paulo: Saraiva, 2003.

MARCATO, Antonio Carlos. *Procedimentos Especiais*. São Paulo: Atlas, 2004.

________. *Ação de Consignação em Pagamento*. 2. ed. São Paulo: Revista dos Tribunais, 1987.

MORAES DOS SANTOS, Nelton Agnaldo. *Direito Processual Civil – Processo Cautelar*. Rio de Janeiro: Campus/Elsevier, 2007.

NERY JR., Nelson; NERY, Rosa Maria Andrade. *Código de Processo Civil Comentado*. 9. ed. São Paulo: Revista dos Tribunais, 2006.

RIBEIRO, Benedito Silvério. *Tratado de Usucapião*, vol. 1. São Paulo: Saraiva, 1992.

RESTIFFE, Paulo Sérgio; RESTIFFE NETO, Paulo. *Lei do Cheque*. 4. ed. São Paulo: Revista dos Tribunais, 2000.

RIOS, Roger Raupp. "Dignidade da Pessoa Humana, Homossexualidade e Família: reflexões sobre as uniões de pessoas do mesmo sexo". In MARTINS-COSTA, Judith (org.). *A Reconstrução do Direito Privado*. São Paulo: Revista dos Tribunais, 2002.

RIZZARDO, Arnaldo. *Promessa de Compra e Venda e Parcelamento do Solo Urbano*. 3. ed. São Paulo: Revista dos Tribunais, 1987.

SALLES, José Carlos de Moraes. *Usucapião de Bens Imóveis e Móveis*. 6. ed. São Paulo: Revista dos Tribunais, 2005.

SHIMURA, Sérgio. *Título Executivo*. 6. ed. São Paulo: Método, 2005.

TEIXEIRA, Sálvio de Figueiredo. *Código de Processo Civil Anotado*. 7. ed. São Paulo: Saraiva, 2003.

THEODORO JÚNIOR, Humberto. *Curso de Direito Processual Civil*, vol. I. 44. ed. Rio de Janeiro: Forense, 2006.

______. *Curso de Direito Processual Civil*, vol. III. 36. ed. Rio de Janeiro: Forense, 2006.

VARELLA, Luiz Salem. *Homoerotismo no Direito Brasileiro e Universal*. Campinas: Agá Júris, 2000.

VENOSA, Sílvio de Salvo. *Direito Civil- Direitos Reais*, vol. V. 3. ed. São Paulo: Atlas, 2003.

VIANA, Marco Aurélio S. *Comentários ao Novo Código Civil – Dos Direitos Reais*, vol. XVI. Coordenação de Sálvio de Figueiredo Teixeira. Rio de Janeiro: Forense, 2003.

VIANA, Rui Geraldo Camargo. "A Família". In *Temas Atuais de Direito Civil na Constituição Federal*. São Paulo: Revista dos Tribunais, 2000.

WELTER, Belmiro Pedro. *Estatuto da União Estável*. 2ª. Ed. Porto Alegre: Síntese, 2003.

ZAVASCKI, Teori Albino. *Título Executivo e Liquidação*. 2. ed. São Paulo: Revista dos Tribunais, 2002.

Impressão e acabamento
Imprensa da Fé